組織と個人を同時に助けるコンサルテーション

コンサルテーション

企業や学校、対人援助サービスで使えるシステムズセンタード・アプローチ

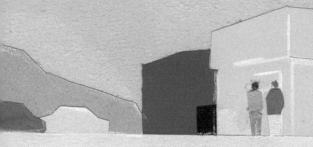

スーザン・ギャン
イヴォンヌ・アガザリアン 編

嶋田博之
杉山恵理子 監訳
LHS研究会 訳

SCT® in Action

Applying
the Systems-Centered
Approach in Organizations

Susan P. Gantt
Yvonne M. Agazarian

金剛出版

日本のみなさんへ

　この本の日本語版への前書きを書くことができて，大変嬉しく思っています。この『SCT in Action』という本を私たちが編集したのは，「どのようにして SCT を組織に適用するのですか？」ということに関する多くの質問に応えるかたちででした。本書は，SCT の理論や実践が，組織やチーム，教育的集団，そして組織のコーチングにどのように適用されるのかを例示しています。本書の出版以来，私たちが SCT の理論とトレーニングを組織や教育現場に適用する経験はさらに加速されてきました。スウェーデン，オランダ，デンマーク，スペイン，ポーランド，米国，英国の組織コンサルタントたちが，SCT の考え方を用い，彼らの状況の中で SCT を適用するようになっています。『SCT in Action』は 2005 年に出版され，以後，SCT を組織に適用した論文が 8 本出ていますが，SCT の理論と手法を，チーム，職員会議，教室，教育組織，コーチングにどのように適用するかについては，今もなお本書が唯一かつ最適の論文集です。

　長年，SCT コンサルタントとして組織やチームと関わってきた経験，また SCT メンバーを訓練し指導してきた経験から，私たちは，本書が SCT 理論への導入としても，さまざまな組織で SCT を実践することへの導入としても，大変有用であることが分かりました。SCT の理論と手法をそれぞれの組織で用いることは，それ自体が仮説を検証する実験になっていると SCT では考えています。日本で SCT を学ぶ方々の協力のもと，本書が日本語で読んで使えるようになったことを，SCT の理論と実践の開発者として（イヴォンヌ・アガザリアン），システムズセンタード訓練／研究機関の責任者として（スーザン・ギャン），格別に嬉しく感じています。

　SCT では，あるシステムの中で私たちに何ができるか，そして私たちがどのような存在でいられるかは，私たちが所属するそのシステムの規範に

よって決まってくるという仮説がとられています。さらに SCT は，単に人だけではなくシステムを見ることによって，私たちの機能の仕方が違ってきて，そして私たちが所属したり指導したりする組織に貢献したり影響を与えたりできるようになると提唱しています。本書の翻訳によって，日本の教育者，コンサルタント，指導者たちが，組織をシステムとして見ることを学ぶうえで，SCT の理論がどれくらい使えるかを試しやすくなることを願っています。本書の観点を加えてみたら，リーダーとして，メンバーとして，コンサルタントとして，組織の中での役割のとり方が何か変わってくるかどうかを試してみてください。

スーザン・ギャン
イヴォンヌ・アガザリアン
2017 年 7 月

監訳者まえがき

　本書は『SCT in Action: Applying the Systems-Centered Approach in Organizations』の全訳である。組織で働くことに何らかの大変さを体験している人や，その大変さを援助する立場にある人はもちろん，人間関係やコミュニケーションに関心のある人たちに手に取って読んでもらえればと思う。こう書いて気付いたのだが，自分はこの全てに当てはまっている。組織で働く大変さは日々実感しているし，外来で診療する患者さんたちの中には組織で働くストレスから不調になった人も多い。人間関係やコミュニケーションは，職場でも家庭でも，私の主な関心事になっている。この翻訳も，「誰か他にいませんか（anybody else）？」と仲間を求める声の1つだったのかもしれない。

　そもそもSCTとは何なのか。初めて触れる読者には分かりにくいかもしれない。個人の心理を詳細に探索する精神分析と，集団心理を扱う集団力学という2つの分野で訓練を受けてきたイヴォンヌ・アガザリアンが，両分野で使われる理論を統合しようとする試みの中でSCTは生まれてきた。それ以外にも，認知行動療法，短期力動的精神療法など各種の心理治療アプローチや，一般システム理論，場の理論，コミュニケーションの数学的理論など，さまざまな考え方を，1つの理論の中に見事にまとめ上げることに彼女は成功した。このように，SCTの中核にあるのは，人や集団を扱う統合的な理論であり，この理論のことをリビングヒューマンシステム理論（TLHS: Theory of Living Human Systems）と言う。そして，この理論から，演繹的にさまざまな介入方法を考案し，それら介入方法を実際にいろいろな現場で試しては，今度は帰納的に理論を推敲することを重ねてきた。SCTとは，TLHSという理論と，そこから導きだされる介入方法や実践を総称したものだと言える。

　創始者であるアガザリアンが働いていた場，SCT流に言えば文脈

（context）が精神科臨床であったこともあり，理論から実践への適用は集団精神療法の1アプローチとして始まった。1997年には，『Systems-Centered Therapy for Groups』（Agazarian, 1997）が出版され，SCTが広く世に出ることになった。現在では，集団精神療法のみならず，個人療法，カップル療法，家族療法などにも適用できることが，『Systems-Centered Therapy: Clinical Practice with Individuals, Families and Groups』（Gantt & Agazarian, 2006）などに述べられている。入院集団精神療法の事例を紹介した『A Systems-Centered Approach to Inpatient Group Psychotherapy』（Agazarian, 2001）は，2015年に日本語訳が出版された。臨床への適用に関心のある方は是非，鴨澤あかねさんによる翻訳『システム・センタード・アプローチ——機能的サブグループで「今，ここで」を探求するSCTを学ぶ』を手に取ってみてほしい。

　一方，組織コンサルテーションへの適用も，精神科臨床への適用に勝るとも劣らず順調な広がりを見せてきた。1995年にSCTに関する学会のような組織であるSCTRI（システムズセンタード訓練／研究機関）が設立された当初は，組織コンサルテーションを専門とする者は20人中3人くらいであったらしい。それから徐々にこの分野への適用が広がり，2005年に本原著が出版されるに至った。2012年に私が初めてSCTの研修に参加したときには，組織コンサルテーションの専門家たちは，精神保健の専門家たちと並ぶ2大勢力の1つであった。現在SCTRI会員は，米国と北欧（英国，スウェーデン，オランダ，デンマーク）を中心として283人いるが，両分野が2つの大きなサブグループを形成しているのは同様である。

　また，その他にも教育関係者たちという第3のグループがあり，彼らもSCTRI開設当初からSCTを現場に適用してきた。生きた人に関わることであれば広く活用できるリビングヒューマンシステム理論の汎用性の高さがあったからこそ，このように適用が拡大してきたのであろう。SCTRI会員やSCTの研修に参加する人には，一般企業で働いている人も少なくない。これも，人間関係を専門とする人たちでなくても活用できるという，SCTの汎用性の高さを示しているものと思う。

　私自身は精神科臨床の現場で働くものであり，SCTを最初に知ったのは集団精神療法の1つとしてだった。『The Visible and Invisible Group』

（Agazarian & Peters, 1981）などの著作で日本の集団精神療法家たちの間でも以前から名の通っていたアガザリアンが何か新しいことを始めているらしいと知って，『Systems-Centered Therapy for Groups』を手に取ったのが 2011 年だった。読んでみて，その理論の統合性に驚いた。これは実際に体験してみるしかないと思い，2012 年の春に米国で行われた年次大会に参加した。そして，その実践に触れてみて，再び驚くことになった。支持的な雰囲気の中にあって強烈な体験を引き起こすその力強さに魅せられた。その後，日本で SCT を共に学べる会，LHS（Living Human Systems）研究会を立ち上げた経緯は，杉山さんが「監訳者あとがき」に書いたとおりである。本書の翻訳にあたってくれたのは，その第 2 期にあたる 2014 年度の研究会メンバーの中の有志たちである。

　精神科臨床を専門とする私が，組織コンサルテーションの本を監訳したことを不思議に思う方もいるかもしれない。私が本書の翻訳を思いたったきっかけには 1 つの書籍があった。『The Unconscious at Work: Individual and Organizational Stress in the Human Services』（Obholzer & Roberts, 1994）の訳書『組織のストレスとコンサルテーション——対人援助サービスと職場の無意識』である。この本は，英国のタビストック人間関係研究所が編纂した論文集であり，精神分析が源流の 1 つをなす組織コンサルテーションに関する本という点で本書と共通している。それまでは SCT のコンサルテーション方法について，「紹介しないのはもったいない気がするが，でも日本で流行るかどうかは疑問だなあ」と思っていたのだが，この訳書が同僚に好評を博すのを耳にしたり，私自身もこの本の面白さに興奮したり，この分野の重要性に共鳴したりするうちに，私の思いも変化していった。『The Unconscious at Work』と共通点も相違点もある本書が日本語で読めるようになることは，それなりに意義深いことであり，何か面白いことが起きるかもしれないと思うようになった。

　訳書『組織のストレスとコンサルテーション』が出版された 2014 年 3 月下旬から約 2 カ月後，原著『SCT in Action』の翻訳企画を金剛出版にご快諾いただき，翻訳作業に取りかかった。各章の下訳を研究会有志たちに担当してもらったうえで，主に日本語としての読みやすさを杉山さんが，その他の監訳作業全般を私，嶋田が担当した。至らぬ点も多々あるのだろ

うと思うが，その責任は，最終的なチェックを担当した私にある。何か気付いた点があれば，教えていただけると大変ありがたい。

　本書に決まった読み方はないと思うが，少しだけコメントしておく。SCT は理論を礎にしたアプローチであるので，これを中心的に扱っている第1章が本書の礎にあたる。まずは第1章から読む方が多いだろうと思うが，いきなり理論から入ると難解に感じる人もいるかもしれない。理解が難しそうなところには訳注をつけておいたが，訳注のボリュームが煩わしく感じられたら，もちろん飛ばしていただいて構わない。あるいは，第2章以降の実践例をどれか少し読んでから第1章に書かれた理論を読んだ方が理解しやすい人もいるかもしれない。

　第2章と第3章は，組織コンサルテーションの実践例が書かれている。第2章が短編集で，第3章が1つの長編という感じになっている。第4章は，ある精神保健サービス機関の幹部職員として働いてきた SCT 専門家が，どのような視点を持っていたのかが分かりやすく示されている。第5章は，グループ体験を用いた訓練方法について書かれている。聖職者たちの臨床活動というのは日本では馴染みがない方も多いかもしれないが，集団精神療法家にとっては，本書の中でも本章の内容がもっとも馴染みやすいかもしれない。第6章は SAVI というコミュニケーションを分析するツールについて書かれている。第7章は，SCT の特徴的な手法である機能的サブグルーピングを教育現場に導入した実践例が書かれている。第8章は，SCT 流の会議の見方や行い方が述べられている。

　序文にも書かれているが，本書を読むだけでは「機能的サブグルーピング」をはじめとする SCT の手法を十分に掴めた（apprehend）感じまで至らないかもしれない。そこに至るには，実際に体験してみる過程が不可欠かもしれないと確かに思う。もし実際に体験してみたいと思ったら，LHS 研究会の Facebook ページ（fb.me/lhs.researchers）を現在準備中なので，そちらを訪れてみてほしい。

　本書を読んでみて，試してみたいことが何か1つでも出てきたら監訳者として嬉しいかぎりである。子供の頃には誰しもたくさん持っていたであろう，好奇心や探究心を取り戻すことが SCT の心髄の1つであるのだから。もし試してみたいことが何も思いつかなければ，私がお勧めしたいのは「似

たところ探し」である。自分とは大きく異なる人や考えに触れると，人は
さまざまな拒否反応を示すのが自然だと SCT では考える。排除したり，非
難したり，攻撃したりすることもあれば，相手を自分寄りに変えようと説
得したり，「意味がない」とか「意味不明」としてスルーしたりすることも
ある。自分がそうした反応をしていることに気付き，「実は自分にも何か似
ているところはないか？」と思いをめぐらせてみる。本書で「情緒のエア
ロビクス」（p.177）と述べられているように，これは一種のエクササイズ
のようなものである。トレーニングしていくと，似たところを見つける力
が付いてくるのを私自身も体験している。これだけでも，随分と世界が変
わってくると思う。試してみて損はないこと請け合いである。

　本書の出版には直接，間接に多くの方にご協力いただいた。私を金剛出
版社へと橋渡ししてくれた群馬病院の相田信男先生，疑問点に答えていた
だいた SCTRI のスーザン（Gantt），フラン（Carter）にこの場を借りて感
謝させていただきたい。金剛出版の中村奈々さん，立石哲郎さんには，初
めから終わりまで何かとお世話になりっぱなしだった。改めて感謝した
い。その他，間接的にご協力いただいた多くの方々の名前をここで全てあ
げるわけにはいかないが，この5年間で LHS 研究会に参加していただいた
54名の参加メンバーの方々には，この場を借りて感謝させていただきたい。
過去の出席簿を見て人数を数えながら，1人ひとりの顔を思い出していた。

　最後になるが，本書の完成が見えてきた2017年10月9日にイヴォン
ヌ・アガザリアンさんがお亡くなりになった。酸素カニューレを鼻に付け
ながら研修会をリードしていた姿が今も目に浮かぶ。暖かみがありつつも，
がっしりと掴んでくる力強さのある人だった。本書の翻訳にあたっては，
「Karnac（原著の出版社）の了承は取れたのか？」と，何度も確認のメー
ルをしてきたことを思い出す。体は小柄な方だったが，「でっかい，おっ
かさん」という感じの人だった。本書の完成を報告できなかったのは残念
だが，彼女ならこう言うだろうか？　と想像した。「さて，これから何が
出てくるやら！（See what emerges!）」

2018年3月
嶋田博之

謝　辞

　はじめに，システムズセンタード訓練／研究機関（SCTRI）の管理グループ[訳注1]に謝辞を申し上げる。私たちは特に，このメンバーたちに負うところが大きい。この 10 年間にわたって彼らは，SCT[訳注2]を適用して私たち自身の組織を発展させ運営していくということに，彼らの時間と資源を寛大にも進んで提供してくれた。この「実験的な試み」は，組織の運営方法を創り出す生（なま）の体験であった。また，SCTRI 以外の組織に SCT を適応することに関する私たちの知識も，この試みから導き出された。

　本書は，公的機関や民間機関で SCT 手法を開拓してきた SCTRI メンバーの活動から生まれてきた。これら各著者たちの活動に大いに感謝したい。ならびに，多くの SCT メンバーにも感謝したい。彼らは，組織を変えていく中でどのように SCT を適用するのかを試してみて，そして考え抜く過程の一部となった。彼らのその精神がここに表れている。

　おそらく私たちが最も恩を受けたのは Kathy Lum[訳注3]からだろう。本書を組み立ててまとめあげる際の彼女のハードワークと，その過程で生じる問題に解決法が見つかるまでの彼女の忍耐に感謝する。彼女がいなければ，どうやって本書が出来上がっていたのか想像もつかない。また私たち

訳注 1) SCTRI のホームページが http://www.systemscentered.com で見られる。SCTRI には，いくつかの委員会がある。現在ではその中に「管理グループ（management group）」という名称のものはなくなっており，運営グループ（Steering Group），理事会（Board of Directors）などがある。

訳注 2) 序文に書かれているように，SCT が初めて世に出てきたのは集団精神療法としてであったので，当初は SCT という略語は Systems-Centered Therapy を意味していたが（Agazarian, 1997），現在では Systems-Centered Training を意味することが多い。

訳注 3) Kathy Lum は SCTRI の administrator（事務局長）を務めている。

は Dorothy Gibbons（訳注：第4章の著者）にも恩を感じている。初期の段階に彼女がまとめてくれたおかげで，私たちは事を進めることが出来たのだった。

　そしていつものことながら Berj と Kirk には個人的に感謝したい。彼らは私たちを励まし，理解を示し，惜しげもなく私たちをサポートしてくれた。本書が現実のものとなるまでの間ずっと。

序　文

　私がSCTのことを知ったのは，SCTを維持および発展させていくために作られた組織であるシステムズセンタード訓練／研究機関（SCTRI）のコンサルテーションを頼まれたことからだった[訳注1]。そこでの私の役割は，この作業を促進するのに不可欠な管理的機能は何なのかを特定するのを援助することと，その管理的機能を実行するために適切な組織的構造を，彼らの責務と価値観に矛盾しない形で開発するのを援助することだった。SCTRIの管理グループと年に2回,約10年間にわたって仕事してきた結果,SCTではどのようにして決定が下されたり対立が解決されたりしていくのかを直に目撃してきた。

　それは驚くべき経験だった。この組織は仕事を完全にボランティアに頼っているにもかかわらず，意見の一致を達成し，継続的な自己評価を行っていた。加えて，そうした最高水準を維持していくのだと決めていた。そんなことが本当に出来るのか，初めのうち私には確信がなかった。相違に取り組み，混乱を明確化し，衝突を克服するための一連の手法や手順としてのSCTの力がもしなかったなら，これは実現していなかっただろう。

　SCTRIで最も良く訓練された専門家たちの働きぶりを彼らの組織の中でいくつか見てきて，これは本当に効果的な方法だと私は確信した。彼らは組織の中にある相違を，一貫して知的に，そして巧みに扱っていた。彼らが扱っていた意見の不一致にはさまざまなものがあり，その一方の極には，課題の優先順位，ボランティアに対する基準設定，イベントの計画などがあった。もう一方の極には，実践（practice）に対する基準設定[訳注2]と運営能力の評価をめぐる苦しい葛藤があった。実践に対する基準を設定することは，

訳注1）SCTRIは1995年にNPOとして設立された。

SCTRIの運営に直接関わっているうちの何人かを否応なしに排除することになっていたし，運営能力を評価することは，現在その役割に就いている者との比較を伴っていた。不一致と類似を明確にしていくこと，識別しては統合することを絶え間なく繰り返しながら，彼らは，常に自分たちの前にある課題を見据えて，全員でダンスを踊るかのごとく一緒に取り組み続けていた。

　SCT，もしくはこの方法によるトレーニングを直接経験したことがない読者には，それが一体どんなふうに実践されるのか，どのように機能するのか，その詳細を把握することは間違いなく困難だろう。機能的サブグルーピング，パーソンシステム，役割システムにある個人といった用語は，SCTの専門家にとっては精密なものであるが，部外者がその意味を理解するのは容易ではない。また本書は，それらを利用する方法を教えるものでもない。SCTの概念や方法を現場でどのように活用できるのかを十分に理解するためには，SCT公認の専門家が提供するトレーニングを受けることが必要である。本書はハウツーマニュアルと言うよりはむしろ，SCTの価値を示したり，SCTのアイディアを紹介したりする予備報告集と言える。

　SCTのリビングヒューマンシステム理論は，どのような人間のシステムにも適用できるものの，実践としてのSCTは，初めは集団精神療法の手法として開発された。しかし本書が十分に示すように，SCTは組織に適用しても威力を発揮できることが分かった。むしろ，組織理論とか組織的行動の理論といった単独の領域の理論ではないリビングヒューマンシステム理論というものがあるからこそ，SCTの使う概念は容易に組織という世界にあてはめられる。それは，システムを全体としても見るし，部分的にも見る。また，境界と文脈を理解する重要性を強調する。絶えず課題に焦点をあて，そしておそらく最も重要なことに，役割に関する洗練された理解を与えてくれる。これには，組織における職業上の役割も含まれている。

　SCTが提供する概念や方法に精通する組織コンサルタントが増えてくるにつれて，SCTのアプローチが対立を解決するには不可欠だと思われるようになってくるだろう。

Ken Eisold
2005年1月

　Kenneth Eisold 博士は，開業精神分析家であり，組織コンサルタントで
ある。彼は国際精神分析的組織研究協会(ISPSO)の会長であり，以前はウィ
リアム・アランソン・ホワイト研究所の所長を務めていた。現在は同研
究所の組織プログラムで教鞭をとっている。また A. K. ライス研究所の全
国大会の大会長を務めている。精神分析研究所における精神力動や，集団
行動理論に関する著作があり，以下に述べるような多くの専門誌における
権威でもある。*International Journal of Psycho-Analysis, The Journal of the American
Psychoanalytic Association, Psychoanalytic Psychology, Contemporary Psychoanalysis,
Psychoanalytic Dialogues, Psychoanalytic Inquiry, The Journal of Analytical Psychology,*
ハーバード・ビジネス・レビュー，ウォール・ストリート・ジャーナル。
彼は臨床心理学の博士号と，英文学および比較文学の博士号を持っている。

訳注2)　現在，SCT 公認の専門家（practitioner）になるには，定められた基準を満た
　　　　している必要があるが，この時点では，そうした基準をどう定めるかが問題と
　　　　なっていた。質を保つためには一定の基準を設定しないといけないが，そうす
　　　　ると当時運営に関わっていた者のうちの何人かは公認を受けられないという事
　　　　態が生じていた。

はじめに

　イヴォンヌ・アガザリアンによって開発されたシステムズセンタード・アプローチ^{訳注1)}は，組織にとって革新的な方向性をもたらすものである。それは，人が中心の会社なのか，製品が中心の会社なのかという二分法を越えた方向性である。リーダーシップにおける論点がこの二分法しかないような見方の代わりに，システムズセンタード・アプローチは，人と製品の両方をサポートするようなリビングヒューマンシステム^{訳注2)}を作り上げることに焦点をあてる（Bennis, 1989）。「システム」と口にするコンサルタントや管理職は多いものの，システムという考えをどう現実に落とし込んで実践するかについての知識は不足している。システムズセンタード・トレーニング（SCT）がもたらすのは，システムを中心とした文脈（systems-centered context）というものを作り上げていくための1つの人間科学（human technology）である。そしてこの文脈によって，心の知能（emotional intelligence）と，組織自体の機能が向上するのである。

　システムを考えることは，今日の急速に変わるビジネス状況において会社に必要とされる斬新な観点をもたらす。システム思考を適用することによって，生き残るだけでなく成長するのにも必要な新機軸を創り続けるとともに，ますます多様化する社会からもたらされる課題に対応していくことが可能になる。今日の組織や会社が対応すべき広範囲の変化に組織がどれくらい上手く適応できるかは，単に人や資源によるというよりも，シス

訳注1）「システムズセンタード」，「システムズセンタード・アプローチ」，「SCT」など，呼び方によってそこに含まれる範囲には若干の違いがあるものの，共通点の方がはるかに大きいと言えるだろう。

訳注2）SCT では，人やその集団であるグループをすべてシステムとみなし，それらをリビングヒューマンシステムと呼ぶ〈第1章の訳注2（p.28）にも解説あり〉。

18

テムの発達によって決まってくる。組織の文化を駆動しているのはシステムの発達なのである。

システムズセンタード・アプローチは，新たな視点と革新的な技術の両方をもたらす：機能的サブグルーピングは対立を解決したり，意思決定を強化したりするために使われる。役割，目標，文脈というシステムズセンタードの枠組みは，チームワークを促進し，個人化（personalizing）[訳注3]を低減させる。意図的に会話の中のノイズを取り除くことは，コミュニケーションが機能する可能性を増す。システムの発達段階というパラダイムを組織において用いることは，各発達段階に応じた変化のための特定の戦略を導き出す。

この論文集は，これらの人間科学を例示するさまざまな例を集め，システムズセンタードの理論と方法をさまざまな組織（会社，非営利組織，教育機関）の文脈に適用したものである。これらの論文は，コンサルタント，管理職，教師，経営者，その他の変化を請け負う人々のために，システムズセンタードの手法を実際に現場で適用し，どのような結果が達成されたかを論じている。

これらの論文を書いているのは，組織にSCTを適用したり，その適応方法を発展させたり，洗練させたりすることに積極的に関わっているシステムズセンタード訓練／研究機関のメンバーたちである。

スーザン・ギャンとイヴォンヌ・アガザリアンによる第1章「リビングヒューマンシステム理論とシステムズセンタードの実践の概要」では，イヴォンヌ・アガザリアンによって開発されたリビングヒューマンシステム理論がまとめられている。また，その理論を組織に適用することにより発展してきたシステムズセンタードの手法と実践についても述べられている。

第2章「システムズセンタード・コーチ：私たちの職場での実践例」では，フラン・カーター，ジェイン・マロウニー，アイリーン・マクヘンリー，クリス・マキロイ，キャロライン・パッカードたちが，組織幹部へのコーチングにシステムズセンタード手法を適用した5つの事例を紹介している。コーチングの内容と雰囲気の両方を伝えるために，著者たちは実際の対話

訳注3）個人化とは，「あの人が〜だから」，「自分が〜だから」と，物事を個人に帰すように捉えることを指す。社会学で言及される個人化（individualization）とは異なる概念であるが，両者の間には関連性もあるだろう。

例を用いて，SCT の技法がエグゼクティブ・コーチングにおいてどのように使われるのかを示している。

第3章「組織介入における役割，目標，文脈」では，ヴェレーナ・マーフィーが短期の組織コンサルテーションにおいて役割，目標，文脈という SCT の枠組みを適用した事例を紹介する。混乱したシステムが非難と個人化から抜け出すように，この枠組みが与えた影響が詳細に述べられるとともに，その枠組みの元となった理論とも結びつけられている。この事例におけるハイライトは，どのようにして性格の問題（これはフラストレーションや怒りなどの強烈な情緒を生じることが多い）から役割の問題に枠組みを変換して，個人的な体験を職場環境というより大きな文脈の中に位置づけることへと繋げていくかにある。情緒的な強度が和らいでくるにつれて，組織の構造的な問題が焦点となり，より簡単に解決へと到達できる。

第4章「愚痴から戦略へ：システムの力動を学ぶ学習の場としての全職員会議の活用」では，ある社会福祉機関の中の一部門のスタッフたちが機能的サブグルーピングを10カ月間試してみた結果がドロシー・ギボンズによって述べられている。サブグループシステムが彼らのフラストレーションの受け皿（container）として機能したことによって，スタッフたちはより活気づくとともに，全職員会議でどんなシステム力動が生じているのかに，より好奇心を抱くようになった。スタッフたちのシステム力動への理解が新たなレベルに達するにつれて，全職員会議に参加したり，組織の官僚的システムと交渉したりする際のより効果的な戦略を彼らは発展させた。

第5章「輪を広げる：臨床牧会教育者のためのグループワークにおける次のステップ」では，ジョーン・ヘメンウェイが牧会教育（pastoral education）への SCT の導入について述べる。グループに加わったり，グループを率いたりすることは，地域の宗教的コミュニティにおいてはありふれたことなので，牧会教育プログラムにおけるプロセスグループ[訳注4]の体験を最大限に活用することは，牧会教育者の責務である。システムズセンタードのグループワークのやり方は，特に教育者にとって少なくとも次の5つの理由で魅力的である。①多様な心理学的理解がシステムズセンタードの理論的方法の中に統合される。②個々のパーソナリティよりもシス

訳注4）プロセスグループについては，第5章の訳注2（p. 140）を参照。

テム全体の力動に焦点をあてる。③その実践は，治療的な枠組み（患者と
しての参加者）よりも，教育的な枠組み（学習者としての参加者）を保
っている。④その手法や言葉は，特定の心理学的訓練を受けていない者で
も馴染みやすく興味をそそる。⑤今ここにおける情緒的な情報を探索する
こと，そして未知のことに好奇心を持っていることに焦点をあてているが，
これは牧会教育のグループワークにおいて重要な領域である。

　第6章「赤，黄，青：小学校システムにおけるコミュニケーションパタ
ーンを修正する」では，クローディア・バイラム，エドワード・マーシャ
ル，アニタ・サイモンが，小学校を3つのサブシステム（管理者，教職員，
生徒）として概念化する。このシステムの目的は，生徒の知性の幅を伸ば
すことである。この章で彼らは，言語的相互作用の分析システム（SAVI:
System for Analyzing Verbal Interaction; Simon & Agazarian, 1967）とい
うコミュニケーション技術を各システムに導入する介入のあり方と，その
介入が各システムの目標に向かう能力に及ぼす影響とを調査している。

　第7章「教室における機能的サブグルーピング：学びのための強力なツ
ール」では，アイリーン・マクヘンリーが，学びを深めるための手段とし
て機能的サブグルーピングを教育現場に導入したアクションリサーチ[訳注5]
について述べる。対象としているのは，早期思春期の中学生，後期思春期
の高校生，修士課程の成人，博士課程の成人というふうに，異なる教育段
階にある4つの集団である。そして，機能的サブグルーピングが以下の点
において効果的な手段であることを示唆する所見が得られている。教科内
容についての理解を深めること，知的学習を促進するために情緒面も活用
すること，聞く力を伸ばすこと，教室でのディスカッションの際にメタ認
知プロセス[訳注6]も活用すること。機能的サブグルーピングは，教職員開発

訳注5）アクションリサーチとは，さまざまな社会場面で生じる問題などに対して，そ
　　　の現場で何らかの実践を行いながら探求したり解決したりしていく研究方法で
　　　ある。まずは小集団などを用いた基礎的な研究でそのメカニズムを解明し，そこ
　　　から得られた仮説を現場で実践しながら検証していくことが多い。
訳注6）「認知」とは外界にある対象を知覚したり判断したりする過程のことを指す。「メ
　　　タ認知」とは，自分が外界を認知する過程を，自分自身から一歩離れて客観的
　　　に認識することである。例えば，「あの人は良い人だ」と判断している段階で
　　　は認知に留まっているが，「『あの人は良い人だ』と私は判断している」という
　　　段階まで認識が進むとメタ認知だと言える。

セミナーにおいて対話を促す方法としても効果的に使われた。

　第8章「機能する会議：コモンセンスを常套手段にする」では，ビューラ・トレイ，スーザン・ギャン，クロード・マーシャソールトが，会議を支配する見えないシステムの力について述べる。この章では，創造的でありながら現実に根ざしたしっかりとした結果を生む会議を組み立てるには，どのようにSCTの手法を用いればよいのかが述べられる。会議を3つの部分に分けて，会議を生産的で効果的にするために必要となる構造と課題とを各段階で特定し，用いられるSCTの技法を述べる。

　これらの章では，広い範囲にわたる適用例をとりあげて，SCTの手法や，SCTの実践の基礎にあるシステム思考を描いている。各章の多様性は，単に人について考えるのではなく，システムを考えることを学ぶ資源となるだろう。システムという考え方を取り入れることにやや違和感を抱く読者には「不信をいったん保留にしておく」ことをお勧めしたい。本書を読み，システム思考を使ってみて，それで実際に自分の考え方や行動の仕方に何か変化が起きるかどうかを試してもらいたい。

スーザン・ギャン
イヴォンヌ・アガザリアン
2005年1月

目　次

組織と個人を同時に助けるコンサルテーション

企業や学校，対人援助サービスで使える
システムズセンタード・アプローチ

第1章
リビングヒューマンシステム理論と
システムズセンタードの実践の概要

スーザン・ギャン　学術博士（Ph. D.），アメリカ専門心理学委員
（システムズセンタード訓練／研究機関）

イヴォンヌ・アガザリアン　教育学博士，アメリカ集団精神療法学会評議員
（システムズセンタード訓練／研究機関）

　この章では，イヴォンヌ・アガザリアンによって作られたリビングヒューマンシステム理論（Agazarian, 1986, 1993, 1997; Agazarian & Gantt, 2000）と，組織や職場チームに用いるシステムズセンタード手法[訳注1]（Agazarian & Philibossian, 1998; Gantt & Agazarian, 2004）を紹介する。リビングヒューマンシステム理論（TLHS：Theory of Living Human Systems）は，いかなる人間のシステムにも適応できる包括的な理論と思考方法である[訳注2]。また，組織に用いるシステムズセンタード手法は，指導者，管理職，コンサルタント，教育者，組織のメンバーたちに活用されている。

　TLHS は，他の理論家たちの業績を統合して作られている。なかでも特

訳注1）　SCT は理論を基礎においたアプローチであり，その理論の名称をリビングヒューマンシステム理論と言う。現場で活用する具体的な介入方法も，この理論から導きだされている。抽象的な理論から具体的な介入方法が導きだされるわけだが，それら介入方法や介入のためのツールなどは，抽象度が高い順に，システムズセンタード手法（methods），システムズセンタード技法（techniques），データ収集のための道具（instruments for data collection）と体系立てて区別されている。システムズセンタード手法には文脈認識（contextualizing），境界調整（boundarying），ベクトル調整（vectoring），サブグルーピング[訳注13]の4つがある。最後のサブグルーピングという手法に属する技法として，機能的サブグルーピングというものがある。このように現在のシステムズセンタードでは，手法，技法，道具は区別されているわけだが，本書ではまだ明確に区別されておらず，手法と言っている中に技法や道具などが含まれていたり，技法と言っている中に手法や道具が含まれていたりする。

にレヴィンの「場の理論」(Lewin, 1951)，ベルタランフィの「一般システム理論」(Bertalanffy, 1968)，ミラーの「システム理論」(Miller, 1978)，シャノンとウィーバーの「通信の数学的理論」(Shannon & Weaver, 1964)，ハワードとスコットの「ストレス理論」(Howard & Scott, 1974)，コージブスキーの「一般意味論」(Korzybski, 1948)，ベニスとシェパードの「グループ発達理論」(Bennis & Shephard, 1956) があげられる。これらの理論家に基づいて，アガザリアンは，人間のシステムを理解する統合的な理論を提示した (Agazarian, 1992, 1997)〈この理論が生まれるまでの道のりはアガザリアンとギャンが記している (Agazarian & Gantt, 2000)〉。組織にとっておそらく最も重要なことは，TLHS とシステムズセンタード手法がもたらす人間科学（human technology）によって，組織にシステムという視点を導入する具体的で影響力のある戦略が得られることである。

　システムという考え方は，組織の世界では新しい概念ではない。センゲ (Senge, 1990) は，組織がシステム思考を目指す重要性を説いた最も影響力のある著者だろう。センゲの考えは刺激的だったが，操作的な定義[訳注3]がないために実践に持ち込むことは難しかった。それに対してアガザリアンの TLHS から生まれたシステムズセンタード手法では，手法や技法に関する操作的定義を用いて，理論を実践に落とし込んでいる。

　TLHS は，組織にシステムという視点をもたらすだけでなく，システム思考を規範として導入することも可能とする。心の知能（emotional intelligence）というものを，組織のメンバー，さまざまな部門や業務グループ，そして組織全体にいたるまで，組織のさまざまな水準において訓練できるものにしたシステムズセンタード・トレーニング（SCT）のプロトコル[訳注4]

訳注2)　生物から非生物まで，さまざまなものをシステムとみなして，それらの特性などを論じる一般システム理論（general systems theory）という思考方法があるが，リビングヒューマンシステム理論は，個人やその集合体（カップル，家族，組織，コミュニティ，国家など）をシステムとみなして，その特性などを論じる思考方法である。この理論では，その対象となる個人やグループのことを，リビングヒューマンシステム（living human systems）と言うが，本書では単に「システム」と言われていることも多い。

訳注3)　操作的定義とは抽象的な概念を定義する方法の1つであり，それら抽象的概念を現実の世界で操作（すなわち評価したり検証したり活用したり）できるようにすることを目的としている。例えば，「知能」という抽象的な概念を，「知能検査によって評価される能力」と定義する場合もこれにあたる。

は特に重要だと言える（Gantt & Agazarian, 2004）。SCT はシステム思考を観念的世界から現実の世界へと移行させ，職場で使えるものにする。

　組織がどう動くかは，その組織で働いているいかなる個人よりも，その組織で発達してきたシステムに強く影響される。SCT の中核にあるのは，そうした理解である。この画期的な考えには，（それが十分に理解できれば）ほとんどの組織を支配している個人中心に考える文化を乗り越えて，システム中心に考える文化を開かせる可能性がある。個人の行動や経験の幅を決定づけているのはシステムであると認識することで，何でも個人のせいにする閉鎖的な考えの影響から組織は解放され，変化への戦略を考案する新たな道が開かれる。

　この含意は非常に重要である。職場のチームがシステムの観点から仕事を理解すれば，そのチームのメンバーは，自分たちの仕事やメンバー同士で生じる事柄をあまり誰か個人のせいにしなくなる。さらにそれだけではなく，個人的な理由から質問やアイディアを出すことを控えたり，あるいは個人的な理由から質問したり意見したりするのではなく，グループの情報として疑問やアイディアをあげやすくもなる。職場の環境が個人中心の考え方ではなくシステム中心の考え方になっていれば，職員たちは自分の部門や業務グループだけでなく，組織全体の一員でもあることを学習する。そして調査活動や経済活動などの組織の活動に疑問があれば，それを組織の一員という立場から質問することを習得する。こうなると，かなり異なった組織の文化が生み出される。

　この章の残りでは，TLHS と，組織に対するシステムズセンタード手法の概要を紹介する。

I　リビングヒューマンシステム理論（TLHS）

　この理論はこう記述される。「TLHS は同形的なシステム群の階層を規定する。これらのシステムはエネルギーを組織化し，目標に向かい，自己修正的である」(Agazarian, 1997)。この記述を利用者に使いやすくする試みは，各用語が何を意味しており，どのように使われるのかが明確になるように，それらの用語を定義することから始まった。それにより，これらの考

訳注 4）プロトコルとは，SCT の技法などを定式化したものである。

えを私たちの現実の世界で試行できるようになった。そしてさらにこの試行が，システムズセンタード手法に繋がった（Agazarian, 1997; Agazarian & Philibossian, 1998）。考えが最初にあり，実行はそこから生じているので，SCT は理論主導型の実践である。システムズセンタードの各介入は，理論の妥当性と実践の信頼性を試行する仮説として機能している[訳注5]。

　単に人についてではなく，システムについて考える習慣を身につけることは，人類にとって最大の挑戦かもしれない。これは，円を描いてみるだけでも，かなり習得しやすくなる（私たちは自分や他人を個人として見がちだが，円になると個人ではなくシステムとして見やすくなるようだ）。この円はシステムを表現している。システムとしての組織，システムとしての部門，システムとしての業務チーム，システムとしての教室などを，この円は表現しうる。

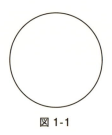

図 1-1

1. 階層（hierarchy）

　階層という単語は，組織の中で働く人たちになじみがある。しかし，システム階層は，組織的階層とは違った意味を持つ。組織的階層は，正式な組織的構造や，権限（authority），説明責任（accountability），責任（responsibility）といった順列に関係し[訳注6]，組織的構造の一部分でもある。一方，システム階層という概念は，文脈（context）という視点をもたらす[訳注7]。だから話題になっているのが組織図のどこであれ，部門であ

訳注5) もし各介入が機能しないとすると，それは理論の妥当性に問題があるか，理論から介入を導きだした過程に問題があるか，介入の実践方法に問題があるかのいずれか（あるいはこれらの複数か）だと言える。

訳注6) 権限，説明責任，責任については，第3章の p.108「役割に関する考察」で後述される。

れ，管理チームであれ，あるいは何らかの役割であれ関係ない。システム
階層によって，システムは文脈の中で観察されることになる——あるシス
テムは，その上位システム（suprasystem）という文脈の下に存在すると
同時に，その下位システム（subsystem）にとっての文脈として機能する
中間システム（middle system）として存在している。

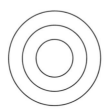

図 1-2　システム階層

　図 1-2 では，中間の円は，より大きい円の文脈の中に存在している。また，
中間の円はより小さい円の文脈になっている。この階層を組織に適用する
と，より大きい円はある部門を表し，中間の円はその部門の中の業務チー
ムを表し，より小さい円は業務チームの中での役割を表しうる。円の各々
がそれ自体システムなのである。あるいは同様に，より大きな円は上位の
管理職を，中間の円は中間管理職を，より小さな円は一般職員を表しうる
訳注8)。最も重要なことは，これら 3 つのシステムが階層のいかなるレベル
に存在しようとも，各々のシステムは TLHS で規定されるシステムの特徴
訳注9)に従うシステムだということである。

訳注7)　システム階層とは，後述するように，どのシステムがどのシステムの下位シス
　　　テム（構成要素）だったり，あるいは上位システム（存在基盤）だったりする
　　　のかといった各システムの包含関係のことである。例えばAというシステムに
　　　ついて考える際には，「下位システム⊂A⊂上位システム」という三重の同心
　　　円で考えられることが多い。この場合，上位システムは，Aの存在基盤（環境
　　　や背景や状況）になっている。これは「上位システムは，Aが存在する文脈を
　　　提供している」とも表現できる。本書では，SCT 特有の用語としての「context」
　　　を「文脈」と訳することにしたが，この用語には上述したように「環境，背景，
　　　状況」といった意味合いが含まれるものとして読んでいただきたい。
訳注8)　この場合は，システム階層というよりも，組織的階層の方が近いように思われる。
訳注9)　TLHS が規定するシステムの特徴とは，端的には，前述された「同形的なシス
　　　テム群から成る階層をなし，エネルギーを組織化し，目標に向かい，自己修正
　　　的であること」である。

1）中間システム（middle system）

　階層を表すのに3つの円を描くと，単純だが革新的な理解が得られる。それは，システム全体を変化させるには，3つのシステムからなる階層の中で中間システムが最も効果的な介入の焦点だということである（Agazarian, 1992; Agazarian & Janoff, 1993）。中間システムは，その文脈であるより大きなシステムと，それが文脈を与えるより小さなシステムの両方と境界を接している（図1-3参照）。中間システムに変化を起こせば，その階層中のより大きなシステムとより小さなシステムの両方へ波及効果を及ぼしうる。

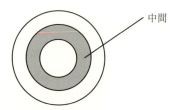

中間

図1-3　中間システム

　この含意は革命的である。システム全体における変化の目標を図1-3に描かれているように「灰色」と仮定してみよう。中間システムはより大きなシステムとより小さなシステムとに直接的な影響を与えるのだから，中間システムを「灰色」にすることが最も見返りが大きいだろう（図1-4,1-5, 1-6を参照）。

　システムは常に階層の中に存在するだけでなく，いかなる特定のシステムも階層の観点から見ることができる。例えば業務チームに階層の概念をあてはめてみる（図1-6参照）。その業務チームをより大きなシステムとすると，中間システムはチームが作業するにしたがって発達するサブグループ[訳注10]となり，より小さいサブシステムはメンバーが果たす役割で成り立っている。中間システムのサブグループは機能的（functional）かもしれないし紋切型（stereotype）かもしれない[訳注11]。この視点だと，中間システムであるサブグループは，チームに変化を与えるのに最も効果的である。変化がサブグループのレベル（中間システム）で起こると，業務チ

訳注10）サブグループとは，あるグループの中に存在する小グループのことである。

ーム全体（訳注：上位システム）とそのメンバー（訳注：下位システム）の両方が、その変化から影響を受ける。サブグループが紋切型ではなく機能的になるよう、サブグループのシステムに影響を与えることが、システムズセンタード・アプローチの核心である[訳注12]。機能的な中間システムは、安定性と変化の要として作用する。

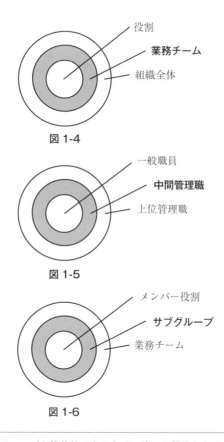

役割
業務チーム
組織全体

図1-4

一般職員
中間管理職
上位管理職

図1-5

メンバー役割
サブグループ
業務チーム

図1-6

訳注11）TLHSにおいてサブグループが機能的であるとは、違いが排除されるのではなく統合されるように小グループが作用するということである（本章で後述される）。一方、紋切型のサブグループでは、違いが統合されないままになりやすい。性別、年齢、人種などの容易には変わらないような特性の違いをめぐって形成されるサブグループは紋切型になる傾向がある。システムズセンタードのトレーニングでは機能的なサブグループを形成するために、「違って見える他者の意見や情緒に対しても、何か自分の中に似たものがないかを探索する」という課題に取り組む。機能的サブグループと紋切型サブグループの違いについては、第5章の「質問2」（p.144）にも述べられている。

2) 中間システムと機能的サブグルーピング[訳注13]

　この中間システムについての理解をグループに適応して，アガザリアン
は機能的サブグルーピングという手法を開発した。機能的サブグルーピン
グは，境界に透過性をもたせること[訳注14]によって，違いの統合を可能に
する。業務グループの中間システムに変化を及ぼすことで，機能的サブグ
ルーピングは，中間システムと境界を接する業務グループ全体とそのメン
バーの両方に影響を与える（訳注：図 1-6 参照）。機能的サブグルーピングは，
対立を解決し意思決定を行うために職場チームで使用される（Agazarian
& Philibossian, 1998）。また，紋切型のサブグループ化への代替案を提供
する。紋切型のサブグループ化は，閉鎖的な境界の背後に違いを保持して
いる[訳注15]。組織では，紋切型のサブグループ化は，しばしば地位のヒエラ
ルキーに基づいている。機能的サブグルーピングという代替案を導入する
と，対立や意思決定場面で紋切型の違いよりも関連性の方を探索するよう
に変化し[訳注16]，職場に役立つ形で違いが統合されるようになりえる。例え
ば職場で「早く先に進みたい」サブグループと「ペースを落としたい」サ
ブグループが競合している場合，機能的サブグルーピングを用いて両方

訳注12）サブグループが機能的になると，業務チーム全体も，そこに所属するメンバー
たちも機能的になるように影響を受ける。チーム全体やメンバーたちが機能的
になる，すなわち違いを統合できるようになると，チーム全体もメンバーたち
も変化しやすくなったり，異なる意見や人を排除することが少なくなったりする。

訳注13）Subgroup は名詞であることもあれば，「サブグループを形成する」という意味
の動詞であることもある。サブグルーピング（subgrouping）は，この動詞の
動名詞であり，「サブグループを形成すること」という意味になる。そして機
能的サブグルーピングとは，機能的なサブグループを形成する方法を意味して
いる。

訳注14）「境界に透過性をもたせる」とは，「システム間で情報が行き来しやすいように
する」という意味である。

訳注15）表面的な相違点（例えば，性別，年齢，人種，職種，国籍など）によって小グ
ループに分かれて，有効な情報のやり取りがなされないような状況を指す。同
じ小グループに属するメンバーの間にも実はさまざまな相違点がありえるのだ
が，そうした相違点は背後に潜んだまま扱われない。また，異なる小グループ
に属するメンバー間にも実はさまざまな類似点がありえるのだが，そうした類
似点も背後に潜んで扱われないままになる。

訳注16）表面的な違い（紋切型の違い）に注目するよりも，お互いに何か似た面がない
かを探索するということ。

のサブグループが持つエネルギー[訳注17]を探索していけば，両方の観点を職場グループに統合できるようになる。人間は違いをめぐって論争したり，異なる意見を持つ相手を変えようと躍起になったりしがちだが，機能的サブグルーピングは，双方の観点がもつ情報を探索できるようにすることによって，そうした傾向に歯止めをかける。

3) 文脈（コンテクスト）

　階層は文脈を位置づける。図 1-4, 1-5, 1-6, 1-7 において，より大きな円は，中間の円の文脈であり，その中間の円はより小さな円の文脈となる。組織あるいは業務チームをその文脈の中で見てみると，何が可能で，何が不可能かという現実が明らかになる（Agazarian & Philibossian, 1998; Gantt & Agazarian, 2004）。これは，組織で働く人たちにとって大きな衝撃だった。管理職や指導者，コンサルタントが文脈を理解しながら働くと，戦略的な立案や意思決定はかなり違った方向性になる。文脈に含まれることには，組織の現実や，その現実がその組織の人たちに与える影響，その組織がより大きな文脈に与える影響などがある。組織で働く人たちが，困難な現実はより大きな組織的文脈に，さらにはより大きなコミュニティや世界という文脈にさえ関連することを認識すると，その現実と向き合う彼らの姿勢は変化する。

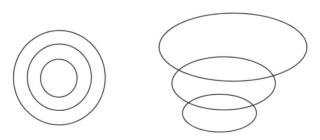

図 1-7 システム階層

訳注17) TLHS では，システムが持つエネルギーは，システムが持つあらゆる情報と等価である，すなわち「情報＝エネルギー」であると定義される。そのため「情報／エネルギー」といった表記がなされることもある。これら情報／エネルギーには，知識や思考のみならず，感情，衝動，身体感覚なども含まれる。

4）標的システム（target system）

　ある変化を狙った戦略（change strategy）（以下，変化戦略と表記）は，変化を起こそうとするシステムだけでなく，その階層の上下にあるシステムにも影響を与える。このことを理解すると，いかなる変化戦略においても３つのシステムを考慮することに至る。ある特定の階層の中の入れ子構造になった３つのシステムをSCTでは**変化への標的システム**と呼んでいる。標的システムに目を向けることによって，介入を直接受けるところ（中間システム）への影響だけでなく，その上下にあるシステムに及ぼす影響にも光があてられる。変化への標的システムを特定できると，目標となる変化を文脈に結びつけられる（Agazarian & Gantt, 2004）。このことを理解すると，変化戦略をいかに設計するかも変わってくる。目標となる変化への標的システムがひとたび特定できれば，標的システムの中間システムに介入することにより，最も効率の良い変化戦略が描かれうる。

5）他の文脈へ変化を広める

　システム思考を実践的に応用すると，次のような認識が得られる。中間システムでの変化がより大きな文脈の中で支持されるためには，階層中の隣接したシステムがかなり重要である（Agazarian & Philibossian, 1998）。

　例えば中規模の会社で，ある業務グループが「素早く行動」という流儀から，行動する前に「情報を探索」（飛びつく前に見よ！）という流儀に方針転換したとする。その業務グループの中では，この変化はとても上手くいった。すると，その業務グループのメンバーたちは組織の他の文脈にもこの変化を持ち込んだ。つまり，他の会議に出席したときに，行動する前にまず「立ち止まって考える」ことを他のグループにも求めたりした。他のグループはこれを，いつもの業務スタイルから逸脱した混乱させるものだと感じた。この新しい行動は抵抗にあい，業務グループのメンバーたちも自分たちの新しい行動を使わなくなっていった。コンサルタントたちは，彼らのコンサルテーション業務はそのチームでは成功したにもかかわらず，他の文脈では反対されることを認識した。その間違いに気付き，コンサルタントたちはもとの業務グループに立ち戻り，どのようにその変化を他の文脈に伝えれば耳を貸してもらえるのかに焦点をあてた。いかに新しい規範を境界を越えて輸出するか，メンバーたちがそのことにじっくり

注意を払っていったとき，その会社の業務スタイルの一部としてその変化が浸透し始めた。

6）役割（role），目標（goal），文脈（context）という SCT の枠組み

　システム階層の概念を適用することから得られたもう1つの重要なものとして，役割，目標，文脈という SCT の枠組みがある（Agazarian & Gantt, 2005）。すべてのシステムは文脈であり，その文脈の中で仕事がなされる。また，すべての文脈には目標がある[訳注18]。そしてすべての文脈は，そのシステムが目標に向かって進むために，そのメンバーが特定の役割をとることを必要とする。よって，分析の対象となるある特定のシステムの役割，目標，文脈をどう定めるかは，操作的な段階だと言える[訳注19]。例えば，我々自身の組織（システムズセンタード訓練／研究機関）には，多くの業務グループがある。これらの各業務グループは，明確に定義された目標を持つ文脈である。メンバーシップ業務グループを例としてみよう。このグループには，会員数を維持および増加させるという目標がある。そしてこのグループの中には，新メンバー調整役，会員特典調整役のように，会員数の維持／増加という目標のために，明確に定義された役割がある。そしてこれら各々の役割は，この業務グループの目標に繋がる機能的な行動により定義されうる。

7）個人化（personalizing[訳注20]）の代わりとしての役割，目標，文脈

　SCT では，自分たちの文脈を確認[訳注21]し，その文脈の目標と，その文

訳注18）例えば，学校というシステムを考えてみる。教師や子供たちにとって，そこは授業などが行われる文脈／環境となっている。そして，その文脈には，子供の知性や感性などを成長させるという目標がある。

訳注19）あるシステムの目標や，そこに所属するメンバーの役割を定めることは，抽象的な概念を現実に落とし込む過程であるという意味。

訳注20）個人化とは，ものごとを「あの人のせい（あるいは，おかげ）」とか「自分のせい（あるいは，おかげ）」として捉えることを指す。本書の別のところでは，「個人的に捉えること」と訳してある。個人化だけになると，あるものごとが生じている全体状況が見えないままになってしまう。自分の置かれた状況や周囲の状況を見ずに，自分の感情や希望だけで発言したり行動したりすることも個人化となる。

訳注21）自分たちが，どのような上位システムのメンバーになっているか，それら上位システムの状況はどのようなものであるかを確認するということ。

脈における役割と，各役割が目標とどのように結びつくのかを明確にするようにチームと取り組む。これによって，誰か個人のせいにする視点とは異なる，別の重要な展望が職場チームに指針として与えられる。例えば，ある業務グループで1人のメンバーが，グループが道から外れないようにするという役割を命じられたとする。そのメンバーが役割を果たすべく割って入ってきても，他のメンバーはその介入から受けるフラストレーションをあまり個人的なことと捉えないだろう。ところが，同じメンバーがその役割の権限もなく声高に主張し始めたら，個人的なことと捉えて憤慨するといった反応が容易に起きるだろう。個人のせいにする文化が衰退すれば，職場チームは働きやすくなる。

8）文脈と役割を変える

　同様に，自分たちが働いているところの文脈の配列と，それら各文脈の目標をメンバーたちが明確に確認すると[訳注22]，文脈の変化に応じて自分も役割を変えていることに気付くことができる。重役会議の一員という役割から営業会議の指導者に移行するときのように，行動をいかに変えるべきか直感的に理解することがある。文脈の目標が変化すると役割もまた変化するということが，直感的には当たり前なのである。この役割の変換を明白にすること，そして確認することで，役割に適合するようにその人が行動を意識的に変えやすくなるだけでなく，この人物に関わる人たちが，指導者をメンバーのように扱ったり，あるいはメンバーを指導者のように扱ったりしないように関わり方を変えやすくなる。

9）役割とチームのパフォーマンスを強化するために「力の場（force field）」を使うこと

　SCTではひとたび役割が明確になったら，その役割を実行する特定の行動の「力の場」を明確にするようチームとそのメンバーに働きかける。アガザリアン（Agazarian, 1986; Agazarian & Gantt, 2000）は，レヴィン

訳注22）文脈の配列とは，自分たちが属するシステムの階層と同義である。例えば，「営業部⊂企業全体⊂コミュニティ」という3つのシステムから成る階層が確認できたとする。各文脈の目標を確認するとは，これら3つのシステムの目標をそれぞれ確認するということになる。これらシステムの目標が調和して配列していることの重要性が本章で後述される。

(Lewin, 1951) から力の場を適用した。力の場は，目標に向かう力（driving forces：推進力）と目標から離れる力（restraining forces：抑制力）を同定する。例えばチームの目標が新製品の企画販売という場合，リーダー役割の推進力と抑制力は，下記の力の場（図1-8）に表示される。

チームリーダーの役割 推進力→　←抑制力	
目標を明確化する→	←任務について曖昧である
任務に戻すために割って入る→	←関係ない話題を持ち込む
考えを聞く→	←場を独占する，新しい考えを遮る

図 1-8　力の場

　力の場によって，文脈の目標を後押しする特定の役割行動（推進力）が同定され，役割のパフォーマンスを支持し高める行動はどのようなものか，その図式が描かれることが図1-8に示されている。最も重要なのは，目標へ向かうのを阻む行動（抑制力）を力の場が明確にすることである。レヴィンは，推進力を増幅させようとするよりも，抑制力を軽減する方が変化を進めるには効果的であることを示した[訳注23]（Lewin, 1951）。この変化への方針は，SCT の変化戦略の基本となるものである。抑制力を減らせば，自然と推進力は解き放たれる。加えて，変化を加速させようと推進力を増大させたときよりも，抑制力を弱めたときの方が緊張やストレスが生じにくい（Lewin, 1951）。
　SCT は，システムのいかなる水準[訳注24]でも，組織を分析するために力の場を用いる。上記の例だと，SCT の管理職やコンサルタントは，（チー

訳注23）このことを体感的に伝えるために，SCT では両手を胸の前で合わせる動作をとらせることが多い（両前腕を水平に一直線にして拝むような動作）。手が右側に進むことを目標とすると，左腕の力は推進力，右腕の力は抑制力になる。両手を押し付けると，推進力と抑制力が釣り合っているため，手のひらは身体の中央にある。その位置から左腕の力を増して手を右側に動かそうとすると，右腕の力も増して，2つの力の衝突が大きくなる。一方，両手が身体の中央で釣り合った状態から，左腕の力を増すのではなく，（右ひじを下に落として）右腕の力を抜いてみる。すると手は楽に右側に進む。

ムリーダーだけでなく）チーム全体のパフォーマンスに対する推進力と抑制力の「力の場」も同定するようにチームに働きかけるだろう。目標へ向かってさらに進むためには，どういった行動（抑制力）を弱めれば良いのか，その指針を力の場は提供する（図1-8参照）。

10) システム内およびシステム間の目標の配列

　明白な目標が重要だというブリジャー（Bridger, 1946, 1990）の理解に基づいて，SCTではシステムのすべての水準で目標を明確にすることを強調する。加えて，ある特定の文脈における役割と目標の整合性という問題もSCTでは話題にされる。ある文脈の中で，もし役割行動が文脈の目標に沿っていなければ，目標に向かって前進することはほとんどないだろう。ゆえに，役割行動を目標に合わせることは推進力となる。

　もうひとつの推進力は，サブシステムの目標をより大きなシステムの目標に合わせることである。例えば，部門の目標は組織全体の目標に沿っていることが重要である。組織全体の中で各システムの文脈間の目標が整うように配列すると，システムの機能は増強する。

　目標の配列は，より大きなコミュニティという文脈の中にある組織とも関連する。もし組織の目標がコミュニティの目標に沿っていなければ，組織のもつ能力が制限されるか，コミュニティの目標が邪魔されるかのいずれかになるだろう。組織がその目標をコミュニティの目標に合わせたとき，組織はコミュニティという文脈の目標を支持し，そのコミュニティの市民としての立場をとったのだと考えられる。市民であること（citizenship）とは，SCTが「メンバー役割」と呼ぶものと緊密に関係している。

11) チームにおけるメンバー役割

　役割の概念は組織にとって新しいものではない。実際，機能に関連するものとして役割を定義することは，広く浸透している。多くの業務グループは，企画販売，財務，調査，買収といった役割に代表されるような，さまざまな業務機能をその業務役割の中に持つことが一般的である。SCTは，役割というものを理解するにあたってもう1つ別の側面を加えるもの

訳注24）システムの水準（level）とは，上位から下位まで階層をなしているシステム群のうち，どの高さのシステムであるかということを指している。

として，メンバー役割という概念を業務チームに導入する。メンバーとしての責任を担うには，まず自分個人がもつ資源の中からメンバーとしての立場に関連する何かを選ばなければならない[訳注25]。メンバー役割を強調すると，業務グループのメンバーは，その業務グループとその文脈の目標とに向かうようになる。メンバー役割が企画販売や財務のような機能の役割とは違うということを理解しだすと，業務グループのメンバーたちは，なじみのないことが話題になっているときに，いかにその会議に参加すれば良いかがかなり分かった感じがするとしばしば言う。例えば，あるメンバーはこう言った。「かなり気楽に質問ができるようになりました。自分が質問することは，私たちみんなが明確に分かるのに役に立つということ，そしてその明確化というのは私のメンバー役割の一部であって，グループの業務のために役立つということが分かりましたから」[訳注26]

　メンバー役割が明らかになると，メンバー役割と機能役割（たとえば企画販売）をはるかに合わせやすくなる。これは，機能役割を文脈の目標に合わせることにもなる。そして，文脈が変わると機能役割がいかに変わるのかを学んだり，文脈が変わる際にどのように行動を変えれば良いか明確に分かったりする。例えば企画販売の代表者は，新製品に関するどのような情報を会議に持ち込めば良いのかを，自分のいる文脈に応じて選択することを学ぶ。自分の企画販売のチームであれば，代表者はかなり詳細な説明をするだろうし，より全体的な製品業務のグループでは，より大きな全体像と展望を提示するだろう。

　業務グループにおいてメンバー役割がとれるように促すと，ある種の理解

訳注25）自分がもつさまざまなエネルギー／情報の中から，どれをどのように使って自分が属するシステム（ここでは業務グループ）に貢献するかを決めないといけないということ。そうした貢献がなされたとき，すなわち，その個人がメンバー役割をとれたとき，SCT では「個人（person）からメンバーへと境界を越えた」と表現する。

訳注26）「業務内容についてよく分からない」と思っているときに，その分からなさを表明することは「メンバー役割」をとったことになりえるが，企画販売などの「機能役割」にとっては直接的には役に立たないかもしれない。ただ，企画販売グループがチームとしてより高い機能を発揮できるためには，1人ひとりのメンバーが分からないことを分かったかのような顔をして放っておくよりは，「分からない」と表明した方が良い場合も多いだろうから，上述したメンバー役割行動は間接的には機能役割にも役立ちうるだろう。

も生み出される。グループの中のサブグループがそのグループにとって何らかの役割を持つということにメンバーが気付けるようになり始めるのである。例えば，戦略計画の改訂に焦点をおいた業務グループの中で，何人かが退屈だと言い始めたとする。この「退屈」サブグループは，引きこもりたい衝動を思い留まり[訳注27]，戦略計画を議論するこの業務グループにとって自分たちがどのような役割を持っているのかに注意を向け直した[訳注28]。彼らは，ワクワクできるような戦略計画に取り組むことの重要性を明らかにし，自分たちの引きこもりは興奮が失われつつあるサインなのだと気付いた。このことを理解すると，グループへの興味が再び湧き起こり，グループは戦略計画に対してはるかに多くのエネルギーで仕事をすることができた。

　メンバー役割を明確にするには，文脈の目標（訳注：グループの目標）を後押しするような行動を同定することが必要になるが，その明確化がなされればもう一つの重要な役割の区別がつけられるようになる。メンバー役割が明らかになると，目標に関連した役割行動という推進力と，個人的目標にまつわる個人化された役割という抑制力との違いが強調される[訳注29]。メンバー役割に関する力の場が明らかにされれば，チームが一緒に仕事を進めていく際にも，道から逸れたときに戻る際にも，チームが使えるような仕事上の地図として機能する。

訳注27）「衝動を思い留まる」というのは，「〜したい気持ちを実行に移さず」という意味である。ここでは「引きこもりたい気持ちがあったが，実際に引きこもるのではなく」という意味になる。衝動を実行に移すことは「行動化」と呼ばれる。衝動を行動化するのか，あるいはその衝動を言語化したり，さらにはその衝動が持つ意味を探索したりするのかを，意識して選択することがSCTでは重視される。

訳注28）自分たちのサブグループがもっている「退屈」という感情や，「引きこもりたい」という衝動もエネルギー／情報である。業務グループの中のサブグループがもっているこれらのエネルギー／情報も，業務グループにとって何らか意味をもっており，それをどう活かせるかを探索することがメンバー役割の1つであるとSCTでは考える。

訳注29）例えば訳注26でも述べたように，「よく分からない」という意見を表明することは，業務グループの「目標に関連した役割行動」になりえるが，場合によっては「個人的目標にまつわる個人化された役割行動」にもなりえる。例えば「目立ちたい」とか「世話されたい」という個人的願望に基づいてそうした発言をする場合がそれにあてはまるだろう。ちなみに，「目立ちたくない」という個人的目標のために，分からないことを分かったかのような顔をして放っておくのも，個人化された役割行動である。

2. 同形性 (isomorphy)

　次に，理論の別の側面を見てみる。TLHS では，階層と**同形性**を関連づけている。TLHS における**同形性**の概念は，ベルタランフィの考え (Bertalanffy, 1968) を発展させたものであり，ある特定の階層に属する複数のシステム間で，構造や機能が似ていることと定義される[訳注30]。実用的には，ある階層のどこかのシステム水準で組織的な構造や機能を理解できれば，その階層に属するすべての他のシステムの構造や機能についても情報が得られると言える。

　目標とした変化を効率良く達成できるような戦略に関連する文脈を明らかにするのに階層の概念が役立ったのとちょうど同じように，同形性の概念によって，システム階層におけるすべてのシステムとサブシステムの相互依存が見えてくる。例えば前に示した例の中に，「見る前に飛びつく」傾向がすべてのシステム水準でみられる組織があった。組織が「飛びつく前に見る」ように上手く変わるには，この組織の階層のすべての水準で，その変化が統合される必要性がある。

　構造と機能は，システム同形性の相互依存の一側面である。構造は，いかに情報が境界を越えてシステムに入ってくるかということに関連する。機能は，いかに情報がシステム内に組織化されるかということに関連する。まず構造を議論し，続いて機能の議論に移ろう。

3. 構造 (structure) と境界 (boundaries)

　TLHS では，**境界**という観点で**構造**を定義する。**境界**は，システムの内側にあるものと，外側にあるものを区別する。システムを表すのに円を使った場合，その円の外周を描く線が境界になる。境界の透過性によって，システムへの情報の出入りが決定する。開いたシステムは比較的情報に透過性のある境界を持つ（図 1-9）。閉じたシステムは比較的透過性の低い境界を持つ（図 1-10）。

訳注30）同じ階層に属するということは，それだけ日常的に接している時間が長いことになる。そうしたシステム同士が似てくることは容易に想像がつくであろう。長年連れ添った夫婦が似てくるのはその好例である。

図 1-9　透過性の高い境界　　　　　図 1-10　透過性の低い境界

　このように構造を境界として定義すると[訳注31]，サブシステム間およびサブシステム内の境界の透過性，すなわち，システムがどの程度情報に対して開いているか閉じているかに注目がいく。例えば，チームメンバーがもたらす情報に対して業務チーム内の境界が開いているか閉じているか，あるいは他の業務チームとの間で情報を与えたりもらったりするのにその業務チームが開いているか閉じているか，ということを評価するのは役に立つだろう[訳注32]。

1）境界の透過性（permeability）

　境界の透過性という問題をより詳しく吟味するために，前に述べた，3つの同心円と，そのシステムへ「灰色」の変化をもたらすという話に戻ろう。私たちの階層の理解によれば，最初に「灰色」を導入したいのは中間システムである（図1-4参照）。灰色に対する中間システムの境界透過性は，この変化が中間システムにいかに浸透するかということと関係があるだろう。また，中間システムの変化が境界を越えて階層の双方向に，すなわち，より大きいシステムにも，中間システムの中に入れ子状に入ったより小さいシステムにも伝わるようにするにはどうしたら良いかということも，境界の透過性に関連するだろう。境界の透過性を理解するということは，あるシステムから別のシステムへ，また，あるシステムの内部で，情報を交

訳注31）構造と境界とは抽象化のレベルが異なっており，境界の方がより具象的な概念になる。「構造を境界として定義する」というのは，「構造」という抽象的概念を，「境界」というより具象的な概念で操作的に定義する〈訳注3（p.28）参照〉という意味である。ちなみに境界は物理的境界と心理的境界とに大別される。物理的境界には時間的境界と空間的境界がある。心理的境界には役割に関する境界などがある。

訳注32）前者は業務チームというシステム内の境界の透過性，後者は他の業務チームとのシステム間の境界の透過性ということになる。システム内の境界の透過性の他の例として，自分自身の感情や感覚や思考にどれくらい気付いているかいないかということがある。

換したり，変化を伝えたりするのにきわめて重要なことである。

　SCT は，境界が閉じる 2 つの状況を特定している（Agazarian, 1997; Agazarian & Gantt, 2005）。境界が閉じるのは，コミュニケーションにおけるノイズに対してや，システムが統合できないほどの大きすぎる違いに対してである（Agazarian, 1989）。ノイズは，曖昧（ambiguity）と冗長〈redundancy（Shannon & Weaver, 1964）〉，および矛盾〈contradiction[訳注33]（Simon & Agazarian, 1967）〉として定義されるが，コミュニケーションにおけるノイズが多くなればなるほど，境界は情報に対して閉じることになる。加えて，現行のシステムとあまりにも異なる違いを持ち込むコミュニケーションもまた，境界が閉じるように刺激するであろう[訳注34]。

　境界が開放的すぎるのか，あるいは閉鎖的すぎるのかを明らかにするには，目標を明確にしておくことが欠かせない。1 つのシステムから別のシステムへ情報を伝えるのが目標なら，割合に開いた境界が情報を伝達させやすいだろう。システムがある変化を地固めしたり統合したりしているときなら，さらなる変化への情報を通過させないような比較的閉じた境界が，統合という目標を促進するであろう[訳注35]。

2）会話からノイズを取り除く

　SCT は，コミュニケーション過程からノイズを取り除くよう，業務グル

訳注33）矛盾には，後述するような「そうだね，でも（yes, but）」といったコミュニケーションパターンに代表されるような両価的メッセージの他，言語的メッセージと非言語的メッセージの間の矛盾（例えば，「怒ってない」と怒鳴り声で言うこと）などがある。

訳注34）ノイズや「大きすぎる違い」は，システムに情報が入ってくる際の透過性に主に関連しているように思われる。逆に，システムから情報を出す際の透過性に関連する問題もあるだろう。例えば，集団や対人場面に生じる沈黙などは，情報のアウトプットに関する境界の透過性が低下している状態と言える。SCT では，アウトプットについては推進力と抑制力の観点から論じられることが多いように思う。例えば，情報を出すのが目標に適った状況において，「それを出しにくくさせている抑制力は何か？」というように。

訳注35）集団に生じる沈黙もこの観点から考えられる。メンバーたちが何らかの情報を消化したり醸成したりするのに，境界を閉じて沈黙になることを必要としている段階であれば，沈黙は集団の目標に適ったものであろう。一方，集団内で情報交流をする段階になっているのに，それを抑制する因子が何か働いていて沈黙になっている場合であれば，沈黙は集団の目標に適っていないことになろう。

ープや組織グループに働きかける。その方法は，曖昧でぼやけたコミュニケーションをはっきりしたものに変化させること，冗長な話は要点だけ述べるように変えること，「そうだね，でも（yes, but）」といった矛盾をはらんだコミュニケーションに対しては，違いを持ち込む前に似たところで人と結びつくようにメンバーに教えることの３つである。ノイズが会話から取り除かれると，情報に対する境界の透過性はより高くなる。

　コミュニケーションの目標は，境界を越えて情報を伝えることである。よって，コミュニケーションが上手くいくと，（書面であれ口頭であれ）会話は作業を進める燃料となる。境界が不適切に閉じられていると，介入が必要になる。多くのSCTの介入はSAVI[訳注36]に基づいている（Simon & Agazarian, 1967）。SAVI（言語的相互作用の分析システム）は，エントロピックと反エントロピックなコミュニケーション[訳注37]のパターンを明確にする手法として開発された。またSAVIは，シャノンとウィーバーのコミュニケーション理論（Shannon & Weaver, 1964）と，ハワードとスコットのストレス理論（Howard & Scott, 1974）を統合する操作的定義として機能する[訳注38]。

　コミュニケーション訓練のためのSAVIモデルは，組織や業務グループがノイズの多いコミュニケーションを特定し，変化させるのを学びやすくする枠組みを提供する。SAVIは，作業に貢献するコミュニケーションを青信号として，作業の邪魔をするコミュニケーションを赤信号として，全体的なコミュニケーションの状況次第で赤信号にも青信号にもなりえるコミュニケーションを黄信号の行動として特定する。境界が情報に対して開くために，どのようにノイズが多いコミュニケーション風土を変化させ，コミュニケーションからノイズを取り除くのか。赤，黄，青信号にあたる行動を明らかにすることは，そうしたチャレンジに対してメンバーたちが使える実践的なガイドとなる。

訳注36）SAVIの詳細については第6章を参照。

訳注37）エントロピーは乱雑さを表す。反エントロピックなコミュニケーションは，乱雑な情報にあふれた世界の中からまとまりのある情報を紡ぎだすことによってエントロピー（乱雑さ）を下げる。一方，エントロピックなコミュニケーションは逆に乱雑さを加える方向に作用する。

訳注38）SAVIには，両理論を統合する機能と，両理論を具体的に操作できるようにする機能〈訳注3（p.28）参照〉の2つがあるということ。

4. 機能（function）

　TLHS は機能を次のように定義する。似て見えるものの中に違いを，違って見えるものの中に似たものを識別し，違いを統合することによって[訳注39]，システムが生き残り（survive），成長し（develop），変形する（transform）過程であると[訳注40]（Agazarian, 1997）。

　違いを統合することは，組織の機能において重大である。いかなる人間のシステムとも同じように，組織は類似性のあるところで安定し，違いに対しては境界を閉ざす傾向がある。これは人間のシステムの現実の１つであって，誰のせいでもないにもかかわらず，違いに対する自分や他人の反応は個人のせいにされがちである。この現実が全人類にとって普遍的なものであることを認識すると，対立や差異を扱うという避け難い課題を特別扱いせずに対応していくための規範を確立しやすくなる。

　SCT では，対立や差異を扱える能力は組織の機能の中で必須なものであり，それがなければ組織は成長し変化し続けられないと考える。違いを統合できる範囲において，組織は違いを避けたり違いをめぐって論争したりするのではなく，違いを資源として統合するように切り替えらえる。これは，従業員が急速に変わったり，従業員の多様性が増したりする一方の現代の状況では，特に重要なことである。ビジネスモデルを刷新しないような会社は市場の状況の変化によって生存能力が脅かされるということに，ますます気付かされるようになっている。過去を繰り返し，新たなことを拒もうとする人間の傾向は変化への抑制力となる一方，新しい考えに開かれているということは，革新と変化への重要な推進力となる。会社は，新たな考えを統合する一方，労働の安定性も十分に維持するという試練に直面している。例えば最近の新聞記事では，トラブルに見舞われたあ

訳注39）あるシステムにとっての「違い」には，そのシステムが知らなかったことも含まれる。よって，「違いを統合する」ということの最も単純な例の１つとして，「知らなかったことを知る」ということも含まれる。

訳注40）成長も変形も，システムの変化である点は共通している。相違点は，成長が量的な変化を指すのに対して，変形は質的な変化を指すことである。例えば，言語を使えるようになるのが変形なのに対して，使える語彙数が増えるのが成長だと言える。このように，変形とは，今までになかった新たな機能を獲得することや，何らかのパラダイム・シフトが生じることなどを指す。

る会社が，「業務問題について率直な社内議論を避けるような不健全な傾向」で知られていると書かれてしまった（Kempner, 2004）。常識を失って間違った決定をするチームの話や，異なる観点をメンバーが提起する気をそいでしまうチームの話は山ほど聞く。サンドバーグ（Sandberg, 2004）は，エドモンドソンの「チームが上手く機能することへの3つの障壁」（Edmondson, 1999, 2002）を引用した。①チームメンバーは，自分が持っている情報を関連があるものとか面白いものとして認識しておらず，ゆえにそれを共有しない。②チームメンバーは，対立する観点があることに気付かない。③メンバーは情報を公表しない。

SCTでは，差異をやりくりし，対立を解決するために，機能的サブグルーピングという革新的な手法を取り入れる。機能的サブグルーピングは，効果的にチームが機能することへの障壁を取り除く。差異が機能的サブグルーピングの中でより簡単に統合されれば，チームメンバーは，自分たちのコミュニケーションをチームにとっての情報として見ることを学ぶようになり，それを批判したり，差し控えたりしないようになる。

1）機能的サブグルーピング（functional subgrouping）

SCTでは機能的サブグルーピングを，対立を解決し，違いの識別と統合を促進する手段として取り入れる。業務チームや会議においてメンバーたちは，他者の観点の中に自分にも似たところがないかを探索し，その観点に加わるように訓練される。人間は，自分と異なる人や考えを，自分寄りに変えようとしたり，排除したり，あるいはその人個人の問題だとする傾向があるが，これによってその傾向が遮られる。その傾向の代わりに，まず初めに1つのサブグループが，ある違いの一側面を一緒に探索し，その間は他のサブグループは控えるようにする。この初めのグループが控えに回る準備ができたら，2番目のサブグループが動き出す。各サブグループが比較的に似た者同士の雰囲気の中で探索をしていくと，最初は似ていた自分たちサブグループの中にも違いがあることを見つけだす。こうして比較的に似た者同士の雰囲気の中で発見された違いは許容されやすい[訳注41]。

訳注41）孤立した状況に比べて，自分に似た人が誰かいる状況の方が，安心感があり心もオープンになりやすい。心がオープンになっていた方が，境界の透過性も高くなり，相違点の大きい情報も取り入れやすくなる。

ある時点で，両方のサブグループは，最初は違っていた2つのサブグループの間に似たところがあるのを発見する。そして，グループ全体での統合が生じる[訳注42]。機能的サブグルーピングに導入する最も簡単な方法は，「誰か他にいませんか（anybody else）？」という言い回しを促すことである。

トム：私は，今日こそは戦略的な計画についての私たちのアイディアを文書化するまでに持っていきたいと思っています。気持ちが急いているんです。誰か他にいませんか？

スー：はい，私もそうです。でも私たちのアイディアって何なのか，私にはよく分からないんです。誰か他にいませんか？

コンサルタント：それは，「そうだね，でも」のパターンで，私たちには2つのサブグループがあるということを示しています。1つは「よく分からない」というグループで，もう1つは「先に進みたい」というグループです。今のところどちらかのグループに乗っている方は誰かいますか？

ジョン：私は今日はよく分かりません。前回は分かっていました。

キキ：私はまだ先に進む準備ができていません。だから，よく分からない方に近いです。

スー：私は先に進むほどよく分かってないと思います。誰か他にいませんか？

ジョン：私は，先に進む前に自分たちが今どこにいるのかを確認したいです。例えば前回どこで終わったかとか。

コンサルタント：そうすると，私たちは2つの重要なグループをもっていて，1つは明確化が課題になっているグループ，もう1つは先に進むというエネルギーを持っているグループですね。後者のサブグループにいらっしゃる方も，誰か他にいませんか？

サリー：私はそうです。仕上げにかかる準備ができています。

コンサルタント：そうすると，グループ全体としては，どちらのサブグループの課題を最初に後押ししますか？

サリー：私は明確化の方を支持します。まずはよく分かっておくこと

訳注42）この過程を表した動画をSCTRIのホームページで見ることができる。http://www.systemscentered.com/Systems-Centered/Systems-Centered-Theory

　が，私たちが任務を仕上げるうえでも役立つでしょうから。

　業務グループが機能的サブグルーピングのための規範（類似点で加わること，自分の情報を提供した後に「誰か他にいませんか？」と尋ねること，最初のサブグループが立ち止まるまで相違点は抱えておくこと）を学習するにつれて，メンバーたちは，すべてのサブグループが全体の一部であると分かり始める。業務グループの中のサブグループは，フットボールチームの攻撃陣と守備陣のようなものである。両方の部隊は，チーム全体のパフォーマンスに重要であり，チームにとって一役買っている。サブグループの中で自分の役割を担うことを学ぶと，チームやそのメンバーは，システム思考をするようになり，エドモンドソンが明らかにした抑制力（自分の貢献を無関係とか面白くないものと判断すること，対立する観点に気付かないこと，情報を公表しないこと）を弱めることになる。機能的サブグルーピングはまた，違いが潜在的な資源として見なされるような革新の雰囲気も育んでいく。

　機能的サブグルーピングの手法は，組織の業務グループの中で，対立解消と意思決定の両方に使用され成果を収めてきた（Gantt & Agazarian, 2004）。見知らぬ者同士のチームが実験的な作業課題に取り組む前に，30分間機能的サブグルーピングで訓練した場合と，30分間アイスブレークの訓練をした場合とを比較し，前者の方がより素早く意思決定ができ，対立も少なかったことを示した予備的研究もある（Parks, 2003）。その他にも，授業に機能的サブグルーピングを導入した場合，学習に良い雰囲気が促進されるのと同時に，学生たちが論点をより十分に探索するための枠組みにもなったことを報告したものもある（McHenry, 2003; Parks, 2003）。

5. エネルギー

　人間のシステムはすべて，それが機能するためには，構造によって保持されるエネルギーを必要とする[訳注43]。前にもふれたが，ミラー（Miller,

---

訳注43) 気体や液体，そしてそれら気体や液体がもつ物理的エネルギーが，ゴムやガラスで出来た境界をもった風船やボトルという容器によって保持（contain）されるのと同じように，エネルギー／情報は境界をもったシステムの中に保持されるとSCTでは考える。

1978）から借用して，SCT はエネルギーを情報として定義する[訳注44]。
SCT は情報を，認知的な情報〈comprehensive information（観察可能な
データと事実）〉と体感的な情報〈apprehensive information（直感的な知
識）〉の両方を含んだものとして説明する。業務グループと組織の根底に
ある心の知能だと SCT が考えているのは，これら2種類の（認知的と体
感的な）人間の知識を統合する能力なのである。例えば，ある業務グルー
プが前の四半期における高い業績を報告するものの，その声色にエネルギ
ーが欠如していたとしたら，それは何かまったく別なことを物語っている。
その声色に含まれる情報を明確にできることは，数値データを得るのと同
じくらい重要であり，現在と将来のチームの機能については，数値データ
よりも多くのことを物語っている。組織におけるシステムのエネルギーを
調べてみると，システムがどのように機能しているかの全体像が得られて
役に立つのが常である。

6. エネルギーを組織化する（energy-organizing）

　SCT では，システムがいかにエネルギーを組織化するかということを，情
報を識別し統合する能力という観点で見る。情報を識別し統合することは，
人間のシステムが単純なものからより複雑なものへと生き残り，成長し，変
形する過程である。これは，理論的なレベルでシステムの機能を定義している。
　システムの成長は，割合と描きやすい。ある業務グループに，ある新し
いアイディアがもたらされる。初めは，その新しいアイディアは大きな抵抗
にあう（現状を維持することが，生き残ることのようになっている）。新し
いアイディアに興味をもつ人に続いて，それに抵抗を感じる人たちが自分た
ちの抵抗を探索するにつれて，業務グループは，両方の側面に関するより複
雑理解を発展させ，その両側面の共通基盤を見つけ始める（現状維持によ
る生き残りから，成長による生き残りへと動き出す）。業務グループが以前
にできなかったことをやれるようになると，システムの変形が起きる。例え

訳注44）情報とは，乱雑なデータにあふれた現実の中から，まとまりのあるデータが抽
　　　出されることを意味する。これは乱雑さが減る方向，すなわちエントロピーが
　　　減る方向への動きである。エントロピーを減らすにはエネルギーを要する。よ
　　　って，物体に位置エネルギーあるのと同じように，情報にもエネルギーがある
　　　と考えられる。

ば，数年にわたって開かれていたある委員会の中で，細かなことが多すぎるという不平が常にあったにもかかわらず，委員たちが彼らの専門領域から細かなことを持ち込んでは，これらの細かなことを議論するのに時間をかけ続けていたということがあった。委員会はこの問題に気付いていたのだが，何年も変えられなかった。この行動を変えるには，委員会がいかに機能するかという点での変形が必要だった。直近の委員会で，委員会は，（その委員ではなく！）いかに委員会が機能するかという点で実際に変形し，そして初めて，政策と理想像という課題に取り組むことができた。

　実際に，システムが違いや対立にどう対応していくかということが，システムがどう機能し，そのシステム自身をどう変形させるかということに影響する。違いを避けたり締め出したりするようにシステムが組織化しているうちは，創造と革新の可能性も限られており，今日のめまぐるしく変化する市場では致命的になるだろう。対照的に，違いを統合すれば，創発（emergence）[訳注45]の動きや，既存の枠組みに囚われない考え方も増えていく。

7. 目標志向（goal-directed）

　エネルギーは，システムの目標に向けられることもあれば，背けられることもある。SCT では，人間のシステムには一次的目標（primary goals）と二次的目標（secondary goals）の2つが作用していると考えており，その両方を明確にする。二次的目標とは，明文化された課題や，そのグループが何のためにできたのかを示すような明白な目標のことである。他方，一次的目標とは，人間のシステムすべてにおいて内在しているもの，すなわち，単純なものからより複雑なものへと，生き残り，成長し，変形することである（Agazarian, 1997）。一次的目標がどの程度満たされるかが，二次的目標に活用できるエネルギー量を決定する[訳注46]。グループにおける二重課題（double tasks）というブリジャーの考えのように（Bridger,

---

訳注45）創発とは，各要素の単純な総和では説明できないような，全体としての機能やふるまいを持つものが自律的に組織化されてくることを言う。

訳注46）例えば，ある病院というシステムのエネルギーが，「その病院が生き残ること」という一次的目標に消耗されるほど，「患者の健康に奉仕する」という二次的目標に注げるエネルギー量は減ってしまうであろう。

1990），一次的目標と二次的目標に焦点をあてることが，システムの機能を高めるために重要だと SCT では強調する。

　目標に関してもう1つ，識別が有用だと証明されていることがある。二次的目標の方向性における，明示的目標（explicit goals）と暗示的目標（implicit goals）の違いである。〈ビオンは，グループが何をしていると（そのグループが）言っているのかと，実際のところそのグループが何をしているのかとの違いを際立たせる先駆的な仕事を成し遂げた（Bion, 1959)〉。明示的目標とは，グループがしていると（そのグループが）言っていることである。暗示的目標とは，グループの行動から推察しうるものである。SCT のコンサルタントは，力の場のデータを業務グループと集めていくが，グループの暗示的目標を推測するのにそのデータを用いることができる。下の例（図1-11）において，この抑制力から推測できる暗示的目標は闘争である。一方，この推進力が意味する目標は，違いを統合することと，フラストレーションを認めることである[訳注47]。推進力より抑制力のデータ

業務グループの力の場	
違いをめぐるサブグルーピング→	←「そうだね，でも」や論争
イライラさせるような現実を明確化→	←スケープゴート（scapegoat）[訳注48]や非難
	←侮辱や悪意のあるうわさ話

図 1-11　力の場

訳注47）SCT では，フラストレーションを「人間が持つ自然なエネルギー」として肯定的に捉えることが多い。赤ん坊が泣きわめくように，人間はみなこのエネルギーを持って生まれてきていると SCT では考える。成長するにしたがって，家庭や社会はしばしばこのエネルギーを抑圧するように躾けることが多い。本来は現実の世界を生きていれば，毎日フラストレーションを感じることは避け難いはずだが，次第にフラストレーションを感じないようにすら習慣づけられていく。SCT では，フラストレーションというエネルギーを感じつつ，何らかの形で活用できるように抱えておけることをより重視している。

訳注48）何か問題が起きたときに，「あの人がいたからこうなった」，「あの人さえいなければこうならなかった」と，誰かに問題の責任を押しつける現象が生じることがある。こうした現象，または責任を押しつけられた人のことを，スケープゴート（scapegoat）（贖罪のヤギ）と言う。

が多いということは，現時点でのグループのエネルギーが，違いをめぐる闘争とより結びついていることを示唆する。

　SCT のコンサルタントや管理職は，このチームと共に，最も弱めやすい抑制力を明確化したり弱めたりすることに取り組むであろう。抑制力を弱めると，違いを統合する推進力が解き放たれる。

　上記の例では，暗示的目標を明確化することで，生き残り，成長し，変形するという一次的目標に関してグループが今どこにいるのかが見えてくる。くしくも，逃避や停止という暗示的目標はより生き残りに関連しているのに対して[訳注49]，闘争はより成長に関連している。このことを業務グループにあてはめると，逃避や停止は業務から遠ざかることになるのに対して，闘争は対立を含み，その対立が解決されると，業務へのエネルギーが解き放たれると言える。

1）システムの発達段階（phases of system development）

　SCT は，ベニスとシェパードの理論（Bennis & Shepard, 1956）に増築するようにして，システムの発達段階をまとめあげる[訳注50]。SCT では，権威（authority），協力（collaboration），相互依存的な作業（work）の段階を，人間のすべてのシステムに内在するものとして特定する（Agazarian & Gantt, 2003）。各段階は，システムが単純なものからより複雑なものへと生き残り，成長し，変形するための，発達的目標を表している。各業務グループは，各段階における発達課題を成し遂げねばならない。権威の段階には，逃避（flight），闘争（fight），役割固定（role locks）の下位段階があり，業務グループの発達課題としては，問題解決志向を発展させること，仕事ができる関係をリーダーシップとの間に築くのを学ぶこと，自分の役割を果たすために自らの権威を担うことがある。協力の段階における課題は，業務グループのメンバーたちの相違という資源を使って，お互いに協力的に作業することである。作業の段階では，目標と文脈への気付きを持ちながら，自分のエネルギーと資源を自分の役割に注ぎ込むことが課題である。

　発達段階という考えは，新しいものではない。ウィーランは，グルー

訳注49）逃避や停止の例として，本題からそれた雑談や沈黙などが上げられる。メンバーたちが「自分の身の安全（生き残ること）が第一」となっている会議では，そうした雑談や沈黙が多くなりがちかもしれない。

プ発達の広範なモデルについて卓越した評論を著している（Wheelan, 1994/2004）。それら段階の多くは，SCT で用いられたものと非常に似ている。SCT が導入する新しい点は，各発達段階をシステムとして見ることである。その発達段階に特有の構造と機能を備えた，目標志向のシステムである。それに加えて SCT は，各段階の一次的目標の方向性と関連する力の場を同定する。このように，SCT では，特異的な各発達段階において行動という形で現れる力の場を明らかにする。

　この各発達段階の力の場によって，段階の方向性を診断できるようになる。同時にどの抑制力を弱めるのかを見定めるための地図として，この各段階の力の場が役立つ。関連した段階特異的な抑制力を弱めると，システムが発達するための推進力と作業を行うためのエネルギーの両方が解き放たれる。次ページの表（図 1-12）は，各段階で予測される力の場を示している。

訳注50）ベニスとシェパードの理論では，グループは以下の段階を経て発達するとされる。①依存，②反依存，③解決，④魅惑，⑤魅惑喪失，⑥合意的了解。最初の3つの下位段階が依存（権力関係）の段階を成し，後の3つの下位段階が相互依存（個人関係）の段階を成す。

　依存（権力関係）の段階は，依存と自立や服従と反抗など上下関係が主なテーマになる段階である。グループの始まりにおいては，リーダーやルールなどの権威に対して依存的なサブグループが優勢であるが，次第に反依存的なサブグループが台頭してくる。そして権威に対して服従するでも反抗するでもない第3のサブグループが現れて，グループは自律性を獲得する（すなわち，権威を自分自身で引き受ける）。

　次の相互依存（個人関係）の段階は，対人的な距離感など水平の関係性が主なテーマになる段階である。権威の段階を克服したグループは，大きなことを成し遂げた自分たちに魅惑されており，一体感が強くなっている。しかし，ちょうど良いと感じる距離感は人によってさまざまであり，そうした違いが現れるにしたがって，この一体感は崩れていき，グループに対する魅惑は幻滅へと変わっていく。そして最終的には，「お互いに合意できる関係を作っていくしかないのだ」という認識に辿り着く。

　SCT においては，依存（権力関係）の段階は「権威の段階（authority phase）」と呼ばれ，相互依存（個人関係）の段階は「親密さの段階（intimacy phase）」と言われる。本書では，組織を扱っているという本書の内容に合わせた表現の変化だと思われるが，「親密さ」の段階ではなく，「協力」の段階と表現されている。「ベニスとシェパードの理論に増築」されている点としては，各発達段階に特徴的な推進力と抑制力を同定していること，依存（権力関係）の段階を4つの下位段階にしたこと，相互依存（個人関係）の段階の後に「作業の段階（work phase）」を設けたことがあげられる。各発達段階に特有の抑制力のいくつかは「防衛（defense）」と呼ばれ，それら防衛を緩和する手法も開発されている。これらの手法には定式化されたものがあり，プロトコルと呼ばれている。

システムの発達段階における推進力と抑制力の「力の場」	
現在からの逃避	
探索する（explore）→	←説明する（explain[訳注51]）
「誰か他にいませんか」と言って→	←コミュニケーションを個人的なものと捉える
サブグループを形成することを学ぶ	ことと，自己中心的なままであること
世話されたい願望を探索する→	←患者役（identified patient[訳注52]）を作り出す
純粋に世話を探し求めている人に→	←世話されることを求めるか，
応えて世話をする	世話を焼くか（支配／服従の役割関係）
現実を確かめる→	←否定的な予測（negative predictions）と
	マインドリード（mind reads[訳注53]）
違いをめぐる闘争	
違いをめぐるサブグループ形成→	←「そうだね，でも」のパターン：
	対話を装った独り言
スケープゴート（責任を押しつけられた人）→	←スケープゴートを作ること
と繋がること，類似性を探索すること	
メンバー同士での役割固定[訳注54]	
文脈に即したメンバー役割に就くことと，→	←昔の対人役割（old interpersonal roles）を
文脈の目標に向かって作業すること	繰り返すこと
役割の起源を認識することと，→	←役割へ誘導したり（role induction），
過去と現在を識別すること	引き込んだり（role suction）すること
権威との役割固定	
内的および外的な権威[訳注55]に対する→	←リーダーや自己を非難したり，
フラストレーションを引き起こす文脈として	個人的に捉えたりすること
大局を見ること	
外的および内的な権威と協力すること→	←反抗（defiance）か従順（compliance）の
	パターンで反応すること
協力	
作業のためにリーダーやメンバーと協力する→	←共に作業するよりも，むしろ競争すること
ことを基にして，良い関係を築いていくこと	
作業の見返りを獲得すること→	←役割を担わず，ただありのままの自分である
	ことに見返りを望むこと
文脈における適切な作業役割を担い，→	←個人的に捉えること（personalizing）
文脈の目標に向かって作業すること	←個人的な目標によって，個人的な役割で働き，
	文脈を無視すること
作業と遊び	
作業，遊び，人間関係に心から打ち込む→	←作業や遊びに本気で関わらない
大局との関係において自分の→	←法の精神（spirit of the law）ではなく
コモンセンスを用いる	法の文言（letter of the law）に従う
	←大局を認識しそこなう
問題解決の際に，体感的情報と→	←問題解決の際に，認知的理解のみに従うか，
認知的情報の両方を用いる（心の知能）	直感のみに従う

Yvonne M. Agazarian, ©2004

図 1-12　システムの発達段階と力の場

　例えば逃避の段階で，業務グループや組織が否定的な予測を弱めると，データ収集や現実検討ができるようになり，これが問題解決志向を発展させていく基礎となる。これは，システムを次の発達段階に向けて動かすの

訳注51）私たちは，さまざまな体験を積んでいくにつれて，「自分は○○という人間」，「人は○○と行動するもの」，「世界は○○である」など，自分の頭の中に地図を作っていると考えられる。「説明（explain）」というのは，そうした自分の頭の中にある既存の地図に合わせて現実の世界を見ている状態であるのに対して，「探索（explore）」というのは，その地図を用いずに現実の世界をそのまま体験している状態である。説明は自分が既に知っていることへと人を導くのに対して，探索は未知の領域へと人を導きうる行為である。変化する可能性が高いのはもちろん探索の方である。

訳注52）例えば，両親が子どもを連れて精神科を受診したとする。両親は子どもを患者として病院に連れて来たわけだが，臨床家がこの家族を診察した結果，助けを必要としているのは子どもというより，機能不全に陥っている両親だと見立てることがある。この場合，この子どものことを「患者」ではなく，「IP（identified patient：患者と見なされた人）」と言ったりする。このように，助けを必要としている人や集団が，他の人や集団を患者役に（しばしば無意識的に）仕立てあげる現象が起きる。別のよく見られるIPの例として，自分が言いたいことがあるのに言えないときに，別の誰かに向かって「何か言いたいことがあるんじゃない？」と発言を促すような場合がある。

訳注53）「否定的予測」は，現在から離れて頭の中にある未来の世界に行くことであり，しばしば不安を引き起こす。「マインドリード（他者の心を読むこと）」は，実際に他者がどう思っているかを離れて，頭の中にある想像上の他者に埋没してしまうことであり，これもしばしば不安や不信感を伴う。第5章の訳注21（p.158）も参照。

訳注54）人間はしばしば，今自分がいる状況に合った役割行動をとるのではなく，身にしみついた昔から馴染みの対人関係パターンを無意識的に繰り返してしまう。例えば，両親の言い争いが絶えない家庭で育った人が，雰囲気を明るくする「ピエロの役割」を身につけていたとする。積極的に議論をして良い場面であっても，この人は論争になりそうな雰囲気を少しでも感じるやいなや無意識的にピエロになってしまうかもしれないし，そのピエロじみた行動によって周りの人を「観客役」に吸い込んで，議論すべき場面を観劇の場に変えてしまうかもしれない。「役割固定（role locks）」と言われるように，「ピエロ役」と「観客役」は相補的にがっちりと組み合うように作用し，いったんはまってしまうと抜け出し難い。無意識的に反応して役割固定にはまりこんでしまうのではなく，その引き金となることを認識し，どの役割を取るのか意識的に選択できるようになることをSCTでは重視している。

訳注55）組織という文脈を例にとると，外的な権威（outer authority）になりえるのは，実際の上司や，組織の規則などである。内的な権威（inner authority）というのは，自分の心の内に持っている権威や権威者のイメージであり，幼少期からの両親や社会などとの関係が反映されていることが多いと思われる。

と同時に、現実検討のためのエネルギーを解放し、そのエネルギーを組織業務で使えるようにする。

　これら段階の中でたいていの組織や業務グループにとって最も難しいのは、闘争、メンバー同士での役割固定、権威との役割固定の段階で作業することである。機能的サブグルーピングは、違いを疎外したり攻撃したりする傾向を減じるという点で特に有用であると証明されており、SCT は闘争の下位段階でこれを用いる。戦う代わりに機能的サブグルーピングを使うということを業務グループが習得すると、その業務グループはフラストレーションを抱えておけるようになる。このことは、同僚との関係の中で個人的な役割に引き込まれないようにする課題や、チームリーダーに対して従順あるいは反抗的になる傾向を弱めるという課題に向けての重要な礎となる。例えば、ある中間管理職は研修に参加して、自分の最も重要な課題は、直属の部下に反抗あるいは従順という形で妨害工作をすることから、自分の上司と効果的に共同する方法を見つけることへ切り替えるということだと最近気付いた。これが自分にとって職業上の重要な課題なのだとひとたび気付くと、直属の部下に対する憤慨に囚われるのではなく、いかに効果的に部下と働いたり、自分のリーダーシップのとり方という問題に取り組んだりするかを試してみるという方向に切り替えることができた。

2）選択のための SCT の技術：分かれ道（fork in the road）

　組織や業務グループにおける目標志向性という問題は、システムの発達段階すべてで重要なものである。SCT では、業務グループがその目標の方向性を明らかにして、エネルギーを目標に向けるのを援助するために、選択の**分かれ道**という技法を導入する〈理論的には、これはエネルギーのベクトル調整（vectoring）と関連する[訳注56]。なぜなら、物理学でいうと、ベクトルは方向（目標の方向性）、作用点（対象）、速度（エネルギーの強さ）を持つものだから。SCT が適用する力の場において、推進力と抑制力は、ある時点におけるシステムの平衡状態を決定するベクトルとして存在している〉。業務グループが、どれくらいのエネルギーをどの方向に使えるのかを確認し、そのエネルギーを注ぎ込むポイントを明確に選べるようにす

訳注56）「ベクトル調整」という「手法」に属する技法の 1 つとして、「分かれ道」という「技法」がある〈訳注 1（p.27）参照〉。

るために，SCT のコンサルタントや指導者は，力の場を使うだけではなく，
分かれ道の技法も導入する。例えば，戦略計画の全体像と実行の詳細のど
ちらに取り組みたいのかを明らかにするよう業務グループに求めると，明
確な目標に向けてグループのエネルギーをまとめ上げるように援助するこ
とになる。上記の研修での例を引き合いにすると，その中間管理職は，直
属の部下を妨害するか，部下と共に働くことを学んでいくという職業上の
発達課題を認識するかの間にある分かれ道に気付き始めたと言える。

8.　自己修正（self-correcting）

　人間のシステムは，システムに入ってくる情報／エネルギーの量を調整
することで，自己修正する。システムが統合するにはあまりに難しい違い
や，情報の移動に干渉するようなノイズに対して閉じることで，人間の
システムは維持したり自己修正したりする。あまりに多いノイズや違いは，
システムの機能を崩壊させてしまう。このように，自己修正の一過程とし
て，境界は開いたり閉じたりする。システムの境界が閉じられると，まだ
統合できないような違いを比較的透過させないことで，システムは自己修
正する。システムの境界が新たな情報に対して開くのは，その情報が統合
するのに十分類似しているときである。このように，境界の透過性を自己
修正することで，システムの生き残りや成長や変形を支えるよう，エネル
ギーの流れを維持していく。指導者や管理者は，コミュニケーションから
ノイズを濾過し，違いを扱うのに機能的サブグルーピングを導入すること
で，この自己修正の過程に影響を与える。

II　総括

　SCT の理論と手法を使うと，コンサルタントや管理者，指導者や教育者
が，業務グループや組織をシステムとして見られるようになる。組織の可
能性を規定するのは，組織に内在するシステムの成長である。つまり，シ
ステムは，人々自体というよりも，人的資源がどう活用されるかというこ
とに関係している。ゆえに，もし私たちが心の知能を組織のメンバーに求
めるのならば，心の知能の高いシステムを私たちが作り上げなければなら
ない（Gantt & Agazarian, 2004）。心の知能の心髄は，認知的および直感

的な情報／エネルギーの両方を活用するのを学ぶことにある。組織をただ個人的に捉えるのではなく，組織の現実を明らかにし，現実状況を考慮した戦略が展開できるようになるのである。

1）システムの評価

　組織をシステムとしてみなすと，ただ単に人々を評価するというよりも，システムの構成要素に焦点をあててシステムを評価できるようになる。システムの変数（訳注：変動する要素）に焦点をあてた質問をすることで，システムという環境が人々の行動にどのような影響を与えているのかが明らかになる。そうしたシステムの変数という観点で組織を評価することができる。

　SCT のコンサルタントや管理者の指針となるいくつかの重要な質問を下に記す。

・この相談の目標に関連のあるシステムの階層は何か。変化への標的システムは何か
・文脈認識（contextualizing [訳注57]）と対比して，個人化（personalizing）で特徴づけられるコミュニケーションはどのくらいか
・役割は明確で，目標や文脈に沿っているか
・部門間の境界には適切な透過性があるか。各部門の作業の内と外を分ける境界はどのくらい明確か
・組織チームや業務グループ内の境界には適切な透過性があるか
・コミュニケーションはどのくらい開かれているか
・コミュニケーションの流れはどこで制限されるか，どの境界が開いていて，どの境界が閉じているか。文脈の目標に照らし合わせて，境界は適切な透過性があるか
・違いはどのように対処されているか。この会社では革新性は高いのか
・組織の心の知能はどうか。直感的知識はどのくらい支持されているか
・この会社に特徴的なシステムの発達段階は何か。その会社内のその部門に特徴的なシステムの発達段階は何か

訳注57）ものごとを全体状況の中の一部の現象として捉えるのが文脈認識であるのに対して，個人化はものごとを「誰か個人のせいで生じたこと」として捉える。

2) 組織の心の知能

SCT は，個人の資質としての心の知能に焦点をあてるというより，システムの心の知能というものに関心を向ける（Gantt & Agazarian, 2004）。この転換は「組織の機能の可能性や限界を決めるのは個人の資質それ自体よりもシステムなのである」というシステムズセンタードの理解を履行したものである。したがって，システム思考を使えば，システムがどのような状態だと，システムのすべての水準（全体としての組織，その中の業務グループ，各役割）における心の知能が活性化されるのかを特定することもできる。

3) SCT の手法

SCT が導入する一連の手法は，システムに影響を与えるための1つの人間科学を成している。これらの手法によって，システム的な態度や方向性を組織内で実行させられるだけでなく，個人的な解決よりもシステム的な解決を目指すコンサルテーションや問題解決への方向性ももたらしうる。具体的な SCT のモデルによって，システムの成長を促進するようなやり方で組織に介入したり影響を与えたりする実践的な戦略が得られる。具体的には，SCT は以下のことを導入する。

- ・対立の解決や意思決定のために機能的サブグルーピングを導入して，違いが不和を招くのではなく，革新性を支援する資源として使われるようにする
- ・役割，目標，文脈を明確にするためのモデルを導入して，すべてのシステム水準で文脈の目標に沿うように行動を方向づける
- ・境界の透過性に影響を与えるコミュニケーションを濾過する手法を導入して，ノイズを減らし，情報の流れを増やすようにする
- ・標的システムを明確にする方法を導入して，変化への介入が文脈内で実行できるようにする
- ・見分けやすい力の場とセットにしたシステムの発達段階の地図を導入して，業務グループや組織を評価したり，それらに介入したりする
- ・個人化の代わりとしての文脈認識

しかし，すべての中で最も重要なことは，TLHS と SCT は，組織の目標を曲げることなくシステム志向を組織が採用できるような手法とモデルを導入するということである。SCT の手法は，組織内のすべてのシステム水準で心の知能を促進する。すべての人間のシステムにとって，発展の可能性は次のことにある。「我々と彼ら」という二項対立志向を越えて，システムに貢献すること，そして，私たちが貢献し影響を与えるそのシステムから今度は自分たちが影響を受けることができるように，メンバーとしての自分たちの役割を担うことへと踏み出すのを学ぶこと。システムを中心に据えた文脈（systems-centered context）における，たゆみなく続く自己探索（self-centering）の過程の中で[訳注 58]。

訳注 58) SCT には「センタリング（centering）」という技法がある。Centering という英語には，中心に持ってくることという意味がある。SCT の技法としてのセンタリングでは，自分の意識を自己（self）の中心に持ってくることを指す。自己の中心とは，時間的には未来でも過去でもない今この瞬間であり，空間的には臍の下あたり（丹田）であり，心理的には腹の底で感じている感覚や感情である。私たちの意識は，今ではない過去や未来，ここではないあちらこちらを彷徨いうるものだが，そうした彷徨っている意識を上述した中心に集中させて，自分が持っている情報／エネルギーを取り戻すというのが，センタリングが持つ意味や機能の１つである。自分が持つ情報／エネルギーを探索するという過程と，全体状況からものごとを捉えるという過程の両方が，SCT という営みの両輪になっている。

第2章
システムズセンタード・コーチ：
私たちの職場での実践例

フランシス・カーター　認定社会福祉士
（個人開業）

ジェイン・マロウニー　文学修士
（インターアクション社）

アイリーン・マクヘンリー　学術博士
（フレンズ教育評議会）

クリス・マキロイ　理学修士
（サンダール・パートナーズ社）

キャロライン・パッカード　法務博士
（パッカード・プロセス・コンサルティング社）

編集：リチャード・オニール　学術博士

　この章では，組織幹部へのコーチングの文脈において，リーダーシップを系統立てて発展させていくためにシステムズセンタードの理論や手法がどのように用いられるのかを，5つの例を用いて説明している。システムズセンタードのコーチたちが，どのようにクライアントと共同しながらシステムのエネルギーが目標に向かえるようにするのかが，対話例を引用して示される。これらのケースは，抑制力を緩めるためのシステムズセンタードのプロトコルの言語[訳注1]（Agazarian, 1997）を，どのようにシステムズセンタードのコーチたちが職場の日常言語に翻訳して組織の文脈で使えるようにするのかを例示している。全てのケースにおいて，コーチたちは，クライアントの選択肢への気付きや，あらゆる選択能力（すなわち役割の選択，行動の選択，コミュニケーションの選択の能力）が向上するように働きかける。

　最初に提示されるケースでは，ある学校の校長が自分の仕事へのエネル

訳注1）プロトコルは，システムズセンタードの理論と手法を実践する手順を示している。プロトコルでは独特の用語や言い回しが使われていることがあり，それを実用するにあたっては，場に応じた言い換えが必要になってくる。

ギーを取り戻す。次のケースでは，ある CEO（最高経営責任者）が，役割と目標を明確にすることによって，幹部チームがお互いに協力し合って効果的な会議を計画できるように援助することを学ぶ。3つ目のケースでは，ある販売支援課長が，彼女のエネルギー喪失と，その組織に対して彼女が感じるフラストレーションとの関連を活用して，彼女の課の有効性を向上させる。4つ目では，ある学校の校長が，職員にマイナス面を伝えた方が効果的な場面で，それをしにくくさせる不安な考えを取り除くことを学ぶ。最後のケースでは，ある中間管理職が，彼女と上司の間の対立を解決する計画を作り出すことを学ぶ。

I　リビングヒューマンシステム理論と
　システムズセンタード・コーチング

　リビングヒューマンシステム理論では，すべてのシステムは目標志向的であり，生存，成長，変形という一次的目標と，環境を支配するという二次的目標に向かう駆動力が備わっていると言われる（Agazarian, 1997）。システムズセンタード・コーチの仕事は，組織のリーダーたちと共に作業をして，組織を成長させることである。彼らは，目標を設定し，組織のメンバーたちがその目標に向かってエネルギーを注げるよう援助することによってそれを成し遂げる。この過程の中で，システムズセンタード・コーチは，リーダーたちが役割と目標と文脈を明確にし，適切なコミュニケーションと行動を発展させるのを支える。

　システムズセンタードのアプローチでは，情報とエネルギーを等価とみなす（Agazarian, 1997）。SCT では，管理者またはリーダーが先に述べたように目標を設定したら，このシンプルな定義に則ったコンサルテーションの第2段階に進む。それは，情報の流れやコミュニケーションのパターンを探索したり改善したりすることに焦点をあてて，組織が目標を実行に移せるようにすることである。

　幹部たちがコーチングを求めるのは，だいたい次のような理由からである。

・自分たちのリーダーシップ技能を向上させることに関心があるから
・自分の仕事のパフォーマンスや，部下のパフォーマンスに心配があるから

・仕事へのモチベーションや熱意の喪失を感じているから
・職場の対人関係で起こる対立をどのように解決していいか分からないから

　不安や緊張，抑うつを緩和するためのシステムズセンタードのプロトコル（Agazarian & Pilibossian, 1998）は，簡潔明瞭で，技能が順々に学べるように配列されているので，コーチングにおいて特に有用である。コーチとクライアントの対話例も添えた事例検討は，システムズセンタードの言語が，組織という文脈で使えるような職場の日常言語へと翻訳されるのを実際に示してくれている。

　システムズセンタード流のコーチングとは，異なる視点から考える重要性を認識できるようにすることとも言える。私たちがある問題について考える視点は，その問題の結果がどうなるかを決めるだけでなく，どのような解決方法を思いつくかにも影響を及ぼす。

　システムズセンタードのコンサルテーションは，役割，目標，文脈をコーチが尋ねて，問題がどこにあるのかを確認することから始まる。これらの質問はSCTで**文脈認識（contextualizing）**と呼ばれる介入である。次にコーチは，クライアントが，異なる文脈，異なる役割，異なる目標の間の繋がりを作れるよう支援する。

　コンサルテーションの3つ目の作業は，クライアント自身ができることに彼や彼女のエネルギーを向かうよう手助けすることと，エネルギーや資源を脱線させたり失わせたりするような全てのことからそれらエネルギーや資源を遠ざけることである。これは**境界調整（boundarying）**という介入と，**ベクトル調整（vectoring）**という介入の組み合わせである。境界調整は，関係ない情報を入れないようにして，システム内のノイズを減らすことである。ベクトル調整は，エネルギーを目標に向け直して，そこから逸らせないようにすることである。

　本章では，システムズセンタードのコーチたちが，さまざまな組織，その中の業務グループ，管理職といった現実の世界の中で，どのように機能するかという感覚を読者につかんでもらいたい。我々は，問題に対して異なる見方ができるようになる力を持つことの大切さを読者の方々に感じてもらえるだろうと確信している。見方が変化することによって，目標や文脈に合った役割にいくつか選択肢があることを見いだしたり，どの役割を

取るか決定したりする潜在能力を活かせるようになってくる。

II　エグゼクティブ・コーチングにとっての挑戦

　エグゼクティブ・コーチングという専門職が現れ始めている。1993年から2003年の間に査読されたコーチングについての実証研究論文および理論的論文の数は，3倍に増えている（Grant & Cavanaugh, 2004）。以前は「フリーサイズ1つですべて間に合わせる」というモデルだったが，今では「確固たる理論的理解」に基づいて作業するのが重要だと，コーチもクライアントも気付くような段階にまで到達している（Grant & Cavanaugh, 2004）。

　リビングヒューマンシステム理論とSCT手法は，個人とチームと組織とが目標を達成できるような能力を発展させていくための，統合された理論と手法を提供する。リビングヒューマンシステム理論が発展する以前は，コーチング・コンサルタントや組織コンサルタントらは，心理学理論か組織理論のどちらかを用いていた。この2つの理論は，相談者のシステムの機能に対して異なる理解と評価の仕方を提供している。心理学の理論は，主に個人に焦点をあてる。組織理論は組織の構造に焦点をあてる。コンサルタントらは2つの理論のうち1つを選ぶことができた。個人と組織の両方の観点を取り入れたいコンサルタントらは，2つの異なるコンサルテーションの枠組みを行ったり来たりすることができた。

　リビングヒューマンシステム理論で訓練されたコンサルタントは，2つの観点を統合する枠組みを持っている。SCT（Systems-Centered Training）は理論と介入の間の繋がりを作る。コーチが，システムの機能を評価する際に用いたのと共通の理論に基づく発達手法を適用すると，システムの発達過程の展開に沿って，その過程を評価したり，改良したりできるようになる。リビングヒューマンシステム理論と「現場の」SCT手法を身につけたコーチ・コンサルタントは，クライアントの発達段階に適したペースと順序で学習を進め，もっとも簡単な技能からより複雑な技能に向けて積み上げていくことができる。

　SCTはまた，個人と組織の間の繋がりも作る。個人は組織の一員として，彼または彼女が置かれた文脈という観点から見られる。SCTを用いるコーチは，メンバーの声は，組織内のサブグループの声だと想定する。（すべ

ての介入は，組織に向けた声として考えられる）。

Ⅲ　システムズセンタード・コーチについての概観

　本章を執筆したコーチたちはみな，教育，臨床心理学，組織発達，ビジネス，社会心理学，ソーシャルワークといった異なる経歴からコーチングに至っている。私たちの訓練は多様であるが，SCT を使うと，より少ない労力で，より効果的な結果を達成するようクライアントを支援できるのだということが分かった。私たち著者が見いだしたのは，SCT とリビングヒューマンシステム理論が 1 つのメタ理論を成しており，そのメタ理論によって私たちは機能を評価したり，目標を設定したり，私たちの多様なスキルを適用したりして，クライアントを成功に向かって動かせるのだということである。

　国際コーチング連盟（ICF）は，専門的コーチングを次のように定義している。「人々が彼らの生活，キャリア，ビジネス，組織において非常に良い結果を生めるように支援し続ける協力関係である。コーチングの過程を通して，クライアントは学びを深め，パフォーマンスを改善し，生活の質を向上させる」と（ICF, 2005）。

　ICF の倫理規定は，クライアントを彼／彼女自身の人生や仕事における熟練者として尊敬し，すべてのクライアントは創造的で，豊かな資質を持ち，1 つのまとまった存在だと信じるようなコーチングを奨励している。この倫理的スタンスは，システムズセンタードの理論と実践によく一致している。本章の事例は，コーチが ICF の定義するコーチの役割の範囲内に留まりながら，どのようにシステムズセンタードの技術を使い，クライアントが組織の目標や価値感と同様，リーダーとしての自分の目標や価値感への義務と説明責任を保ちながら解決方法を見いだし明確にしていけるようガイドするのかを示している。ケースは以下のことを示している：

・システムズセンタードのコーチとクライアントのやり取りは，役割，目標，コミュニケーション，行動の明確化を促進する
・システムズセンタードのコーチとクライアントのやり取りは，クライアントの選択肢への気付きを増やす：それは役割の選択，行動の選択，コミュニケーションの選択である

- システムズセンタードのコーチは，クライアントが今の現実や目標達成のためにしようと思っていることに集中できるよう支援する
- システムズセンタードのコーチは，目標に向かって動いていくために，クライアントの内面にある抑制力とシステムの抑制力を弱めさせるよう支援する
- システムズセンタードのコーチは，権限（authority）と説明責任（accountability）と責任（responsibility）の境界線を明らかにするよう支援する

5つの事例の中に，以下のシステムズセンタードの技法が使われているので参照していただきたい。

- 役割，目標，文脈を明確にすること（事例2，3，4）
- 特定の目標に向けた推進力と抑制力を同定すること（事例4）
- 心配モードから出て，好奇心モードに入ること（事例1，4）
- 抑圧されたフラストレーションと怒りの元を明らかにして，エネルギーの喪失を防ぐこと（事例1，3）
- エネルギーと情報の資源として，フラストレーションと怒りを探索し，抱えること（事例1，3）
- 古い習慣的な役割を認識して捨てること，そして組織と個人の目標を促進する新しい役割を発展させること（事例4）
- エネルギーと情報の流れを，より広範な組織の目標を促進する方へ向けること（事例3，5）
- 対立を解決するために機能的サブグルーピングを用いること（事例2，5）

事例1：抑うつを緩和するためにSCTのプロトコルを使用した例：ある校長が想定外のところで新しいエネルギーを見つけることを学ぶ

マイケルは，ある小さな小学校の校長になって1年目である。彼は高いエネルギーと理想像を持ってこの1年目に臨んだ。しかし1年目の中頃にSCTコーチとのコンサルテーションを要求したときには，彼は疲弊しており，失敗だと感じていることを語った。

セッションの開始時，コーチにはマイケルのエネルギーがとても低いの

が見てとれた。彼は不満の一覧表を持っていたが，それは主に教師たちに関するものだった。彼は，教師たちが自分を信用してくれず，学校のために変えようと思ったことに協力してくれないのだとこぼした。SCT 手法を用いたコーチの最初の介入は，その状況の事実を，その事実から生じる感情と切り離して述べるようにさせて，今の現実を徹底して描写するようにマイケルを導くことだった。この過程で，コーチは，マイケルの意識を今の現実に向けさせ，それによって未来に関する否定的な予測の多くを減らし，それに伴い未来についての不安も減らしていった。コーチはマイケルに，他の人たちが自分や自分の仕事についてどう思っているか，彼がマインドリードをしているのだと指摘した。コーチはこれらマインドリードのいくつかについて現実を確かめてみることを提案した。SCT のコーチングの初期には，否定的予測を減らし，マインドリードの現実検討を行うという作業を行うが，これによってクライアントを現実へと切り替えさせる（すなわち，現実検討志向と問題解決志向を導入する）。

　それでもマイケルの全体的なエネルギーがかなり低いのにコーチは気付いた。彼の姿勢も感情も意気消沈しているのが見てとれたし，彼自身も気持ちに張りがないことを話していた。そこでコーチは，エネルギー喪失のきっかけをマイケルが見つけられるような，さらにそこから組織介入に向けて現実に基づいた目標を設定できるような，システムズセンタードの枠組みを選択した。コーチは，抑うつに対するシステムズセンタードのプロトコルを適用することにした。それを校長の文脈に適した言語に置き換えて，彼が抑うつ感を体系的に減らすのを援助しようとした。

　プロトコルの流れに沿ってコーチが出す指示に一歩一歩ついていくことで，校長は怒りのエネルギーに気付けるようになり，それを彼自身が行動に移していくエネルギーとして生かすことができた。以下のやりとりは，その会話についてコーチが記述したメモを基に，プロトコルを使い始めたときのことを再構成したものである。

　　コーチ：エネルギーがない感じですか？
　　マイケル：はい。まったくありません。もうずっとヘトヘトです。やることがいっぱいありすぎるうえに，なんの進歩も見当たりません。
　　　　（次に，コーチは抑うつの引き金を見つける方法として，SCT の

「括弧技法（bracketing technique）」^{訳注2)} を用いている）

コーチ：エネルギーがあったのを覚えている一番最近のときはいつですか？

マイケル：11 月です。年長の生徒たちが感謝祭のパーティーを準備してくれたときです。

コーチ：では，エネルギーがないと最初に感じたのはいつですか？

マイケル：上手くやっていけそうにないと思ったのは 12 月，冬休みに入るまでの時期だと思います。学校に行かなくても良くなるのはすごく嬉しかったのですが，休みの間もずっと私の頭の中にいろんな問題が重くのしかかっていました。

コーチ：感謝祭から冬休みが始まるまでの間に，何が起きたんでしょうね？　エネルギーをなくすきっかけになったようなことが何かありましたか？

マイケル：そうですね，12 月の運営会議で，私が事務長と一緒に考えてきた予算案を提案したのですが，そのいくつかの項目にみんな批判的でした。

コーチ：最初にエネルギーがないと気付いたのは，その時でしたか？

マイケル：いいえ，その後だと思います。休みに入る前日でした。今，考えてみますと，生徒と教師が早くに帰ったときだったと思います。教師の 1 人だけが私の部屋に立ち寄り，「良い休日を」と私に挨拶しにきました。私は午後もその部屋でただ座って仕事をしていましたが，他の人は誰も立ち寄ってきませんでした。特に最もベテランのベーカー先生は，私が上手くやっていこうとしてい

訳注2)「括弧技法」とは，〔抑うつがなかったとき → 誘因 → 抑うつがあったとき〕を括弧〔　〕の中に入れるかのごとくひとまとまりにし，その括弧を少しずつ小さくしていくことで，抑うつの誘因となったことを詳細に描写していく技法である。「微小分析（micro analysis）」とも呼ばれるように，かなり細かいところまで括弧を小さくして分析していくのがその特徴と言える。
　　また，括弧の中の〔誘因 → 抑うつ〕の部分について，認知療法では「出来事 → 思考 → 感情」という繋がりを同定する（そして思考のところに介入する）のに対して，微小分析では「出来事」と「思考」の間にあった情緒体験を見つけるまで微小分析を行う。「思考」の後にくる「抑うつ感情」とは異なる情緒体験を「思考」の前に見いだせると，クライアントに驚きと変化が訪れることが多い。この症例にもあるように，発見される情緒はフラストレーションであることが多いが，その他の情緒のこともある。

た先生ですが，彼女は，ただ私の部屋の前を通り過ぎて校舎を出ていき，私に何の挨拶もありませんでした。

（SCT のプロトコルを続けながら，コーチはその瞬間に関連する感情を探索する。その時に十分に体験できなかったフラストレーションと怒りの感情は，自分の内側に向けられてエネルギーの喪失に繋がることがある）

コーチ：彼女が挨拶せずに部屋を通り過ぎて帰ったのに気付いたとき，どんなふうに感じましたか？

マイケル：う～ん，「仕方ない，まぁそんなものだろう」という感じでしたかね。

コーチ：「仕方ない，まぁそんなものだろう」という考えには，どんな感情が伴っていましたかね？

マイケル：少し怒りを感じました。でも彼女が私に話しかけようとかけまいと，それはあまり問題ではないとも思いました。

コーチ：その少しの怒りを今思い出せますか？

（その感情を十分に体感させれば，マイケルが自分のエネルギーを回復する一助となるだろう）

マイケル：はい，そう言われてみると，そのとき私は本当にムカついていたと思います。

コーチ：今その怒りを十分に感じるがままにさせてみてください。そしてその怒りについて気付いたことを私に教えてください。

マイケル：あの，少し気持ちが楽になりました。あなたが言ったとおり，私は本当に怒り狂っていました。なぜなら……

コーチ：（話を遮って）その「なぜなら」ということは今は考えないでください。今はただその瞬間のフラストレーションと怒りを感じてください。そして私にどんな怒りかを教えてください。

（クライアントが理論的に体験を説明（explain）するよりもむしろ，体験をあらゆる側面から探索（explore）することに集中させ続けるのがシステムズセンタードの作業の基本である。すなわち，お馴染みの認知的な視点から説明するよりもむしろ，体感的なレベルで探索することによって，新しい情報がパーソンシステム[訳注3]にもたらされる。この新しい情報によって，クライアントは彼自身の創造的な生（せい）のエネルギーを使えるようになる）

マイケル：お腹が熱くて，顎がこわばって，カッカしている。フット
　　　　　ボール場にいて突撃準備オッケーみたいな感じだ。

コーチ：怒りの瞬間を逃して，それを十分に感じられないと，それが
　　　　まるでブーメランのように自分たちの内側に戻ってきて，エネル
　　　　ギーの喪失に繋がることがあります。

マイケル：それは知らなかった。でも今分かりました。まさしく私に
　　　　　起きていたことがそれだと思います。

コーチ：今はもっとエネルギーを感じますか？

マイケル：はい。自分が強くなった感じがします。

コーチ：ベイカー先生が何も言わずに出ていったのに気付いたとき，
　　　　何が邪魔をして十分な怒りを感じられなかったと思いますか？

マイケル：私はたいてい自分が怒りを感じないようにしていると思い
　　　　　ます。どんなことがあっても，それを受け入れることができて，
　　　　　怒ってはいけないのだと自分で思っているようです。何かある
　　　　　と，「たいしたことじゃない」って自分に言い聞かせているんです。
　　　　　本当はたいしたことなのに。

コーチ：自分の感情，特にイライラ，フラストレーション，怒りの感
　　　　情に十分に注意を向けて，そして時間をかけて十分に感じるよう
　　　　にすると，エネルギーが湧いてくるということが分かりました
　　　　か？　怒りにまかせて行動するのではなく，怒りの中にあるエネ
　　　　ルギーをただ感じるのです。

マイケル：今日話したことを活かして，この考え方を自分で試してみ
　　　　　ようと思います。十分に自分の怒りを意識して，そして十分に感
　　　　　じるように練習してみたいと思います。

　年度末まで，コーチはマイケルとのコーチングを続けた。これらのセッ

訳注3）思考，感情，知覚など，さまざまな情報／エネルギーは個人というシステムの
　　　中に生じる。すべての情報／エネルギーの源になっているシステムのことを，
　　　システムズセンタードではパーソンシステムと呼ぶ。個人システムには，この
　　　パーソンシステムの他にメンバーシステムというものもある。パーソンシステ
　　　ムが持っている情報／エネルギーを，その個人が属している上位システムの文
　　　脈に合わせて用いたとき，個人はパーソンからメンバーに移行したとシステム
　　　ズセンタードでは表現される。

ションの間，マイケルはイライラしたり怒ったりしている自分にもっと気付くようになり，落ちこんだ状態に戻らなくなったと報告した。彼は，怒りを自分の内側に向けるのではなく，怒りを認識することから生じるエネルギーに価値があることを学んだ。彼がよく使うイメージは，フットボールの試合で前線ラインについていて，飛び出す準備ができているというものである。エネルギーと強さに満ち溢れていて，それをもって仕事に取りかかれるようになっているのである。

事例2：役割と目標を明らかにし，否定的予測を緩和し，対立を解決するために機能的サブグループを用いた例：あるCEOが，効果的なミーティングを計画するため互いに協力できるよう執行部チームを支援することを学ぶ

　高い革新的技術の会社である「アートリックス」（ここに書かれている会社の名称は，匿名性を考慮して架空のものとなっている）の最高経営責任者（CEO）は，執行部チームと共に作業する準備のためコーチングを求めた。彼はこのチームのメンバーたちに怒りとフラストレーションを感じていた。このチームはクライアントから，会社の製品自体に関しては良い評価を得ていたが，ミーティング中の彼らのコミュニケーションの取り方に対しては否定的な感想を受けていた。クライアントが報告するには，チームのメンバーは，曖昧で，お互いに割って入ったり反論しあったり，さまざまな形でフラストレーションや動揺を表現したりした。例えば，指をコツコツ鳴らしたり，立ったり座ったりを繰り返したり，部屋を歩き回ったり，クライアントの後ろでジェスチャーをしたりした。このチームのことを「墓穴を掘っている」と言うクライアントもいれば，結果的にこの会社と一緒に働くことを嫌がるクライアントもいた。

　コンサルテーションの時点で，ある文脈では「アートリックス」と「カスタマーカンパニー」はその業界における同列の競争相手でもあったが，別の文脈ではカスタマーカンパニーはアートリックスの下請会社でもあった。CEOは，より大手の会社による買収をアートリックスに提案する計画をカスタマーカンパニーの代表者と進めていた。CEOは，この提案をプレゼンテーションする場にそのチームを同行させるつもりでおり，自分のチームが上手く動いてくれることを望んでいた。

74

1）CEO をコーチする：否定的予測を緩和し，報復衝動を抱えること

　このコンサルテーションの最初の段階は，SCT の技法を使って彼の否定的予測を緩和し（Agazarian, 1997），彼の怒りと報復衝動（retaliatory impulse）を抱え，計画立案と意見の伝達という現在の課題に彼のエネルギーを注いでもらうことであった。エネルギーや注意が否定的予測に囚われていると，感情は現実のデータよりむしろ思考や解釈から生じる。そしてその予測が，予言したとおりになるような行動を起こさせる力を発揮する可能性がある。否定的予測を緩和する作業では，現実検討が促され，現実に関連した感情が抱えられ，エネルギーを解放して計画立案に使えるようにする。

　　CEO：私は本当に困惑しています。このチームにすごく腹が立っているんです。昨日，別のクライアントとのミーティングで，デニス（マーケティングの専務）が貧乏ゆすりしたり，しかめ面をしたり，席を立って部屋を行き来したり，クライアントの後ろでパメラ（同じチームのメンバー）にメモを渡したりしているのを見ました。彼らがカスタマーカンパニーとのミーティングをぶち壊そうとしているのは見え見えです！

　　コーチ：あなたはチームとデニスに怒っているんですね。

　　CEO：そうです。あんな行動を取られたらみんな気が散ってしまいます。私なんか今でもまだ気が散っています。

　　コーチ：これには２つの部分があると言えるでしょう。昨日のことに関するあなたの怒りと，同じことが今週の後半にまた起こるという予測と。

　　CEO：そうです。

　　コーチ：デニスがカスタマーカンパニーとのミーティングを「ぶち壊す」だろうという心配から見てみましょう。あなたが言った「ぶち壊す」とは実際にどのような意味なのか具体的に教えていただけますか？

　　CEO：はい。彼は，ピントをぼやかしたり，他のメンバーに反論したり，みんなをかき乱したり，クライアントを不快にさせたりすると思います。

　　コーチ：そんなふうに次回のミーティングのことを考えると，どんな

　　　気持ちになりますか？

CEO：もうカンカンです。

コーチ：カンカンになると，どんなことが起きますか？

CEO：もう彼とみんなを殴ってやりたくなります。何をやっているのか，目標が何だったのか，見失ってしまいます。良くないことですが。でも不幸なことに私は彼をクビにできないんです。私たちには彼が必要なんです。

コーチ：実際にはその怒りのいくらかは，自分が考えていることから生じているのが分かりますか？　デニスがピントをぼやかし，みんなに反論し，クライアントを不快にさせるだろうという否定的な予測から生じていると。

CEO：ええ。

コーチ：あなたは未来を予言することが実際にできますか？

CEO：いいえ。本当には。

コーチ：デニスがミーティングでどのようにふるまうかを予言する方法が何かありますか？

CEO：いいえ。本当には。私たちはまだ計画してませんし。

コーチ：そこに少し留まってみましょうか。未来は分からないという現実の中にあなたは座っているわけです。それはあなたにとってどんな体験ですか？

CEO：私はまだ怒ってます。でも前よりコントロールできている感じがしますし，エネルギーもあります。（CEOは少し沈黙してから話す）私たち（CEOとコーチ）がそのチームとミーティングを持つのは分かっていますし，私は事前にデニスに意見を伝えておけると思います。ピントがはっきりしてきた感じがします。目標が何だったかとか，私の役割とか。思い浮かぶ選択肢も増えました。また仕事を始められそうです。

コーチ：そうしたら2つ目の部分を見てみましょう。デニスの行動について，どのように彼に情報を伝えるか何か考えがありますか？　それに適した状況はありますか？

CEO：火曜日に執行部チーム会議があるので，そこで昨日のミーティングを振り返ることができます。私が見たこと感じたことを彼に伝えられると思います。

コーチ：イライラせず，情報として提供する？

CEO：[笑って] はい。

コーチ：意見を伝える計画がはっきりしているのはどんな感じですか？

CEO：前より集中していて，このチームと取り組んでいく準備ができ
ている感じです。

2）文脈，目標，役割の明確化

　階層（hierarchy）の概念と文脈認識という SCT の手法を用いることで，複雑なビジネスの関係を理解し，戦略と目標を発展させ，同じ人が文脈によってパートナーになったり競争相手になったりするようなビジネス状況の中で介入することが可能になる。

　大手会社との構想を計画する中で，コーチは CEO と，彼の会社とクライアント会社の役割関係の違いを明らかにしていった。いずれの役割関係あるいはサブシステムも，文脈に関連したそれぞれの目標を有する。異なる文脈，異なる目標，異なるサブシステムの位置関係を明らかにすることで，CEO は次回のミーティングについてよりはっきりと理解できた。

3）構想の目標と文脈を CEO と明確化する

　この介入において，コンサルタント（訳注：コーチ）は CEO と共に，クライアント会社との次回のミーティングの文脈を確認した。そこには多くの重複する役割関係があった。CEO は，会社の売上見込みについての予備的交渉と，現在の競争相手としてのミーティングの両方に携わっていたので，公開する準備ができていない財政的情報を相手が尋ねてくるのではないかと心配していた。この計画立案では，どの情報をプレゼンテーションの中に含み，どの情報を他の文脈に含めるのかを決めることになっていた。チーム全体と話し合うに先立って，コーチは CEO と共に，この会社の構想の全般的目標は何なのか，そしてその文脈において今回のプレゼンテーションがどのような役割を持つのかについて明らかにするように取り組んだ。

コーチ：今回のプレゼンテーションの目的は何ですか？

CEO：カスタマーカンパニーは，私たちが何をして何を持っているのかを知るために技術チームを送りたがっています。

コーチ：その視察チームを受け入れようというのは，アートリックス
　　　にとってどんな目標をあなたが持っているからですか？（会社全
　　　体のレベルでの目標を明らかにする）

CEO：そうですねぇ。私の目標は会社を売ること，あるいはカスタマ
　　　ーカンパニーと提携することです。

コーチ：それは共有された目標ですか？

CEO：私たちの間では共有されていますが，向こうの技術者たちは納
　　　得していないと関係者から聞きました。

コーチ：それでは，今回のプレゼンテーションの目標はどのように表
　　　現できるでしょうか？

CEO：その技術チームを「ノー」から「イエス」に変えることです。

コーチ：あなたの組織の中で，このプレゼンテーションに参加するの
　　　は誰が一番適任ですか？（コーチは役割機能と，その役割に必要
　　　とされる人的資源を確認しようとしている）

CEO：うちの会社の方の技術チームですね。私たちの主任技術設計士，
　　　エンジニア，臨床部長です。

コーチ：今回のプレゼンテーションのためには，次の会議でどのよう
　　　な懸念を話題にしておくべきか分かっていますか？

CEO：彼のメールには，向こうの技術者たちは，私たちが EDC（電
　　　子機器の会社）とどのように異なるのか理解していないと書かれ
　　　てありました。私たちの技術が彼らの技術としっかり繋がること
　　　を確かめておきたいし，私たちの技術が彼らにとって無用の長物
　　　にならないことも確認しておきたいのです。

コーチ：そのメールの情報からすると，相手側を納得させるべきこと
　　　が３つあるようですね。あなたのチームはそれができますか？

CEO：はい。私たちの主任技術設計士は EDC との違いを説明できる
　　　と思います。エンジニアは適合性の問題に対応できますし，臨床
　　　部長は関連性を説明できます。かなりはっきりしてきた感じがし
　　　ます。もし彼らが財政的な情報を求めてきたとしても，私たちは
　　　次の段階に進めるだろうと思います。

4）CEO と執行部チームのコンサルティング：
　　対立解決技法としての機能的サブグルーピング

　次にコンサルタントは CEO と執行部チームと一緒に，プレゼンテーションの計画に取り組んだ。この段階における SCT コンサルタントの役割は，計画立案の過程を促進すること，CEO をサポートすること，チームが明確で，探索的な，そして問題解決的なコミュニケーションを使うよう指導することである。

　上述したコンサルテーションに基づいて CEO は，現段階での相手会社の各領域における反応を執行部チームとの会議で提示した。チームは論争や「そうだね，でも（yes, but）」というコミュニケーションパターンで反応したり，否定的予測という形で動揺を示したりした：

　「もうぶっつけ本番でいくべきですよ。彼らが本当のところ何を望んでいるかなんて分からないんですから」

　「そうですね。でも，私たちは計画を立てる必要があると思います」

　「彼らはこの情報を利用して，この業界で私たちを中傷するつもりなんでしょう」

　各メンバーは，憶測や解釈に基づいて，自分たちの考えにそった「事例」を作り出した。

　SCT コンサルタントはこの論争およびコミュニケーションパターンを止める一方で，グループ内にあるエネルギーを支持し，違いに対して反応したり攻撃したりする衝動をもっともなことだと伝えた。コンサルタントは，どんなグループにとっても違いは重要であることを強調し，この違いをグループが活用して能力を伸ばしていけるように支援する対立解決の技法として機能的サブグルーピング（Agazarian & Philibossian, 1998）を紹介した。

　機能的サブグルーピングは，次の4つの指示で簡潔に示された：①話した後，「誰か他にいませんか（anyone else）？」と尋ねる，②もしあなたが似ている観点や感情を持っていたら，賛同してあなたの話も付け加える，③相手の顔を見て話す，④もし何か違うことを思っていたら，少し間ができるまではそれを抱えていて，間ができたらその違いを場に出す余裕があるかを尋ねる。すべての側面を話せる時間はあるだろう。

　2つのサブグループが発展した。1つのサブグループは「台本」を使わない重要性に注目した。台本を使うことで，人工的で不自然に見えるプレ

ゼンテーションになるかもしれないし，参加者の実際の興味に反応できなくなる危険性があった。法の文言（letter of the law）で頭が一杯になって，精神（spirit）や繋がりを見失ってしまうことを避けたいという懸念であった。一方のサブグループは，プレゼンテーションの戦略的アプローチを展開させたいと思っており，全てのチームメンバーが支持できる内容で，関連した問題に触れられると確信していた。心配な点としては，曖昧になりすぎないかという恐れと，ギャップを埋めることを試みるなかでチームが互いに反発しないかということが浮かび上がった。2つのサブグループが作業すると，彼らはお互いの言うことを聞けるようになり，戦略的アプローチの中に自分たちの気持ちをこめようと一緒に取り組むことができた。相手側がテーブルについたときには，その実際の人たちに耳を傾け，反応するという必要性を認識しつつ，プレゼンテーションの構造と全般的な内容を計画するという作業に，チーム全体で取り組んだ。この2つのサブグループが統合されることで，自発性と計画性の対立が自然とグループ内で抱えられ，そして十分に探索されるようになった。すべてのメンバーは，両方の利点を理解し経験することができた。彼らのエネルギーはグループの中で解放されると同時に抱えられ，そのエネルギーを計画立案と問題解決に向けることが可能になった。

5）プレゼンテーションの構造を作り上げ，リーダーシップを人に委ねる

　チーム内のエネルギーが解放されると，構造を作る作業は素早く達成され，問題は創造的に解決された。そして，チームメンバー内に冗談や活気が湧き出てくるようになった。

　プレゼンテーションを計画する中で，SCTコンサルタントはチームとして，プレゼンテーションのそれぞれの側面の目標に関係した明確な境界のある明確な役割を有する構造をチーム内に作り上げた。当日の全体的な時間枠を決め，協議事項を設定し，各領域をそれぞれ特定の部門に編成した。それぞれの部門は明確な目標を持ち，各人の専門性に基づいてリーダーを任命した。各部門を整えていく際に，チームはどこに後方資源があるか，どのようにその資源を活用するかを明らかにした。全体像から目を離さない責任者に任命されるメンバーもいれば，物事の土台を見る責任者に任命されるメンバーもいた。チームはまた，地理的な境界，すなわち部屋

の場所や1つの部屋から他の部屋に移る計画，および必要な設備や器具の確認にも取り組んだ。構造の明確さが増し，機能的な役割の責任が明確化されるにつれて，非常に有能かつ専門的なチームの行動が復活した。

6）成果

CEOと幹部チームは次のことを学んだ。プレゼンテーションの文脈を定義すること，目標を明確にすること，すべてのメンバーの専門性と資源を戦略的に活用して明白なリーダーシップの役割を割り当てること。チームは次のことを学んだ。ミーティングの流れを計画すること，リーダーシップをプレゼンテーションの各部門に委ねること，誰が何をどんなふうに言うかをよく考えること，彼らのエネルギーを仕事に活かすこと。彼らは，自分たちのコミュニケーションの中でいかに*ノイズ*を減らすか，意見の相違をめぐって議論するのではなく問題をいかに探索するのかを学んだ。幹部たちは，目標と役割をとりまく曖昧さを減らすことと，プレゼンテーションチームとして一緒に集まったときに権限の境界を明確にすることを学んだ。この作業が進展するにつれて，フラストレーション，イライラ，競争が減り，自由なエネルギー，協力，共同，創造性が増えた。プレゼンテーションが終わった後のクライアント会社の感想は，「このチームは本当に一段階レベルが上がった。今までに見たことがないくらい協力していた」というものだった。

事例3：役割，目標，文脈の明確化にSCTの枠組みを活用した例：ある販売支援課長が，自分のエネルギーの喪失と企業へのフラストレーションとの関連に気付く。そしてコーチと課長と共同して，役割，目標，文脈を明らかにすることを学ぶ

イザベルは6，7カ月エネルギーが失われた状態でいたため，人事課長からSCTコーチとのコンサルテーションを受けるように勧められた。彼女はその前に8カ月の妊娠出産休暇を終え仕事に戻っていた。彼女は物憂げで疲れており，課長としての自分の能力に疑問を感じ始めていた。彼女は自分の職場の状況にとても不満を感じていた。彼女は，その新しい課が機能するように，そして同僚たちが自分たちの役割に価値とやりがいを感じてもらえるように，最大限の努力とすべてのエネルギーを注ぎこんだのだが，課長としての自分の役割に失敗したと感じていた。イザベルの課と

用度課との間には，不一致と葛藤があった。

　コーチは，販売支援課という文脈内における彼女の役割と責任の間の関連，および用度課と用度課長との関係を探索するように支援した。それらの関連を探索することで，何が彼女の責任であり，何が彼女の責任でないのかが，より明瞭に見え始めた。

　　コーチ：用度課の販売支援課への関わり方を決める権限があるのはどちらだと思いますか？　あなたの方が用度課長より権限を持っていますか？　それとも逆ですか？

　　イザベル：でも私が上手くいくようにしないといけないんです。

　　コーチ：用度課は，あなたの責任だと？

　　イザベル：[少し間があってから突然パッと明るい笑顔になる] 私のこの問題について用度課長（ケン）と購買課長（リチャード）に話をしようかと思っていたんです。購買課とどう関わるべきかを用度課に指示するような権限が自分にないのは分かっているんですけど，でも何とかしてそうできるようにならないといけないんだと思うんです。

　　コーチ：そうする権限が実際にない状況で，自分がそうできるだろうと期待するのは合理的なことでしょうか？

　　イザベル：[また笑顔になり] いいえ。

　　コーチ：あなたがそんなに疲れたのは，その２つの課の関係を改善しようと全力を尽くしていることと何らか関係していそうですかね？

　　イザベル：はい。そうするのが自分の責任だって感じているんです。

　　コーチ：あなたには販売支援課が上手く回るようにする責任がありますよね。でも，ケンの課が上手く回るようにする権限が自分にないのは分かりますか？

　　イザベル：はい。それは分かります。私は用度課の人たちをおだてたり，説得したり，誘い込んだりして，私たちと一緒に仕事ができるようにと試みてきたんです。でもケンと私の責任の違いを解決しようとはしてきませんでした。役割の明確化について，まずはケンに，それからリチャードに話してみます。

　　コーチ：もしあなたがケンと同列の地位にいるとしたら，その組織が

どのように機能するかイメージできますか？　そうすると何か効果がありますかね？　もし効果があるなら，それはこの仕事にとって多かれ少なかれ機能的なものでしょうか？

イザベル：みんなにとってもっと分かりやすくなると思います。それに，私自身とケンで話が合いやすくなると思います。初めは問題なかったんです。ケンは私の上司でしたが問題ないように思えました。私の課は新しかったし，こういう類いの組織構成は試したことがなかったですから。

コーチ：あなたは先ほど，もうあまりエネルギーを感じないと言いましたよね？

イザベル：はい。この７，８カ月，本当に，本当に疲れを感じてきました。

コーチ：あなたは家で娘さんと一緒に居るときも同じように感じますか？

イザベル：まさか！　パトリシアは私の生きがいです。帰宅して彼女を託児所に迎えにいくのを待ちきれないくらいです。

コーチ：では，あなたが疲れを感じるか感じないかは，どんな環境や状況にいるかによるんですね。

イザベル：ええ，そうです。私は職場の入り口のドアを開けるのが恐ろしいんです。

コーチ：何が恐ろしいんですか？

イザベル：どんなにまずいことになっているかとか，用度課の職員が約束したことを守ってないとかを，うちのスタッフが伝えに来るんじゃないかと心配なんです。

　コーチは事例１で示した技法を使い，不安を引き起こす否定的予測を緩和することに焦点をあてた。そうしてイザベルは，将来の不安に向けていた自分の意識やその他の能力を，開かれた好奇心へと移すことができた。そしてコンサルテーションの焦点も役割へと移った。

　コーチ：分かりました。あなたは先ほど，あなたの課の職員とケンの課の職員の衝突を解決しようとするのは大変だったと言いましたよね？

イザベル：はい。本当に力を吸い取られる感じでした。そして，とにかく私はこの新しい課の新しい役割に適していないみたいだと思ってきました。来週，両方の課が十分に時間を取れる日に，これまでどのように一緒にやってきたかを話し合うミーティングがあるんです。

コーチ：本当？　とてもいいタイミングですね。誰がそのミーティングを設定したんですか？

イザベル：えっと，私です。

コーチ：そう。それで，そのミーティングでのあなたの役割はどう考えていますか？

イザベル：そうですね。去年，私たちの課が用度課に対してどんな思いをしてきたかを説明するべきだと思います。

コーチ：もしあなたが販売支援課の避雷針の役割をとったら，用度課職員はどう反応すると思いますか？

イザベル：避雷針とはどういう意味ですか？

コーチ：えっと，実質上あなたが販売支援課の意見を用度課職員に伝えることになるでしょう。そうしたらちょっとした雷が起こると思いませんか？

イザベル：ええ。おそらく彼らは嫌がるでしょう。でも他に何ができます？　私たちの話を聞いてもらうようにしなければならないですよね？

コーチ：もちろん，それで彼らが話を聞いてくれるならベストでしょう。でも彼らに話を聞かせるのは難しいと思うんですけど，そう思いませんか？

イザベル：分かりました。じゃあ私はどうすれば？

コーチ：他の課の職員から意見が出てきたら，ケンはミーティングについてあなたと同じ考えになるかもしれないと思いますか？

イザベル：そうかもしれません。

コーチ：では，あなたとケンが両方とも避雷針の役割をとったら，一方の課がもう一方の課に耳を貸すようになるまでどれくらいかかると思いますか？

イザベル：ああ，もう分かったわ。それは最善の策ではないわね。それは分かります。

成果

　イザベルは，ケンと会って，去年お互いの課がどのように一緒に作業してきたかを話し合うよう調整した。彼女はまた，自分とケンがそれぞれの課のためにとってきた避雷針の役割について話し合うことができた。そして，彼らの目標に沿ってミーティングを組み立てる，より有用な方法を見いだすことができた。コーチングのセッションは，数カ月続けられた。そしてイザベルは，彼女が自動的にとってきた個人的役割[訳注4]のいくつかに，より気付くようになった。そして個人的役割の代わりに，組織と販売支援課のニーズにより適した役割だとどんなタイプの役割を自分が伸ばしていけるかを探索した。彼女のエネルギーは回復し，彼女は課長の役割にもっとやりがいを感じるようになった。

事例4：不安を緩和した例：親の苦情によって不安になり，職員にマイナス面を効果的に伝えることができなくなるというパターンを持つ校長が，そのパターンを取り除くことを学ぶ

　ある小さな私立学校の校長テッドは，教師間にある難しい力関係をどのように解決したら良いかシステムズセンタード・コーチに助けを求めた。一方には他の教師の授業スタイルや方法を習慣的に批判する教師たちがいて，他方にはそれによって傷つきやる気を失っている教師たちがいた。テッドはこの問題を組織の問題として見ているというよりも，ほぼ完全に個人の問題として見ているということにコーチは気がついた。彼の問題の説明の仕方はまるで，いかに人の気分を害しないようにするかが焦点となっているようだった。この問題を見る彼の視野には，いかにして職員の仕事ぶりを効果的に管理するかという組織的観点は欠けていた。システムズセンタードの用語を使うと，テッドは問題が起きていた文脈全体の理解を見落としていたと言える。

　システムズセンタード理論では，ある問題となる事柄を誰かの問題としてだけではなく，ある特定の種類の組織的な機能障害でもあるとクライアントがみなし，そしてその組織の機能改善における自分の役割を明確にできると，その問題への解決をより上手に発見できるようになると考える。

訳注4）個人的役割（personal role）については，第1章の訳注29（p.42）を参照。

そこでコーチは，システムズセンタードの**文脈認識**という技法を使うことから始めた。この技法は，クライアントがいる文脈の目標（訳注：すなわちクライアントが所属する組織やチームの目標など）と，その目標を支える彼の役割とを結びつけるのを援助するように意図されている。コーチは，職員の仕事ぶりを管理するような正式な仕組みが学校にあるのかどうかテッドに尋ねた。テッドはそういうものはないと答えた。この問いに関して彼は最初のうち防衛的だったが，この姿勢自体が，彼がこの問題を文脈の中で見ているのではなく，個人的なこととして捉えていたもう 1 つの兆候であった。そこでコーチは SCT の技法である正常化（normalizing）[訳注5]を使い，彼が個人化（personalizing）[訳注6]から抜け出して文脈への気付きを広げられるようにした。

> コーチ：あなたの学校に職員の仕事ぶりを管理するような正式な仕組みがこれまでなかったのはもっともなことでしょう。小さな組織の多くは成長し始めるまで正式な仕組みを持たないのですから。あなたの学校は成長し始めていて，それでより正式な仕組みを必要とし始めているところなのでしょう。だから，ちょうど予定どおりに進んでいるんじゃないですか。
>
> テッド：[笑いながら] ええ，そう言われるとホッとしますね。

　必要となる組織の任務が何らかなされていないとき，どのように他の教師たちがその仕事を買って出る傾向があるのかをテッドと話し合うという形で，コーチは文脈認識を続けた[訳注7]。教師たちの諍いを個人の性格の問

訳注5）正常化（normalizing）とは，問題，欠陥，過失，障害，病気などと考えられていたこと〈すなわち病理化（pathologize）されていたこと〉を，もっともなこと，普通のこと，正常なこととして捉え直すような介入である。システムズセンタードに限らず多くの心理的介入法で用いられる技法であるが，特にシステムズセンタードでは「病理化（pathologize）せずに，正常化（normalize）する」ということを，単なる技法の 1 つではなく，基本的姿勢として重視している。

訳注6）個人化については，第 1 章の訳注 20（p.37）を参照。

訳注7）他の教師の授業スタイルや方法を習慣的に批判する教師たちは，教員の仕事ぶりを管理するという任務が校内でなされていないために，その役割を買って出ているのだという文脈で見ることができる。

題と見ていたとき，彼はこの問題に手の出しようがなかったのだが，このようにシステムの動きとして捉えられるようにコーチに援助されると，職員の仕事ぶりを管理するという彼本来の役割を正式に執るという形で，容易にこの問題に関与できることに気付いた。システムの目標と，その目標に向けての自分の役割とを繋げられるようにテッドを援助することによって，教員の仕事ぶりを自分が管理し損ねていたことと，教員たちの相互批判との間にある関連に彼が気付ける状態をコーチは作り出した。テッドは「職員の仕事ぶりを管理するのに気が進まないことを，私が乗り越えるのが答えだって分かりました。コーチのあなたと取り組んでいくのに，これを目標の1つにしたいと思います」と自ら進んで述べた。

　次にコーチはテッドと一緒に，この目標に向けた過程のどこに今いるのかを明確にするために，力の場の分析を行った。システムズセンタード・コーチングでは，目標へ進むのを助けていること（**推進力**）と，邪魔していること（**抑制力**）に関するデータをクライアントが収集できるようにこの演習を用いる。テッドは彼の目標，すなわち教師たちの仕事ぶりを管理するための推進力と抑制力を確認した。彼は，仕事ぶりを管理するための技能と時間と知識はあるのだが，教師たちにマイナス面を伝えることに難儀しているのだと話した。

　それから，コーチの指示を受けて，テッドはマイナス面を伝えることへの抑制力を確認することができた。彼は，よく声を大にして彼に食ってかかってくる2人の教師がいることを述べた。こうなると自分には，彼らに賛成するか反対するかの2つの選択肢しかないようにテッドは感じていた。賛成すれば彼は自分の仕事をしていないことになるし，反対すれば彼らはテッドが話を聞いてくれないのだとさらに不満を言い続けることになると彼は思っていた。どちらの選択肢もとりたくないので，また新たに問題が起きるまで，その話題を彼はただ流すようにしていた。

　コーチはそれから力の場の分析を次の段階，すなわち，より簡単に減らせる抑制力の確認へと進めた。他人のふるまいを変えるよりも，クライアント自身のふるまいを変える方が簡単なことが多い。したがってコーチはテッドに，彼自身の内側に起きていたことで，どんなことがこの教師たちに効果的に応答するのに邪魔になっていたかを明確にするように援助した。

コーチ：自分が教師にマイナス面を伝えたいんだと気付いたら，まず
　　　どんなことが自分の内側に起きますか？

テッド：そうですねえ，例えば，保護者が私に電話してきて，教師が
　　　したことについて不満を言ってきて，そして私もその教師のした
　　　ことが本当に問題だと思ったとしますよね。そうするとまず私が
　　　感じるのは不安ですね。

コーチ：その時点で何か不安にさせるような考えがあるんですか？

テッド：ええ，まず私が思うのは，そんなのは馬鹿げた考えだと分か
　　　ってはいるんですけど，「もう自分はクビだ」ということですね。

コーチ：これまでにそういうことがありましたか？　誰かが不満を言
　　　ったことで仕事を失うということが。

テッド：いいえ。本当に職を失うとは思っていません。ただ，問題を
　　　解決してみんなを喜ばすことが自分の仕事だとある程度は思って
　　　いるのですが，私にはそうすることができないと分かっているん
　　　です。私は全員の問題を解決はできない。

コーチ：それで，誰かが不満を言うと，その不可能なことをするのが
　　　自分の仕事だと思い込むモードに入り込むのですか？

テッド：[笑いながら] ええ，そうだと思います。それで結局2～3
　　　週は先延ばしにすることになるんです。そして先延ばしにするほ
　　　ど，気も散るしストレスになります。私には不安の問題がありま
　　　す。私はしばらく認知療法を受けましたが，期待したほど役には
　　　立ちませんでした。それが単に不安な考えなのは分かっています。
　　　でも分かっていたって，それが止められないんです。

コーチ：私の経験から言うと，信じているわけでもないのに気を逸ら
　　　すような不安な考えがあるときには，その不安とは別に何かもっ
　　　と不快な感情が動いていて，その感情から気を逸らすためにそれ
　　　ら不安な考えを用いていると言えることがあります。例えば，怒
　　　っていたり欲求不満であったりするけれど，それを表現できると
　　　思えないときには，それを抑えるようにして，代わりに不安を感
　　　じるのです。

テッド：ああ，それって私のことですね。職場では欲求不満を完璧に
　　　押し殺す傾向があります。駄目だと分かってはいるんですが，時々
　　　それで自宅に帰って妻に八つ当たりしてしまいます。でも，ここ

で私の欲求不満について話せる人なんて 1 人もいないんです。

コーチ：あなたは今ここでもいくらか欲求不満を感じていますか？

テッド：はい。この状況について考えているとイライラしてきますね。

コーチ：あなたの体のどこにイライラを感じますか？

テッド：お腹が締めつけられていますね。それでなんというか，吐き気がします。

　システムズセンタード理論では，身体的な緊張は文字通り直感（gut feelings）を締めつけており，直感に含まれる情報へのアクセスを制限すると言う^{訳注8)}。そして，締めつけられる感覚や吐き気はこうした緊張の徴候であることが多いと考えられる。この理論では，緊張が解ければ，その内側にある体験に辿り着くだろうと予測する。そして，その体験を探索すれば，システムの目標へ進むために何をする必要があるのか洞察が得られると考える。このことをコーチがテッドに話すと，彼は自分の欲求不満をあまり個人的なことと捉えずにいられるようになり，そして，自分の感情の中に，学校の機能改善に役立つようなどんな情報が含まれているのか，好奇心を示した。それからコーチはテッドに，緊張を解き，その緊張がどんな体験を締めつけていたのかを探索する方法を教えた。緊張を解いていくと，テッドは最初に不安が湧いてくることに気がついた。システムズセンタード理論では，最初に私たちが緊張を緩めようとすると，不安が湧いてきて緊張を完全に緩められないようにすると予測する。コーチはこのことをテッドに話して，不安を緩める方法を彼に教えた。

　次のセッションでは，テッドは緊張と不安を緩める練習をしていたと報告した。彼は不安がかなり和らいだと言い，自分が取り組んでいる状況への好奇心が強まったと報告した。そこでコーチは，不適応的な役割に関す

訳注8)　身体に痛みがあるとき，その部位が固く緊張するのを体験したことがある人もいるだろう。動くと痛みや炎症が強くなるので，動きを制限することでそれらを抑えるという合理的な理由が身体的な緊張にはあると言える。同じように心理的な苦痛がある，あるいは生じそうなときにも，その心理的部位が揺さぶられたりしないように，身体が防衛的に緊張することがあるとシステムズセンタードでは考えている。Gut feelings は一般に「直感」と訳されることが多いのでここでもそのように訳したが，ここでは「腹（gut）の中で感じていること」といった意味もあるものと思われる。

るシステムズセンタード理論を紹介した。彼女はテッドが以前に観察していたこと，すなわち，いつもは上手に不満に対応する方法を知っているのだが，時々あるモードに入ってしまうことを思い起こさせた。そのモードでは彼は，不可能なことをするのが自分の仕事だと思い込み，技能を失った状態になり，自分が知っていることを活用できなくなるのだった。システムズセンタード理論では，役割に入り込む自分を捕らえて，役割に入らない選択をすることを覚えれば，自分の技能を見失わないと予測されることを彼女はテッドに教えた。それから彼女は，役割が現れたときにそれを捕らえるシステムズセンタードの技法をいくつか彼に教えた。①役割に名前を付ける，②その役割への引き金を同定する，③その役割の雰囲気（その役割に典型的に伴う思考，感情，信念）に注意する。テッドはその役割に「ヒーロー」と名前を付けることから始めた。

　　コーチ：あなたが「ヒーロー」モードに巻き込まれる直前に何が起きるのでしょう？
　　テッド：私は突然その不安な感じになるんです。そして「もうクビだ」と思うんです。
　　コーチ：その「もうクビだ」というあなたの思いは，何か悪いことが未来に起きるという思考，すなわち前回私が「否定的予測」と言っていたものだということは分かりますか？
　　テッド：[驚いて] ああ，そうか。そうですね。その不安は自分の思考から生まれているんだ！
　　コーチ：そのとおり。
　　テッド：こいつは難しいな。その時点で果たして好奇心を取り戻せただろうか。
　　コーチ：まずはその思考が生じたときにそれに気付くこと，そしてそれが「ヒーロー」モードに入る引き金だと認識すること，それらを始めるだけでも第一歩だと思います。そのモードに巻き込まれつつある自分に早く気付けば気付くほど，巻き込まれずに2〜3週間そこに留まっていることも簡単になるでしょう。そうしている自分に気付ければ，もっと選択肢を持てるかもしれないですよ。引き金になるこの思考に気付いて，そして心の落ち着きを保てる

ようにするために，自分の思考に愛称を付けてみませんか？

　テッド：いいですよ…ちょっと考えてみますね。分かった。「破滅の声」
　　にします。

　コーチ：それでは今度，破滅の声の思考に気付いて，それにそのラベ
　　ルを付けて，その後どうなるかに注目できるかどうか試してみて
　　ください。そうすれば，このことに取り組み続けて，さらに分析
　　していけると思いますよ。

1）フォローアップ面接

　テッドは，先週ある保護者から苦情の電子メールを受け取ったことを興
奮と安堵を交えて報告した。それは，彼自身が対応しなければいけないと
分かっていた問題についての苦情だった。彼は自分に特徴的な不安の感覚
に気付き，選択の余地があることをすぐに理解した：破滅の声の思考でヒ
ーロー・モードに巻き込まれて２週間くらい気をもむのか，それともすぐ
それに対応するのか。こう気がつくや否や，彼はエネルギーが湧いてくる
のを感じた。そして，すぐ保護者に電子メールを返信すると，その午後には，
関係する教師に対して，その問題について穏やかに，そして直接的に話した。

2）成果

　コーチは年度末までテッドを指導し続けた。彼は，「ヒーロー・モード」
に巻き込まれるときを見逃すことなく気付けており，マイナス面を伝える
仕事を先延ばしにするのではなく，ほとんどの場合において自分が困難を
恐れずに立ち向かえるのだと気付いた。彼は教師の仕事ぶりを管理する手
順を編み出し始めた。また，彼は自分の怒りに近づき，その怒りがもたら
すエネルギーを使うことを学んだ。彼はこう言った。「私は壁を作って自
分の感情を隔離してきました。そして今，ありのままに感じられる自分を
取り戻したんです。これってほんとに素敵な気分ですね！」。

事例５：役割と目標の対立：ある中間管理職が，自分と上司の対立を解決
　　する案を練ることを学ぶ

　ジョイスはビッグサービス社で働いており，東部地区の企画開発グルー
プを率いている。最近ビッグサービス社は，彼女が率いているグループと
その他４つの地区の企画開発グループをまとめて，統合企画開発グループ

に再編することを発表した。ジョイスは，自分のグループの運営方法を少しも変えたくはなかった。新しい統合企画開発グループのリーダーは，この新たな統合企画開発グループを作っていくために，各地区グループのリーダーたちと毎週ミーティングを行う予定を立てた。これにジョイスは出席しないと決めた。代わりに彼女はシャロンを送り出すことにした。シャロンは東部地区の企画開発グループの次長としてミーティングに参加し，ジョイスに報告をすることになった。再編発表の 1 カ月後，シャロンとジョイスは再編について対立する立場になった。この対立の解決方法を考えるのを手助けしてもらうために，シャロンは SCT コーチと契約した。

> シャロン：私はジョイスとの対立にはまり込んでいます。新しくできた統合企画開発グループで話し合いをして，みんなで考えをまとめたんですが，それによると，私たちの社の製品の売り込み方について，各地域のやり方をそれぞれ少しずつ変えないといけないんです。その話し合いの後，ジョイスは私に裏切られた感じだと言いました。彼女が言うには，私はその案に関わっていたのに，話し合いの前にそれを彼女に教えなかったのは明らかだって。「あなたはどっちの味方なの？」って聞いてくるんです。私，怖くなっちゃって。私，卑怯だったかなって思うんです。ジョイスが何も変えたくないことは分かっていました。何だか自分がちぐはぐになりそうで怖いんです。
>
> コーチ：自分のことを卑怯と表現したり，ちぐはぐになりそうで怖いと言ったりするとき，あなたは解釈をしていることになります。まるで自分で自分を攻撃しているように聞こえます。あなたとジョイスの対立を解決する方法を考えだすのに，解釈や自己非難は役立たないですよ。

1）境界調整という SCT の手法を適用する

　境界調整という手法は，クライアントが問題解決に関する情報に焦点を絞るのに役立つ。境界調整の 1 つに，事実と意見を分けて，初めに事実に取り組むようにすることがある。上述の対話では，シャロンが自分の行動の解釈から離れて，事実に焦点を絞れるようにコーチは援助した。

シャロン：再編について私たちはどう取り組むべきか，それに関する私の考えをジョイスには伝えていません。

コーチ：伝えるのに何が障壁になっていますか？

シャロン：私は，私たちの地区グループからの観点と，統合グループからの観点と，両方の立場から状況を見ることができます。私は自分の軸足がどっちに立っているのかよく分からなくなっているんです。あっちに行ったり，こっちに来たり。もし私のキャリアにとって何が正しいのかと考えるなら，さらにもう１つの観点からも見ることができます。

コーチ：あなたは３つの役割をあげましたね。キャリアを築く個人と，地区グループの一員と，より大きい統合グループの一員と。そして，あなたが言った軸足の揺れ動きは，それらの異なる役割から見ると，この再編の見え方も違っていることと関連していそうなのですね。では，それら３つの役割から見ると，この再編があなたの目にどう映るのかを，それぞれ見ていきましょうか。

2）文脈認識という SCT の手法を適用する

SCT では，３つのシステムから成る階層を定める。それらは，全体としての組織，作業部門，組織のメンバーの３つである。階層の中の各システムは，その下位にあるシステムの文脈となっている。SCT コーチは，各文脈の目標達成に向けて，自分をどう活用できるのかが見いだせるようにクライアントを援助する。

シャロンと取り組んでいたコーチは，組織の各レベルの目標を述べることから始めてみようと提案した。シャロンは次の順序で述べていった。ビッグサービス社，統合企画開発グループ，東部地区企画開発グループ，東部地区企画開発グループのリーダーとしての彼女特有の役割，そして最後に，キャリア目標を持つ個人としての彼女の役割である。

シャロンが各レベルの目標を確認すると，コーチは SCT の葛藤解決方法を用いた。コーチは，各レベルの目標における類似点と相違点を探索するようにシャロンを導いた。この SCT 手法は，違うように見える観点の中に似たところを，似たように見える観点の中に違うところを発見できるようにするものである。例えば，シャロンのコーチは，再編がいかに東部

地区企画開発グループの成功の妨げになっているか，また，再編がいかに東部地区企画開発グループの目標を後押ししているかを探索するように彼女に言った。彼女は，自分の個人的なキャリア目標に関しても，同じような探索に取り組んだ。シャロンは，自分の葛藤の各側面を，まずは一方の視点から，次にもう一方の視点から探索した。探索するにつれて，組織の各レベルにおけるシャロンの役割と選択肢が明確になった。探索が終わるころには，卑怯だという感覚は消え去っていた。彼女は自分の置かれた文脈をよりはっきりと理解し，自分がどうしたいのかもよりしっかりと把握した。彼女は，対立の解決に向けて，ジョイスと話をする準備ができたと感じた。

> コーチ：ジョイスとの対立を解決するのに役立つようなことを何か学びましたか？
>
> シャロン：こんなふうに情報を整理すると，問題を両面から見やすくなるんだと分かりました。今は4つの役割全部を同時に見ることができます。私たち地区グループの目標から見て，再編に賛成する理由も，反対する理由も分かります。私は，自分の意見を伝えたいし，彼女の意見も知りたいんです。自分の意見を伝えるのに，異なる役割から見た異なる観点という枠組みで話せば，ちゃんと伝えられるという自信がつきました。おかげで随分と楽になりました。
>
> コーチ：この話し合いをするにあたって，4つの役割のうちどれでいきたいですか？
>
> シャロン：私はこの組織全体の一員としての役割でいこうと思います。この役割には，その中に他の役割を含んでいるんです。組織全体の一員という立場からだと，それら他の役割すべてを見ることができるんです。

　1週間後，ジョイスとの話し合いの様子を語るシャロンは，リラックスしていると同時にエネルギーに満ちていた。シャロンは役割に関する話をジョイスと共有することに成功した。ジョイスも，彼女の異なる役割から見た観点を進んで話した。彼女らは自分たちの観点における類似点と相違点を探索した。この会話の中で最も役に立ったのは，2人とも再編には

利点と欠点があると感じていることを2人で発見したことだった。他にも，彼女らは合意できる多くの領域を見つけた。実際にこれは，シャロンが予測したよりもはるかに多かった。彼女らの仕事上の関係が回復して，シャロンは大いに安心した。さらに，シャロンはこれからも活用できるSCTの手法を習得した。彼女は，対立を役割と目標という観点から見る術を学んだ。彼女はまた，内的な葛藤と外的な葛藤の2つを区別することを学んだ。階層を成す複数の役割を人は有するわけだが，内的な葛藤は自分が有するそれら複数の役割間から生じてくるのに対して，外的な葛藤は自分と他者の間で起きてくる。そして，より効果的な決定をするために，異なる役割からの情報が共有され探索されるような話し合いをどのように行うのかを彼女は習得した。

Ⅳ　おわりに

　システムズセンタードの理論と手法がエグゼクティブ・コーチングという文脈でどのように適用されるのか，これら5つの事例でいくつかの見本を示した。この事例のクライアントたちは，さまざまな理由で援助を求めてきた。仕事のパフォーマンスに対する懸念，仕事に対するエネルギーやモチベーションの喪失，人間関係における衝突など。どのような問題や目標をクライアントたちが訴えてきても，正確で効果的な介入を選択するにあたって，コーチはリビングヒューマンシステム理論を拠り所にすることができた。コーチたちはクライアントたちを動機づけしようとしたり，仕事を上手くやる方法を教えたりしなかった。なぜならSCTでは，クライアントたちも組織も，他のすべてのリビングヒューマンシステムと同じように，生き残ったり，成長したり，変形したり，環境を支配したりすることに向けた駆動力がもともと備わっていて，自然とそうした目標に向かっていくと仮定しているからである（Agazarian, 1977）。代わりにSCTのコーチたちは，SCT理論を用いて，クライアントたちがどこで動けなくなっていたか，そして，どのような内的な障壁が邪魔していたかを決定するための情報を彼/彼女らから引き出して，その特定の抑制力を減少させるようにシステムズセンタードの介入を行うだけで良かったのである。クライアントが自分の役割や目標についてはっきりしない場合，SCTのコーチ

は，クライアントが自分の役割と目標について何を知っているのかを探索し，もっと情報が必要なのかどうか，どのようにしてその情報を得るかを決められるように援助した。複数の文脈に関連した仕事の場合，それら各文脈に適した役割や目標もそれぞれ異なるわけだが，クライアントがそれらを区別することなくそうした仕事をしようとしたならば，SCT のコーチは，彼らがそれらの違いを明確にして，整理できるように援助することから取り組んだ。クライアントが心配事で気が散っていたり，身体的緊張やエネルギー喪失に悩んでいたりしたら，そうした抑制力に囚われているエネルギーを解放して仕事に使えるように，コーチは SCT プロトコルを用いることができた。クライアントが無益なコミュニケーションパターンにはまり込んでいたり，情報が組織の中で自由に動いていなかったりしたら，コーチは SCT プロトコルを用いて，情報の流れを改善した効果的なコミュニケーションパターンに変わるようにクライアントを援助できた。ひとたび彼らがこれらの防衛的パターンから自由になり，彼らと同僚がお互いから必要としていた情報を得られるようになると，指導されていたクライアントたちは，エネルギーに溢れ，地に足がつき，彼らを悩ませていた仕事上の問題に対して，非常に効果的な自分なりの解決法を見つけ出せるようになった。

　コーチとして私たちはこのアプローチが，満足いくもので，思慮深く，人道的で，効率的であると分かった。個人と組織の両方に適用でき，理論と介入の間を明確に繋ぐような，統一され首尾一貫した確固たる理論を持つことはものすごく有益である。SCT が私たちに示してくれるのは，どのようにクライアントを個人システムとして見るのと同時に，組織の中のサブグループの代弁者として見るのか，どのように個人と組織を同時に助ける介入をするのかである。理論を理解すれば，クライアントが個人的にも組織的にもどこで行き詰まっているか（すなわち，どの発達段階で止まっているか），彼らの訴えを聞けば分かるようになる。また彼らを邪魔しているものが何なのか（すなわち，私たちが目にしているのは具体的にどういう抑制力なのか）も分かるようになる。この理論では，発達段階ごとに特定の障壁とそれらを減らす手立てがあると考えているので，どんな障壁があるかが分かりさえすれば，その特定の段階で機能するように設計され

た手立てを「SCT 技法の道具箱」から取り出すことができる。

　これらの事例が示すように，クライアント自身がすでに持っていた知識と技術は解放され，彼ら自身の職業的な目標と組織の目標の両方を効果的に後押しする結果となった。彼らは，自分の役割，自分の目標，組織の目標について，また権限，説明責任，責任の順列についてよりはっきりと理解した。彼らのコミュニケーションはより明確になり，他者から必要とする情報をより効果的に得る方法を習得した。彼らは，自分で選択する感覚を強めた。そして，彼らは効果的な問題解決に向けて精力的になった。

第3章
組織介入における役割，目標，文脈

ヴェレーナ・マーフィー　認定社会福祉士
（コンサルタント）

　この章ではシステムズセンタード理論を使って組織に介入した実例を記載する。当初は完全に個人のせいで生じていると思われていた問題が解決されたのは，その個人が組織の中で担っている役割と，その個人の性格とを区別することによってであった。さらに，組織の目標と個人の目標を区別し，それらを共通の文脈の中に位置づけることで，客観的な視点が得られたことも描写する。

　システムズセンタード理論（Agazarian & Gantt, 2003）によれば，グループの発達段階のうち**闘争段階**では，個人を**スケープゴートする現象**（Bion, 1961）がよくみられる。これは，組織にとってある個人だけが問題であり，その他の人々はまったく責任がないとみなされることを意味する。組織の中の個人が，自分の役割や組織の目標や職場の全体像という文脈を見失ったときに起こるスケープゴートの一種を，以下に記載するケースで説明する。

　この章は，従うべき介入方法を示すことを目的としていない。むしろ私の目的は，システムズセンタードの考え方を用いると，問題に対して何ができるかも違って見えてくることを描くことにある。また，従うべき実例として提示しているのでないのは，後知恵で私は違ったやり方をするかもしれないからである。しかしながら，そのような分析は別の章での話題となるだろう。

I　理論的検討

　アガザリアン（Agazarian, 1997）は適切な**役割**を，文脈に適切な目標へ向かう推進力となる**識別可能なふるまいの集まり**として定義づけた。それは，その役割を引き受ける人たちとは別個の構成物である。ある人は1日で何度も役割を変える。例えば，親，配偶者，被雇用者，運転手，客とい

ったように。ここで重要な点は，役割というのはその人とは別個だという点，しかも個人のその役割の果たし方も，個人の性格とは別個だという点である。そうすると，職場で意見を受けた被雇用者は，それを彼の性格に対する批評と受けるよりもむしろ，役割の果たし方に対する意見とみることができるようになる。人々はえてして，まさに彼らの自己感覚が攻撃を受けたかのような，激しい防衛反応を意見に対してふるまうことが多いので，前述の見方は特に有用である。この「単に個人のせいと捉えない」という技術を発達させると，見境なく反応しないようにする能力に大きな影響を与える。言い換えると，センタリングされた状態[訳注1]を保ちつつ，役割の果たし方についての意見を，（抑制力を同定して，それを弱めることによって）効果的に目標へ進むためにどのように自分の力が使えるかを学ぶ機会として見るという挑戦である。

　いかなる役割においても重要な側面として，それぞれの役割は，その役割に伴う機能を実行するための権限（authority）と，その役割に付随する責任（responsibility）（適切なふるまい）の自覚と，上位システムへの説明責任（accountability）を必要とするという事実がある[原注1]。役割の中で効果的にふるまうには，権限，責任，説明責任，この3つすべてが必要である。

II　アプローチ

　この章の題名は，役割，目標，文脈の順に書き進めるように見える。しかしながら私は一連の状況について，このコンサルテーションを始めたときから面接で明らかになっていった順に記載していきたいと思う。この記述は私がその面接で受けとった情報を示している。対立する立場がある中で働きやすい雰囲気を醸成するという最初の目標は，「次の段階」に行くための計画というおまけもつけて，1日の介入で達成された。

　このケースを記述する際には，その情報を得たときに私が考えたことも含まれる。私の考えはゴシック体で書かれている。

訳注1）第1章の訳注58（p.62）を参照。
原注1）権限，責任，説明責任については本章の後半で議論する。

1．コンサルテーションの依頼

　その依頼は，ある中西部の教育機関の指導者から来た。その指導者は，「困った状態にある組織」（マルチプレックス[原注2]と仮に呼ぶ）の状況からすると，システムズ・アプローチが最も有用だろうと感じていた。マルチプレックスにおけるその困った状況について，彼女はその組織のスーパーバイザーであるシェリーから聞いていた。シェリーはその指導者に，シェリーの上司である副学長からずっと話を持ちかけられてきたのだと語った。その組織の事務職員がその状況について副学長に直接話をして，シェリーが行った問題解決のための最初の試みが彼らの希望するような変化になっていないと訴えていたため，彼はシェリーに「その状況に対して何かするように」と言っていたのだった。その時点では「その状況」が何を意味するのか私にはまだ分からなかった。シェリーと話してみて，彼女がどのようにその事実を理解しているのかが見えてきた。

　マルチプレックスはダンによって創設された。ダンは，その教育機関の多くの学生がもっていた，「地域におけるボランティア活動を通して本当の世界を経験したい」という要望に応えたのだった。創設時の彼の役割は，地域におけるボランティアの場を斡旋するよう学生と地域の橋渡しをすることだった。そうしたボランティアの場への要望が増えるにつれて，有給の事務職員の必要性も出てくるようになり，そういった有給職への経済的支援をとりつけることも管理者の任務に加わった。最初の数年間は，ダンは日常的に残業することでその目標を達成できていた。しかしここ何カ月かは，彼の優先順位は，より多くの時間を一連の個人的責務[訳注2]に使うように変化した。そしてこの劇的な勤務時間の変化と，職場における彼の存在感の変化によって，以下に述べるような衝突が生じた。

2．マルチプレックスのスーパーバイザーと職員が述べた文脈

　スーパーバイザーであるシェリーとの面接で，私は正式な組織的階層だけでなく，この組織とそのシステムにおける階層を見定めようとした。

原注2）マルチプレックスはその組織の機密性を保護するための仮名である。
訳注2）「個人的責務」とは，例えば，家族の介護などを指すものと思われる。

SCT 理論では，同じ階層の中の各々のシステムは構造と機能が似通っていると定義している（Agazarian & Gantt, 2000）。そのシステムの階層を同定すれば，それぞれのサブシステムの文脈が見えてくるだろう。システム階層におけるそれぞれのサブシステムは，その上位システムの文脈の中に存在し，その下位のシステムの文脈となる。

シェリーと話してみて私は，その教育機関の文脈の中にマルチプレックスが存在し，そのマルチプレックス自体がダンの役割と，管理職の役割の文脈になっていることが分かった。より大きなシステムの文脈を確認したことで，その教育機関がそれ以下の全ての階層に影響を与えるより大きな文脈だと分かった。SCT の考え方を使えば，あるシステムのレベルで分かったことから，他のレベルについての情報を得ることができる。例えば，もし上位の文脈が厳格な規則や規制を遵守するものならば，そのことは各部門の運営方法に影響を与えるだろう。

この教育機関は学問的には自由であった。つまり，生徒の教育を最適化するという，その機関の目標に適っていれば，各職員は比較的自由に自分の役割を遂行できた。

私はその組織の正式な階層構造についても尋ねた。誰が誰に報告するのか？　その組織の階層は以下のようなものだった。

教育機関の学長と，ある政府機関
教育機関の副学長
プログラム（訳注：マルチプレックス）のスーパーバイザー「シェリー」
プログラムの管理者「ダン」
事務職員
ボランティア

図 3-1　組織の階層

マルチプレックスの事務職員たちがシェリーに不満の一覧表を渡したという情報を私は得た。彼らは明らかにこの数カ月忙殺されていたと感じており，そして彼らの一番の不満の矛先はダンの行動であった。

マルチプレックスはダンによって始められた。彼は数年の間，マルチプレックスを実行可能で成長する事業にするために週 60 時間も費やしてい

た。現実世界を体験したり，教室外で学ぶ機会を作ったりすることで，彼
はその教育機関の学生たちに奉仕したかった。その見返りとして，生徒た
ちは地域サービスからの信頼を得ることになる。生徒がたくさんの機会を
得られるように，地域との連絡や関係を確立するよう彼は働いた。

　職員たちがシェリーに渡した怒りに満ちた一覧表の不満のいくつかを，
少し口調を和らげて以下に記載する：

・ダンは職員の話を聞かない。（これを私はあるシステムから別のシステ
　ムへの情報伝達の不足であると捉え直した。なぜならダンの役割は１
　つのシステムなので）
・ダンは週 40 時間のうち実際は半分しか働いていない。（これは不思議
　であった。彼の仕事に向けるエネルギーがこんなに変化したのには妥
　当な理由があるに違いない。この勤務時間で彼は自分の仕事の責任を
　果たすことが可能なのであろうか？　権限，説明責任についても同様
　である。どの程度まで遂行されているのだろうか？　職員はダンが彼
　の役割責任を果たしていないと感じていた。シェリーには反証がなく，
　彼女はそのことについて確信がなかった。よって，この問いはさらな
　る解明が必要である）
・ダンはいてほしいときに職場にいない。そして職員は彼がどこにいる
　か分からない。どこにいるかも，いつ帰ってくるかも分からないので，
　職員は彼の度々の不在を紛らわしたり，言い訳を考えたりしないとい
　けない。（この不満は，明確にされるべき曖昧さがこのシステムに存
　在することを示している）
・ダンはプログラム管理者としての日々の義務を行うのを拒否している。
　なぜなら彼は自分を「管理者以上の存在」だと思っているからである。
　よって，その怠慢の尻拭いはいつもスタッフに回ってくる。私たちは
　他にやることがあって手一杯だというのに。（この訴えからは特に怒
　りと欲求不満が目につく。このコンサルテーションのどこかの時点に
　おいて，SCT の方法である「機能的サブグルーピング」を用いてス
　タッフの感情を探索する必要性があるかもしれない）
・ダンは直接スタッフに影響がある決定を全くスタッフに知らせずにし
　てしまう。ましてや彼の決定がどれほどスタッフの仕事量に影響する

かを探ろうともしない。これにより度々スタッフは残業したり，この新しい仕事に合わせるために元々あった約束をずらしたりしなければならなくなった。〈この情報によると，ダンは彼が適切だと思うと誰にも相談せずに自由に彼の権限を使っていたようだ。これはこの教育機関全体で普通のことなのだろう。その組織の一番大きな部分——つまり教育者たち——が自分の日々の業務をどのようにするかはかなり自由ということだから。もちろん，このことに関連した推進力と抑制力があるだろうし，それをコンサルテーションの中で探索できるかもしれない。もしそのような探索のエネルギーがあればだが。ダンの個人行動の結果として職員がより働いているという事実は，ダンが職員から情報を集めないことが組織の抑制力（システムの中の資源を効率的に利用するという目標に対する抑制力）になっていることを示唆しているようだ〉

　同時に，部下から情報を集めようとしないというダンの行動は，上位システムで起きていたことと同形である（構造と機能が似ている）ように見えた。例えば，シェリーの話によると，彼女と副学長との面接は比較的珍しいということであるから（副学長はとても忙しい人ではあるが），副学長もマルチプレックスの情報を彼女から集める習慣がないと言える。

　職員たちの訴えは個人的な性質が強く，「ダンの事務所は整理されていない」とか，「彼の気分の波は予測不能だ」とか，「彼は女性職員の全員に敬意がない」といったものであった。

　最近，職員たちはマルチプレックスの副学長と連絡をとった。なぜなら，シェリーは彼らが望んだような影響をダンに与えて，この状況を改善することができていないというのが彼らの言い分だった。職員たちが不満のリストを提出し，副学長が「その問題」をシェリーに差し戻してきたことで，彼女はダンとの対決に引き込まれる可能性を感じた。争いになるのを避けたくて，彼女はコンサルテーションの助けを求めてきた。

　シェリーはこのリストをダンに見せるべきかどうかを私に尋ねた。そのリストに使われている言葉には，SAVI[原注3]の赤信号の行動である，あからさまな「非難」がたくさん含まれていた。こうした行動は「防衛反応」を招きやすく，結果的に争いを助長する。だから私は争いを起こすことが彼女の目

的なのかどうかを尋ねた。シェリーの目標は全く正反対だった。彼女はダンにこのリストを見せないことを決心した。そして私も，この欲求不満と疲弊感に溢れたその職員たちの情報を，自分の心の中にしまうことにした。

Ⅲ　介入のための評価

　理想を言えば，私は階層の全てのレベルのメンバーたち，特に上述した職員たちと一緒に取り組みたかった。そうすれば，彼らが抱いた欲求不満を通常の反応として伝えられただろう。移り行く組織からの要望に対して，その変化に同期しない行動パターンがあれば，欲求不満が生じるのももっともである。私なら，まずは彼らの感情をめぐってサブグルーピングする（訳注：小グループを形成する）。そして次に，彼らがダンと接触することに向けた準備を進める。ダンが彼らの懸念を聞き，単に個人のせいと捉えないようにできるやり方で接触できるように。どのような内容であれ，グループが不満を（提案に）組み換えられたとき，グループ・リーダーはそのグループにある全ての情報に耳を傾けやすくなる。もし私がこの組織と取り組む十分な時間があったならば，職員たちが不満を提案に組み換えられるように援助しただろう（これはSAVIの技法の1つである）。例えば，「あなたは自分がいつ事務者にいるのかを私たちに教えた試しがない」という不満は，「戻りそうな時間を私たちに教えてください。事務所に戻ってくる予定時間をクライアントに教えることができたら，クライアントも助かると思いますので」という提案に組み換えられただろう。

　付け加えると，もっと時間があれば，私はダンが発達段階について理解できるように取り組んだだろう。彼の組織は権威の段階を移行しているところであり，彼の働き方の変化に対する職員たちの不満は，その発達段階にもっともなだけでなく，実際，予測可能なものでもある。その発達段階とは，「闘争」の段階である（Bennis & Shepard, 1956; Agazarian, 1981, 1994, 1999; Agazarian & Gantt, 2003）。従業員が自分たちの欲求不満を上

原注3）SAVIとは，言語的相互作用の分析システムのことを指す。（「青信号の言語行動」を用いることで）親密な雰囲気のコミュニケーションを促進する言語パターンと，（「黄色信号の言語活動」を用いる）中立的なパターンと，（「赤信号の言語活動」を用いることで）争いを招きやすいパターンを同定するのに役立つ（Simon & Agazarian, 1967）。

司に訴えて，そして上司がその欲求不満を，組織が次の段階へ成長するために役立つステップとして見ることが出来るとき，その上司（権威）に向けられていたエネルギーは，その組織内での共同問題解決に向けて使えるようになる（Trey, 2002）。

　しかしながら上述したような介入と学習過程には，その組織が用意していたよりも多くの時間を要する。このコンサルテーションのために私に与えられた時間は，せいぜい1日でしかなかった。私ができる介入の種類も，これにより影響を受けた。ダンを職員たちからの突き上げに備えさせる代わりに，職員たちの役割や目標を彼ら全員が働くより大きな文脈の中に置くことによって，彼らの権威の問題を軽減させることにした。

　シェリーと私は，彼女とダンがこの1日のコンサルテーションに参加することで合意した。加えて，私はこの状況を彼がどう理解しているか聞いていなかったので，まず私がダンと個別に会うことにした。この介入はダンにとっては押しつけられたものだったから，彼は何らかの不安を抱くかもしれないとも私は予想していた。それゆえに，このコンサルテーションについての彼の懸念や予想を，公の場に暴露されない機会に個別に探索したかったのである。

　ここでは，全ての情報がコンサルテーションというシステムに集められる必要性を正しく認識しておくことが重要である。（副学長や学長など，その組織階層における他の参加者たちが得られないこともあり），だからこそ，私はシェリーとダンが一緒に参加するように求めて，彼らが懸念事項を聞けるようにしたのだし，彼らが適切だと思う情報は何でも言うように求めたのだった。シェリーがこの1日がかりの介入の全てに参加するようにした理由も，その1日で出た全ての情報を彼女に知ってもらいたかったからだ。そうすれば彼女は上司である副学長に適切な提言をすることができる。そして副学長は，学長の後押しがあれば実施を決定できる立場にある。

マルチプレックスのプログラム管理者であるダンが述べた文脈

　前述したようにこの非営利組織は，中西部の教育機関と，政府から資金を受けるある機関の両方から部分的に資金を受けていたし，それら機関の指導下にもあったのだが，その資金提供は予想不能なものだった。その教

育機関はマルチプレックスの運営をどのようにするかについて多くの裁量をダンに与えていた。しかし，政府機関の方は，資金がどのように使われたかについて多くの文書や説明責任を求めた。

　ダンは何年も，その組織の構造を発展させるためだけでなく，地域との関係づくりのためにもとても忙しく働いてきた。ここ何年か，彼の個人的状況に大きな変化があったため，彼は優先順位を変更する必要があると感じた。実際，彼は週40時間が標準的な勤務時間のところを約30時間に減らしたと述べた（個人的なことに傾倒する前，何とか間に合わせるためだけでも彼は週60時間働いていたのだから，勤務時間は実際に半減したことになる。職員たちが疲弊感を抱くのも不思議ではない。以前にダンの勤勉さによって提供されていたのと同じサービスを提供する責任が彼らにかかっていたのだろう）。ダンによると，このところ30時間という彼の勤務時間の大半は，職員たちのための資金を確保するための補助金を申請することに費やされていた。彼の目標は職員たちに仕事を保証することだった。しかしながら，彼が自分の強みと見ていたのは，地域との連携役としての彼の役割であり，補助金の申請はそうでもなかった。

　マルチプレックスの成功の反面に財政的支援の予測不能性があり，追加資金の確保というダンへの重圧が増した。しかしながらダンは，何年もの成功経験を基にして，組織を存続させる独創的な方法を自分が追い求めている間，事務所の運営を職員たちに任せても大丈夫だろうと思っていた。彼は，地域との新しい連携を作れば，事業や助成を受ける機会も増えるだろうと期待していた。加えて，ダンに言わせれば，「誰でもできるような事務作業は自分の仕事ではない」のだった。彼はシェリーを必要な時に相談できる友人として見ていた。そして彼によると，これまでの彼の試みに対して彼女は支持的であった。

　この発言からすると，ダンは彼女が賛成するであろうと分かっている情報のみを彼女に伝えていたか，あるいはシェリーがダンに異を唱えるのが難しかったという可能性が考えられる。いずれにしても，私のやるべきことは，2人の個人的な力動について推測することではなく，彼らの役割が目指しているところと教育機関の目標とが一致しているのかどうかをはっきりさせておくことだった。

Ⅳ　明示的および暗示的な役割と目標

　この節では，組織階層内の各部門の目標と役割について述べる。「明示的」とは，記されたり意図されたりしている役割や目標のことを指し，個人が書いた文書や発言した内容によって確かめられる。明示的な役割や目標は，現実の世界で本当に起きることとはしばしば違っている。本当に起きていることから推測される目標を「暗示的な」役割や目標と呼ぶ。明示的な役割や目標と暗示的なそれとの食い違いは，組織の機能に強い影響を与える。組織やチームにおける推進力は，その明示的な役割と目標に関係するだろう。私たちが抑制力（目標の邪魔をする行動）を同定すると，明示的な役割と目標に競合する「暗示的な」役割と目標を識別することができる。これは後述する「介入」の節で明らかになるだろう。

1．教育機関の目標（文脈の目標）

　シェリーとダンと話してみて，私は教育機関の明示的目標の1つは，マルチプレックスへの部分的な資金援助をとおして，この組織の役割を推進することだと分かった。職員たちが副学長に連絡をとったという先ほどの状況と，副学長がマルチプレックスの詳細について関心がないように見えることから考えると，この機関の暗示的目標は，組織の日々の業務が邪魔されないようにすることと，スーパービジョンをシェリーに委ねておくことだった。

教育機関の役割

　その役割は，独創的な考えが表現され，探索され，実践に移される環境を作ることであり，そうした機関の目標に適う試みを実行するためのエネルギーと時間と資質を持った個人を援助することである。

2．スーパーバイザーの目標

　シェリーの明示的目標は，ダンの試みが彼女の他のフルタイムの仕事に抵触しないようにしつつそれを援助することと，教育機関の指導部と橋渡しすることであった。彼女がダンとの相談に使った実際の時間からすると，彼女の暗示的目標はそのような援助を親友の立場で提供することと，彼の仕事をできるだけ邪魔しないようにすることなのは明白であった。なぜな

ら，何年にもわたって彼女は，組織にとって何が最善なのかダンには分かっていると信頼するようになっていたからだ。事実確認の面接の際，ダンはこの情報を承認した。

スーパーバイザーの役割

　シェリーは，自分の明示的役割はほんのわずかな関わりだとみていた。なぜなら，マルチプレックスはこれまでの 10 年間ほとんどダン 1 人の力で発展してきたからである。そのため，彼女はマルチプレックスを「彼のプロジェクト」とみなしていた。彼の権限と経験に対する信頼から，彼女の暗示的役割は，支持的な友人としてのものになっていた。

3.　プログラム管理者の目標

　ダンの明示的目標は，職員たちの給与のための資金を増やし，クライアントへのサービスを拡大させるための，新しく創造的な方法を見つけることによって，マルチプレックスをより発展させることだった。この目標は職員たちに支持されていた。彼自身と職員たちの発言からすると彼の暗示的目標は，この発展を事務所にいる時間を最小限にして達成すること，そしてそのほとんどの時間を地域との橋渡しに使うことだった。

プログラム管理者の役割

　ダンはマルチプレックスにおける自分の明示的リーダー役割は，組織が発展することを確かなものにすることだと考えていた。それは彼が全ての費用の財源を確保しなければならないことを意味していた。地域との橋渡し役として働く一方で，彼は新しい財源と地域へ奉仕する新しい方法を見つけることに没頭していた。

　彼の暗示的役割は，職員たちの心配事に巻き込まれないことであった。彼は自分がいなくても，職員たちは全く問題なく事務所を運営できる能力を持っていると信頼していた。

4.　職員たちの目標

　職員たちの明示的目標は，マルチプレックスが宣伝していたサービスを提供すること，それを効率的かつ信頼のおける方法で行うことであった。彼ら

の言う実際に起きたこと（事務所にダンがいないこと）からすると，スタッフの暗示的目標は管理者が事務所にいる時間を増やし，管理者が彼らに直接的に影響する決定を下す前に，彼らの意見を取り入れさせることになっていた。ポイント：職員たちの目標は管理者の目標と異なっており，管理者の目標は彼らの仕事に対する資金を確保する方法を見つけることだった。

　この違いが衝突の核心であった。

職員たちの役割

　職員たちの明示的役割は，マルチプレックスの日々の業務を職務規程に明示された役割責任の範囲内で行うことであった。職員たちの暗示的役割は，管理者が不在の時にプログラム管理者の役割を担うことであった。

V　役割に関する考察

　人間はその変化に気付いているかどうかにかかわらず，常に役割に足を踏み入れたり，外れたりする（Agazarian & Gantt, 2000）。息子／娘，親，配偶者，運転手，客，ペット愛好家，訪問者，生徒，教師，コック，友人，その他あらゆる職業的役割など，どのような役割においても覚えておくべき重要なことは，すべての役割がそれぞれの目標を持っているということだ。職業における階層を大学を例に見てみると，学長の役割は，講師の役割とは違う。学長は異なる多くの職員たちへの説明責任と，大学全体のパフォーマンスに対する責任があるだろう。一方で講師の役割には，学長への説明責任と，生徒の学習目的を満たす責任がある。学長の地位が有する権限（権力，影響力）もまた，講師のそれとは違い，管理支援職員のそれともまた違う。権限，責任，説明責任の全てが役割の中に存在すれば良いのだが，ときどき，職員にはある仕事の全ての責任と上司への説明責任があるのに，その役割に必然的に伴う権限が与えられていないということがありえる。こうなると，その職員は欲求不満に陥ることがしばしばある。組織コンサルタントとしては，いかなる介入を行う前にも，職員の権限と責任と説明責任の状態を確かめておくことが有用である。これには明示的に定められた権限（契約書に記載されたもの）と暗示的な権限（実際にその仕事で起こっていること。例えば権限が実際には上司にあり，職員にはないなど）の違いについての情報を集めることも含まれる。

Ⅵ 評価の要約

　このケースにおける職員たちの不満一覧表から明らかであるように，彼らのプログラム管理者は組織全体のスケープゴートになっていた。一方で，職員のスーパーバイザーに対する不満はより少なかったし，副学長への不満はさらに少なかった。組織がどのように機能するかの責任は全てのシステム段階（訳注：階層の上位から下位にわたる全部門）にあるとはいえ，階層の上位に行くほど最終的な説明責任がある。それにもかかわらずそのような状況であった。

　他に明らかだったこととして，すべてのシステム段階に見られた類似性もある（これはSCTの同形性の理解に関連する）。例えば，「放任主義」になる傾向がある。価値ある情報が利用できないか，避けられているか，あるいは考慮されていないような，盲目的信頼に近い状態があった。

　職員たちの不満一覧表を見ると，最も重要な不満はダンが事務所にいる時間の劇的な減少のようだった。その他の不満のほとんどは，その時間の減少の結果についてだと思われた。それらが欲求不満と怒りと憤りを生んでいた。

　介入の目標は役割と役割に伴う権限と役割に内在した責任を明らかにし，説明責任を明らかにすることであった。マルチプレックスの目標とそれが運用されている文脈を念頭に置くことによって，これらは達成されうる。この介入の重要な特色は，スケープゴートというダンの暗示的役割を変化させることだった。

Ⅶ 介入

　シェリーと私は，ダンとシェリーを含むすべての職員に1日（午前9時から午後5時）の業務を停止すること，正午には昼食を提供することを決めた。理想的には，表面化した情報が関連したすべての人に伝わるように，私は全員と同じ部屋で同じ時間に取り組みたかった。

　介入の前日にダンが述べた意見は，職員たちはまず彼抜きで私だけと会うのが良いだろうということだった。彼は近くで控えていて，もし必要なら加われるようにするということだった。この考えは職員たちに大いに支持された。彼らは断固としてダンと同じ部屋には居たくないと希望した。

彼らは自分たちがどんな事実や感情を伝えようとも，それはダンに軽視されるか，的外れとみなされるだろうと感じていた。うわさによれば，ダンはかなりの口巧者で，彼らの相手ではなかった。特に，彼らが重要であると考えている話題から，ダンがより緊急性があると考えている話題に移していく彼の傾向に対して，彼らは太刀打ちできていなかった。彼らはこれまで自分たちの話を聞いてもらえなかったし，そして今回は聞いてもらえるかもしれないと期待してもいなかった。

　彼らの希望を尊重する一方で，私は彼らの心配をその機関のより上位の文脈に置いた。そこでは講師に自律性と学問的自由を与えるのが基本だった。ゆえに，そのような環境で働く人の中にはこの「自由」を最大限に活用する人がいるだろうこと，おそらくその境界を押し広げさえする人もいるだろうことは予測できることだった。そして，そうするうちに境界をより明確に定義することをうっかり要求する人もいるだろう。職員たちはもちろん彼の「行動の自由」が彼らにもたらした過酷な結果に焦点をあてた。

　よって，私はまず職員たちの感情を探索した。その感情は聞いてもらえないということと，聞いてもらえないと感じることに対する典型的な反応が中心であった。私はそれを機能的サブグルーピング（Agazarian, 1997）というSCTの手法で行った。これは，違いを統合するための方法である。先ずは似た感情や経験を共有している職員たちで話してもらい，それから違うように感じている職員たちが話す時間を作るという手順でこれを行った。ミーティングで全ての発言をまとめていくと，彼らの仕事が増えたことによる憤慨の気持ちや身体的な消耗など，欲求不満と怒りの表出という結果になった。これが徒労感や無力感，そして辞職したい気持ちへと結びついた。彼らは全員，もし別の職がどこかにあるか，あるいはこの仕事に対してそれほど責任を感じていなかったとしたら，もはやマルチプレックスにはいないだろうと述べた。また彼らは，自分たちの感情を探索し，表現する機会を持てたこと，そして報復を恐れることなく支え合えたことに対する感謝も表現した。

　私がシェリーにどんな体験をしているか尋ねると，彼女は職員たちと欲求不満と無力感を分かち合った。私たちの仕事が2時間経ったとき，私もいくらか欲求不満を体験していた。なぜなら，職員たちがまだ進行中のこ

の作業にダンを迎え入れる準備ができていないことに気付いたからだ！
「役割，目標，文脈」に目を向けておく重要性を思い出し，私は，それまでは個人のせいにされていた問題を取り上げて，何らかの目標をうち立てることにした。そうすれば，全員がその目標を支持してくれるだろうと私は期待していた。

　職員たちは，組織に期待する目標を，それも達成できる現実的な目標を，共同で言語化した。それは，クライアントに信頼できるサービスを提供することを促進する職場環境，例えば支持的な情緒的雰囲気などを作ることであった。

　私たちはそれから，その目標に向かう推進力の一覧表を作成した。私はまず職員たちが不満を提案に言い換えるのを援助した。例えば，「ダンは職員の話を聞かない」という不満を「職員から情報を集めて，共同的問題解決のためにその情報を使う」という提案に捉え直した。「ダンは勤務時間を週40時間の半分に削減している」という不満を「プログラム管理者は現在の仕事時間がその役割の責任を満たすのに十分かどうかをスーパーバイザーと共に評価する」という提案へ，「ダンはいてほしいときに職場にいない。そして職員は彼がどこにいるか分からない。どこにいるかも，いつ帰ってくるかも分からないので，職員は彼の度々の不在を紛らわしたり，言い訳を考えたりしないといけない」という不満を「事務所の責任が適時かつ予測可能なやり方で果たされるために，プログラム管理者は事務所にいないときは職員に知らせる」という提案に言い換えた。

　この時点では職員たちはまだ管理者をスケープゴートにするところに留まっていたが，私は彼らを業務に関する事実や情報を集める方向へと導いていった。それにより「人」について話題にするのではなく，「業務」が話題になるようにした。そしてその時点で，このミーティングに管理者を呼んできて，彼らが考えた組織のための目標と，ダンが目指している目標とが，同じかどうかを確かめるのに適当な段階に来ているかどうかを職員たちに尋ねた。職員たちはダンに進行中のミーティングに参加してもらうことに賛成した。彼らは，共通の課題に取り組んでいるグループでは，全ての声を出してもらうことが機能的だと分かったのである。

　職員たちの目標を明確に説明したことで，ダンはこれまで行われてきた

作業にすぐに乗りやすくなった。彼は実際，職員たちの述べた目標がすで
に達成されたものではなく，これから達成したいものであることに驚いて
いた。それに続いて起きた職員たちとダンとの間の議論で，事務所の状態
についての見方の違いが明らかになった。ダンは職員たちの欲求不満の感
覚にとても驚いたようで，いかに自分が有給の仕事を職員たちに提供でき
ることを第一に考えてやってきたかを言いながら最初は自己弁護していた。
彼はこれまでの自分の行動は全て職員たちの雇用を維持することに結びつ
いていたと，とても雄弁に主張した。職員たちは十分に感謝していないよ
うだという彼の言い分のために，職員たちの不満はどれも認めてもらえな
かったように聞こえた。

　このように，この介入を行っている間にも，非難と防衛のパターンに引
き込もうとする強い力が働いていた。このミーティングの前からあったよ
うな，行動を個人のせいにする動きである。私は意見よりむしろ情報に
留まるようにしたかった（問題解決型の文化をつくる重要なSCTの戦略）。
そこで，私はダンに職員たちがボードに書いた目標が援助できる目標かど
うか，あるいは何か付け加えたり変更したりするところがあるかを尋ねた。
そこに書かれた目標に目を通すと，彼は職員たちが作った目標をそのまま
の形で支持した。

　非難する傾向をさらに減らすために，私はそこに記された目標を現実の
文脈の中に位置づけた。その現実とは，この組織がこの数年間で比較的単
純なサービス提供機関からより複雑なサービス提供機関へと成長してきて
いるということであった。それに対して現在の構造が適切かどうかを見直
すことは，すべての職員にとって役立つ作業でありえる。

　職員たちが述べた目標と関連づけながら，また，より大きな文脈を念頭
におきながら，これまでどんな行動がグループを目標に向かって進ませて
きたか，そしてグループを目標から遠ざけてきた行動にはどんなものが
見つかるか，意見よりもむしろ情報や事実を集めるように私は全員に促し
た。私たちは下に書いたような力の場を作った〈SCTはレヴィンの力の
場（Lewin, 1951）を適用している（Agazarian, 1986; Agazarian & Gantt,
2000）〉。これは目標に向けての推進力と抑制力を確認する方法である。そ
して，残りの時間は「攻撃，非難，防衛」の対話を，事実と情報を集める

対話に向け変えることに使った。

　下に示した力の場の例は，対話を作業目標に向けておくのに役立つ。それと同時に，推進力（もっとしたいこと）と抑制力（あまりしたくないこと）の具体的な指針の一覧表でもある。

目標：クライアントに信頼できるサービスを提供することを促進する職場環境，
例えば支持的な情緒的雰囲気などを作ること

目標への推進力 +	目標への抑制力 −
- 意思決定と問題解決の過程において職員たちの意見を考慮すること - フォローアップと行動の手続きを発達させること - 情報を集めること - 職員会議にスーパーバイザーも出席すること	- 憶測すること - 意図と行動の矛盾 - まだ先の段階と確認できるような事柄 - 仕事スケジュールの曖昧さ - 使える情報を利用しないこと - 否定的予測をすること

図 3-2　力の場

Ⅷ　結果

　ダンは，自分の役割責任を果たすのに実際に打ち込める時間が十分かどうか問い直すことができた。それが出来たのは，共通の目標を持てたこともあるが，最も重要だったのは，今日の組織が 5 年前と比べてより複雑になっているという文脈の視点が持てたことだった。彼は，自分の勤務時間を彼の個人的事情に沿った時間だけに変更できるか人事に相談するのは名案だろうかとみんなに尋ねた。これには，彼のフルタイムの仕事を 2 つのパートタイムの仕事に分けられるか，あるいは新しい職位を追加できるかを探索することも含まれていた。

　職員たちの仕事環境に影響する変化の責任をダンが負っているのを彼から聞けたことで，職員はいくらか満足を得ているように見えた。

　シェリーの方は，彼女が職員会議に参加することで職員たちに対して機能的な役割を果たすことになると思った。そうすれば，彼女はダンや職員たちからのまた聞きを信頼しなければならないのではなく，決定がどのよ

うに行われたかを直接知ることができ，全員からの説明責任を保証できる。しかし，限られた時間の中で，どのようにしたら管理者としての他の業務を怠ることなく，より多くの会議に参加できるのかという疑問が彼女には残った。この疑問を探索するのには，このコンサルテーションに使うことが出来た時間よりも多くの時間を要することになった。

　厳しい言語的な直面化により感情的な傷を残す可能性もあったが，今回の介入は，役割，目標，文脈に集中することで，そうなることのない対話を可能にした。そうでなければ，この組織には何の変化もなかったかもしれない。なぜなら報復される恐怖があると，適切な情報は決して出てこないからである。幸いなことに，全員がその日の最後にはとても疲れを感じてはいたが，同時に満足もしていた。いくつかの難しい問題を合議的な雰囲気のもとで話題にすることができ，そして「次の段階」を実行待ちの状態まで持っていけたことに彼らは満足していた。

　数カ月後，シェリーは職員会議に出席しており，記録を取り，議題の進行状況を見守っていると報告した。彼女によると，彼女が職員会議で異なる意見を出すやり方を職員たちは真似しており，その結果として，職員たちの説明責任の果たし方にいくらか改善がみられたということだ。マルチプレックスは，その教育機関が2年前から始めた新事業と間もなく共同する必要があるため，階層構造が変化することが予測されている。ダンは自分がしたいことに集中できるようになるようだ。つまり，地域との橋渡しと「資金の仲介者」である。実際に資金を求める仕事は，補助金申請を書く熱意のある誰かに任されるだろう。夏に2名の職員が別の職を探して退職したが，マルチプレックスに最も長くいる職員はまだ働いている。

IX　要約

　この章では，プログラム管理者の説明責任の欠如によって職員たちの不満が増大したように見えていた事例についての組織的介入を記載した。

　「現れている問題」にシステムズセンタードの視点で取り組むと，非友好的で対立的になりやすい状況（あるいは表に出ない欲求不満に閉じ込められそうな状況）を，単純に各部門の役割と目標の明確化と，より上位の文脈を思い出すことに焦点をあてることで，生産的な対話に導いてい

とができる。

　違いを個人のせいと捉える傾向（例えば, 規範や想定から外れる個人を標的にすること）は, それによって回避され, システムはそのシステム内における各役割の境界を定義づける構造[訳注3]に焦点をあてる。そうすると, その役割に就いている個人ではなく, その役割のパフォーマンスを高める推進力と, 低くする抑制力について, より広い理解が得られる。

訳注3) 各役割に伴う行動の範囲（すなわち各役割の境界）を定めている構造（例えば勤務時間や権限など）のこと。

第4章
愚痴から戦略へ：
システムの力動を学ぶ
学習の場としての全職員会議の活用

ドロシー・ギボンズ　認定臨床社会福祉士
（コンサルタント）

　この章で述べるのは，ある社会福祉機関の月例の全職員会議で，ある部門のスタッフが機能的サブグルーピングを10カ月にわたって実験した結果である。この実験は当初，この全職員会議で生じるスタッフのフラストレーションを減らすために計画された。ところが驚いたことに，機能的サブグルーピングによって，このスタッフたちはいかに自分たちがフラストレーションを感じないようにしてきたかに気付くようになり，結果的によりフラストレーションを意識するようになった。サブグループシステムが，彼らのフラストレーションの受け皿となることで[訳注1]，スタッフは活力に満ち，全職員会議の場で生じているシステムの力動について好奇心を抱くようになった。システムの力動への理解が深まるにつれ，スタッフは全職員会議でその機関の官僚的なシステムと交渉するにあたり，より効果的な戦略を開発していった。しかし，もっと重要なのは，スタッフがシステムの力動についての知識を，自分たちのクライアントや家族，集団と関わる際に，より治療的なシステムを作りあげるために用いるようになったことである。

　「ロケーション（場），ロケーション，ロケーション」。場を強調するこの言葉で，私は自分の部門の臨床スタッフに，クライアントに対して，あ

訳注1）フラストレーションを感じている者同士で小グループ（サブグループ）を形成することを促すことで，フラストレーションを感じないようにしたり，フラストレーションに駆られて短絡的な行動をとったりするのではなく，フラストレーションを感じたままで抱えられるようになったということ。

るいは自分たちの働く小さな社会福祉機関の官僚的な決定に対して，フラストレーションが生じるようなときにはいつも，その文脈に注意を払うことがいかに重要かを思い出させるようにしてきた。私たちの部門は，若年・性犯罪部門（以下 JSO 部門と略）であったので，当然のことながら，クライアントは力と権力に関わる問題をもっていた。私たちの機関は，気前のよい市の財源支援に慣れていたので，市の契約から，それに比べてはるかに利益の出ないマネージドケア[訳注2] に変更されたことは大きなストレスであった。文脈についての SCT 的理解に基づいて，私は，自分たちの目標を阻む壁にぶつかったとしても，この文脈の現実を念頭に置いておけば，フラストレーションを生じることはかなり少なくなるだろうとスタッフに伝えようと思っていた。私たちの部門は，SCT の理解を臨床場面に適用することはできた。しかし，自分の職場の現実を念頭に置いておくことははるかに難しかった。その機関で働くフラストレーションに対応するために，SCT で学んだことを用いようと意識的に決めてはじめて，私たちは，職場の現実に自分たち自身をきっちりと置いてみることの重要性を真に理解したのである。

　本章では，この機関の全職員会議に機能的サブグルーピングの技法を用いた 10 カ月の実験を詳細に述べる。この実験の結果，臨床スタッフはエネルギーを解放し，無力で不平ばかりこぼしている立場から脱し，そして，率先して問題解決にあたるようになった。スタッフたちは，被雇用者として官僚的システムと交渉することに熟達し，システムについて直に学んでいった。

　この非営利機関の若年・性犯罪の被害者と加害者の両方を扱う部門（JSO）の長として，私はシステムの視点で作業することの重要性を常に強調してきた。私は，クライアントの信念やふるまいを形作るのに関与してきたシステムの層，例えばクライアントの家族，隣人，学校，法的システム，文化などに注意を払うことの重要性を強調した。クライアントの生活は，こういったシステムの中に入れ子状態になっていて，それゆえに，そ

訳注2）　マネージドケアとは，米国の医療保険制度のことである。提供できる医療サービスの内容は保険会社によって定められ管理されている。この機関では，それまでは市からの潤沢な資金で自分たちの思うようなサービスが提供できていたのが，マネージドケアに変わってそれが困難になったのだろう。

ういった層の価値観や規範に大いに影響を受けていた[訳注3]。システムズセンタード理論では，そういったシステムの層をシステムの**階層**と呼び，その階層内のシステムはみな**同形**である，あるいは構造や機能において似通っていると仮定している（Agazarian, 1997）。システムズセンタード理論によると，ある特定の時点で私たちが何者であるかは，個々人の特徴よりも，私たちがどのシステムにいるかが，より関係している。こうしたシステム力動の理解に基づいて，ひとたびクライアントが治療に導入されたなら，私たちの部門はその人の人生に影響を与える同形的システム階層の一部となること，ゆえに私たちの部門が設定した規範はクライアントに関わる臨床業務に影響するのだということを私は強調した[訳注4]。この同形性を念頭において，私たちは会議でのコミュニケーションのパターンをチェックした[訳注5]。私たちは相違をめぐってサブグループを形成し，クライアントとの臨床業務と同じように，職場の中でスケープゴートや患者役を生み出したくなる自分たちの衝動に注意を払った。

　私が部門長として雇われた1998年（私は3年間で4人目のJSOの部門長だった），この部門は深刻な問題に直面していた。すなわち，臨床スタッフの離職率の高さや，クライアントの出席率の低さ，治療コンプライアンスの低さなどの問題である。治療計画はかなり時代遅れで，経過記録は何カ月も遅れていた。また，臨床スタッフはクライアントとの権力闘争と，

訳注3）　例えば次のような入れ子状態が想定できる。その地域の文化⊃家族⊃クライアント。クライアントの生活は，地域および家族の価値観などから大きな影響を受ける。

訳注4）　ここでは次のようなシステム階層を意識しておくのが重要だろう。この社会福祉機関全体（全職員会議を含む）⊃JSO部門⊃各ケース（臨床スタッフとクライアント）。クライアントが治療に導入されるということは，このシステム階層のうちの「各ケース」というシステムにクライアントが属するようになることを意味する。

訳注5）　ここでいう「会議」が，本章のタイトルにある全職員会議を指しているのか，それともJSO部門内の会議を指しているのか，あるいはその両方なのかは明確でない。訳注4で述べたように，全職員会議も，JSO部門内の会議も，各ケースと同じ階層内にあるため，各臨床ケースと何らかの同形性を示す可能性がある。ただし，全職員会議よりもJSO部門内の会議の方が各ケースに近いレベルにあるため，JSO部門内の会議の方が同形性も高い傾向があると思われる。すなわち，JSO部門内のコミュニケーションで何か気付くことがあれば，それは各ケースに関わる情報の可能性がある。

当時その機関の別の地位を得ていた前の部門長との権力闘争の両方に巻き込まれており，一触即発の雰囲気があった。システムの同形性から示されるように，こういった問題は，JSO 部門だけのものではなく，機関全体に存在していた。私が担当した最初の 1 年間のスタッフの交代率は 86% であり，最初の 18 カ月に最高経営責任者（以下 CEO と略）は 3 人替わった。機関全体の統計調査を行った市は，私たちのことを「カオスに陥っている機関」と表した。そして，機関全体が争いと不平の雰囲気で満たされていた。

I　境界を作る

　JSO の新しい部門長として着任し，組織全体の混乱状態を初めて目にした私は，「円陣を組んで守りを固める」こと，そして，臨床的に健全で，収益性のある部門を築くことに集中しようと決意した。私は，JSO 部門と機関内の他の部門との間に強固な境界を作ることで，それを実現した。私は，指定された役割をはるかに越えた運営上の仕事をしばしば引き受けることで，意識的にこの機関全体に存在する制限やフラストレーションを自分たちの部門の意識の外に追いやった。医療記録部門やインテーク部門などの問題は私たちの部門に直接影響してくるため，それら他部門にもてこ入れするように働きかけた。事務的なことで問題があるなら，私がその機関の運営者たちと調停できるように，私のところに相談にくるようにスタッフに勧めた。同時に私は，機関における非公式な情報は，それが公式なものになるまでは，自分たちの部門に入ってこないようにした。

　こうして，JSO 部門の治療者という臨床的な役割は強調し，その機関の被雇用者という役割は強調しないような厳格な境界線を保つことで，私は凝集性のある臨床チームを作ることができた。数年間は，この「円陣を組んで守りを固める」という方法がチームの育成に役立った。臨床業務に関する限り，この「孤立政策」は機能的であった。5 年間という部門長としての私の任期において，JSO は最も離職率が低い部門であり，マネージドケアが調査した記録に関する法令遵守のスコアは最高値（95%）であり，若年・性犯罪者に対する治療の効果は市全体で最高ランクの評価を受けた。加えてクライアントの出席率も最高値であり，結果的に，JSO 部門はその機関で唯一の黒字部門となった。

　システムズセンタードで訓練してきた経験からして，この成功は長くは続かないことは分かっていた。遅かれ早かれ，上位システムの問題が私たちの部門に影響を与えてくるだろう。避け難いシステムの**同形性**が私を脅かした。私たちの部門が勢いを失い，低いパフォーマンスという機関全体の平均的レベルに屈することになるのか，機関全体の運営上の問題の数々が臨床スタッフをいらだたせ，業務にも影響が出始めるのか，そのいずれかに陥ることは時間の問題だった。しかしながら私は，私たちの部門と管理部門との間にやや閉鎖的な境界を保ち続け，臨床スタッフの注意を臨床業務に向けるようにしていた。私が部門長になって 5 年目には，この境界をやや閉鎖的に維持することはいよいよ困難になっていた。その機関には「非難の文化」が広がっていた。例えば，臨床スタッフの何人かはいつも標準を越えたサービスを提供しているというデータがあるにもかかわらず，臨床スタッフ全員の機能が低いと CEO が会議で発言する。そうすると今度は，臨床スタッフたちが，そういった批判を逸らすために，機関の隅から隅まで，それこそ臨床部門から会計部門まで，他の部門の仕事ぶりを槍玉にあげ始めた。1 年ほどかけて少しずつ，機関のこの「盛況なドラマ」に JSO の臨床スタッフたちもじわじわと巻き込まれていった。廊下で否定的なうわさ話に加わったり，絶えず労働環境に不平を言ったり，管理部門について皮肉な意見を言ったり，自分たちが無力であるようにふるまったりすることが目に付くようになった。その機関の問題から自分たちを守ってくれない私に対しても，臨床スタッフたちがフラストレーションを募らせていたことに私は気付いた。そして，機関全体へ意識が向くと，一番重んじている臨床業務からいかに私たちのエネルギーが削がれてしまうかにも私は気付いた。

　部門長として，私もまた無力感とフラストレーションを感じていた。私はその機関の動向について臨床スタッフよりも多くのことを知っていたし，管理上の決定事項の多くに深刻な懸念を抱いてもいた。しかし，部門長としての役割に就いたまま自分のフラストレーションを表出したり，不平やうわさ話に加わったりしたら，自分の役割を損ない，システムに**ノイズ**をもたらすことになるということは，システムズセンタードの実践者として分かっていたので，そうするわけにはいかなかった。私は，機関全体と

自分の部門との間に強固な境界を保つことで，臨床業務にとっては恵まれた環境を生み出していたが，自分たちが被雇用者として働く機関そのものの文脈にスタッフが気付くことは制限していたということが分かってきた。また，理想化されたリーダーとしての私に依存する文化を不用意に生み出していたので，今や私は自分が助長した文化による代価を味わうことになっていた。

スタッフが不平を言えば言うほどに，組織に対するその非現実的な期待に私のフラストレーションは募っていった。機関の管理者チームと作業する際に私がいつも体験しているフラストレーションを，何とかして彼らにも直接体験させられないものだろうかと自分が望んでいることに気付いた。そして，全職員会議では，私自身も他の臨床スタッフと同じレベル，あるいは同じサブシステムの中にいるのだと気付いたとき，解決策が思い浮かんだ。全職員会議の文脈においては，私たちはみな被雇用者というサブシステムに属しており，私が部門長の役割において感じていたのと同じようなフラストレーションや無力感をみな味わっていたのである。異なっていたのは，この会議では私は境界を保つ役割という責任を担っていなかったことである。全職員会議では，私たちはみな同じ情報と体験に開かれていたのである。全職員会議には管理者サブシステムと被雇用者サブシステムがあり，管理者サブシステムは非常に能動的であり，被雇用者サブシステムは受け身的であった。

SCT の見地から考えていくうちに，全職員会議に欠けていたのは中間サブシステムだと分かった[訳注6]。それは，それぞれ機関の階層により特定の役割があるにせよ，機関全体の共有された目標に向けて，私たちみんなが力を合わせられるような場である。私たちは，自分たちの働くエネルギーが繋がるような方法を必要としていた。機関のため，そしてクライアントた

訳注6）ここでは，全職員会議というシステムに存在する以下のようなシステム階層を意識している。全職員会議というシステム全体⊃中間システム⊃個人（会議への参加者たち）。管理者サブシステムと被雇用者サブシステムという中間システムも存在するのだが，これらは固定的なシステムであり，紋切型のサブグループということになる（第1章の訳注11（p.33）を参照）。ここで「中間サブシステムが欠けている」と言っているのは，「機能的サブグループとなる中間サブシステムが欠けている」という意味，すなわち「その時の感情や思考などの類似性で繋がる，流動的なサブグループに欠けている」という意味であろう。

ちのために，共通の目標の達成に向けて私たちの資源をすべて繋げられる
ような方法を私たちは必要としていた。言い換えると，機関内に存在する
エネルギーを汲み上げて機関全体の目標に向けていくことを媒介するシス
テム，つまりSCTでいうところのサブグループシステム（Agazarian, 1997）
を必要としていた。このことを頭において，私は，全職員会議にサブグル
ーピングシステムを作り上げる実験に，JSO部門で乗り出すことを勧めた。

II　着手する

　全職員会議の席についていると，何かが欠けていることが分かった。会
議は一見，いわゆる普通の会議に見えた。つまり，議題を掲げ，報告し，
ときどき何かが決定される会議である。しかし，それは死んだような空間
であった。機関の職員たちは生気がなく，応答性に乏しかった。部門内の
会議ではエネルギーやアイディアやユーモアに溢れていたJSO部門のスタ
ッフも，この月例の義務的な全職員会議では伏し目がちに沈黙しているだ
けだった。私が孤立した意見に加わってサブグループを形成しようとして
も，そのあとに続くのは気まずい沈黙だけで，また次の議題へと進んでい
くのだった。
　私はこうした事態に，まず部門内の会議で触れていった。私はスタッフ
に，会議での沈黙のパターンを私がどう捉えているかを伝え，これらの会
議で感じているフラストレーションについて話した。臨床スタッフが部門
内の会議ではいつも使っている機能的サブグルーピングを，全職員会議で
は用いていないということも指摘した。そして，全職員会議中に私のよう
にフラストレーションを感じている人はいないか尋ねた。少しの沈黙のの
ち，スタッフは，フラストレーションというより無力感を抱いていること
を話し始めた。彼らは，自分たちが「無感覚になって」，「ぼうっとしてい
る」と言った。あるメンバーは，「電子メールで会議しているような単調さ」
だと表し，別のメンバーは機関がこの会議のために準備するサンドイッチ
を「退屈しすぎて死ぬ前の最後の晩餐」と思って食べているのだと言った。

III　抑制力を同定する

　自分たちの平板な感覚をスタッフが探索していくにつれて，彼らのエネ

ルギーは増していった。私は，全職員会議で機能的サブグルーピングを使うことを抑制しているものは何かを探索していった。グループでの抑制力を見つけて軽減していくSCTの手法は以前からJSO部門に導入していたので，この過程への移行は比較的容易であった。スタッフが述べたのは，ほとんどの意見が会議では無視されるか，「そうですね，でも（yes-but）」（というコミュニケーションパターン）で打ち消されてしまうので，なるべく目立たず，自分たちに注意が向かないようにふるまうことが身についているということだった。彼らには，自分が声高に主張したり，孤立した意見に同調したりしても，孤立無援になるだけだという否定的予測があった。またスタッフたちは，被雇用者としての私たちの役割は，ただ静かに聞いていて，発言や質問で議題を長引かせないことだという暗黙のメッセージがあるようだと話した。彼らは，この会議には議題を手早く進めて会議を早く終わらせないといけないという圧力があるように感じていた。

　いくつかのことが明らかになってきた。第1に，全職員会議で機能的サブグルーピングをするのは何のためかという明示的目標がなかった。JSOの会議では，私たちは部門内の対立に対処し，臨床業務に適した雰囲気をもつ環境を作っていくために，機能的サブグルーピングをしていた。しかしより大きな機関全体では，機能的サブグルーピングをするための明確な動機づけがなかったのだ。第2に，機能的サブグルーピングシステムは自然に生じるものではなく，意識的に作りあげるものだということである。機能的サブグルーピングシステムを明確に作動させない限り，全職員会議で誰かが賛同したり意見を付け加えたりしようと決めたとしても，誰の支援もなく1人でそうすることになってしまう。

　そこで，私たちは，全職員会議の中でサブグループシステムを作るための推進力と抑制力をめぐって部門内で意識的にサブグルーピングしていった。管理者たちが私たちの意見を聞きたいとも思ってないような全職員会議で，なぜサブグルーピングするために悩まなければいけないのか，その無益感が主な抑制力となっていた。しかし，私たちの意見が正しいと管理者を説得することが実際に機能的サブグルーピングの目標ではないということが明らかになってくるにつれて，スタッフは機能的サブグルーピングを雰囲気作りの手段とみなすようになっていった。つまり，エネルギーや

アイディアが会議に滲みだしていくチャンスがあるような空気を作るための手段である。こうした理解のもと，スタッフは，部門より大きな機関という文脈の中で，機能的サブグルーピングを試してみる可能性に好奇心を示し始めた。以下のような SCT の仮説を試す機会になると認識したことが推進力となった。全職員会議での良い変化は，私たちの部門にも，ひいてはさらにその下位にある治療者−クライアントというシステムにも良い影響を与えるだろう。私たちは，新しいアイディアが「呼吸する」機会を得るような雰囲気を作ることができるだろう。私たちは会議でサブグループチームの一部となることができ，自分が発言するときに，誰かが賛同してくれると信じることができるだろう。そして，会議の内容が退屈なものであるときにも，自分たちの「実験」がどうなっているかに注目するようになるだろう。

　私たちが全職員会議でサブグループシステムを作るという実験を決意するとともに，部門内のエネルギーは著しく増加した。スタッフは，チームの一員としてこの会議に参加するのだとか，互いにアイコンタクトをとることが機能的サブグループを作り維持するために大事だとか熱っぽく話し始めた。彼らは，お互いが見えるように，会議でどこに座るかも意識しようと決めた。あるスタッフは私たちチームのことを「合流作戦（Operation Join）」と呼ぼうと提案し，すぐその名前が採用された。私たちは次の会議に渋々参加するのではなく，参加が待ち遠しくなってきた。私たちの仮説には2つの要素があった。まず，サブグループを形成したなら，会議に対してフラストレーションや無力感を抱くことは減り，結果的に会議の雰囲気を変えられるだろうということ。そして，最終的には機関全体に変化を及ぼす可能性が大いに高まるだろうということである。

Ⅳ　合流作戦，発動する

　翌月，私たちが合流作戦を発動する時がやってきた。皮肉なことに，CEO は従来と違う会議の配置をとっていた。職員たちの椅子を整然と前を向くように並べ，自分はテーブルの前に立って会議を仕切り始めた。行き当たりばったりなそれまでの方法からの新展開であった。いつもは，普通に部屋に配置された椅子の中から適当に席を選ぶというものだった。

CEO は冒頭で，教室のような席の配置の方がもっと生産的な会議になる
だろうと話したが，彼もまた全職員会議に満足していないということ自体
は糸口になると思われた。椅子の配置の関係でアイコンタクトはとりにく
かったが，JSO のスタッフは何度か他者の意見に賛同（join）し，新たな
要素を積み上げ（build）しようとした。しかし，会議の雰囲気は，いつも
より緊張感があった。会議の終盤に向かって，CEO とある部門長とがお
互いに皮肉を言ったり，「そうだね，でも」の形で応酬したり，相手の話
を遮ったりして議論をし始めた。目の前でそのやりとりを見ていた多くの
スタッフを落ち着かない気分にさせたまま会議は終わった。合流作戦の初
日にそのような出来事が起きたことは不運だったと私は感じた。そして翌
月の会議ではもう少し良いスタートが切れることを願った。

　しかし，その日の JSO スタッフの反応は予想外だった。午後ずっと，臨
床スタッフは会議での興奮とエネルギーに満ちた様子で私のオフィスに立
ち寄ってきた。合流作戦は会議中には私たちの望んだようにならなかった
にもかかわらず，JSO のスタッフはまったく違う姿勢で会議に臨んでいたの
だった。彼らは，自分たちが作り上げようとしているシステムの一員とし
ての感覚をもって参加していた。彼らはもはやパーソンシステムに隔絶さ
れていなかった[訳注7]。合流作戦というサブグループシステムのメンバーにな
ることで，彼らはメンバーシステムの視点を持つことができ，自分が目に
した出来事に多角的視点を適用できるようになっていた。彼らはもはや会
議の不快感を誰か個人のせいとして捉えていなかった。その日の午後，私
との会話でスタッフは次のようなことを興奮しながら話していた。例えば，
整然と並んだ椅子のような部屋の物理的構造がどれほど雰囲気に影響する
かとか，コミュニケーションのほとんどがいかにトップダウン的で，SAVI
[訳注8]で赤信号にあたるものだったかとか，自分たちが会議で声を上げるこ

訳注7）　自分たちをとりまく環境（上位システム）の視点を欠き，自分中心の狭い視点
　　　だけで考えたり感じたり行動したりしているとき，その人は「パーソンシステ
　　　ムに留まっている」と言われる。上位システムの状況や上位システムにおける
　　　自分の役割も視野に入れて行動できるようになると，その人は「パーソンシス
　　　テムを越えてメンバーシステムに入ってきた」と表現される。

訳注8）　SAVI とは，言語的相互作用の分析システム（System for Analyzing Verbal
　　　Interaction）というコミュニケーションを分析する手段のこと。第6章で詳述
　　　される。

とへの抑制力は何だったのかを大いに関心をもって探索していたとか。

　その後数カ月にわたって，合流作戦は全職員会議を少しずつ変えていった。前月のような教室型の構造を避けるために，ある JSO スタッフは翌月の会議の椅子の準備を引き受けると申し出た。そのスタッフは，どの席からも出席者の約 75％が見えるような角度で椅子を配置した。面白いことに，いつも部屋の準備をしていた補助職員は，この新たな構造をその後の会議にも採用していった。私たち JSO 部門は，四角形の各辺に散らばって座り，お互いがアイコンタクトをとれるようにするとともに，同じ部門は同じ場所に固まって座るというこの会議の規範を変えていった。合流作戦が，賛同（join）し，新たな要素を積み上げ（build），そして CEO も含めて人を賞賛するという規範を会議の中で確立していくにつれて，より多くの参加者が声を上げるように，特に論争ではない発言をするようになった。数カ月後，会議はもっと快適になり，雰囲気も軽くなり，笑いが出るようになった。以前は決して発言しなかったメンバーも声を上げるようになった。特に，他のスタッフが良い仕事をしていることを褒める機会があるときに，そうした発言が見られた。JSO スタッフが孤立している意見に賛同（join）し，積み上げ（build）していくにつれて，他の職員たちもそれを真似るようになり，話題がいくらか論争の的となりそうなものであってもそうするようになった。

V　合流作戦から学ぶ[訳注9]

　合流作戦，あるいは機能的サブグルーピングシステムの構築は，全職員会議に影響を与えただけではなく，JSO の凝集性と生産的エネルギーも増加させた。私たちは，合流作戦について部内会議で話し合い始めた。私たちは，全職員会議をシステムの視点から振り返り，自分たちが学んだこと

訳注9）　システムズセンタードでは，実習後に「驚いたこと，学んだこと（surprises and learnings）」という振り返りを行うことが多い。これは感想を「驚き（surprises），学び（learnings），満足（satisfactions），不満（dissatisfactions），発見（discoveries）」という5つのカテゴリーのいずれかに落とし込む形で表現し，参加者たちでシェアするものである。この節のタイトル「Learnings from Operation Join」も，それをもじったものであろうと思われる。この節の途中に「発見」が出てくるのも，それを裏づけている。

を臨床業務に関連させようとした。ほとんどのスタッフはシステムの概念について基礎的知識を少なからず持っていたが，同じ場で生の体験を分かち合うのは初めてだった。部内での振り返りは，自分たちの理解を深めたこの経験をめぐってサブグルーピングする好機となった。そしてスタッフたちは，いくつかのシステムズセンタードの概念を新たに再発見することになった。例えば，パーソンシステムにいるか，メンバー役割にいるかによって，会議での自分たちの体験が違ってくるということ。また，自分の声はグループの声であるということを意識することで，システムの視点を保ちやすく，物事を単に個人のせいと捉えにくくなること。似たところに加わっていくと，会議の雰囲気が変化すること。特定のコミュニケーションや行動パターンが，システムの発達段階を同定するのに役立つことなど。

　合流作戦を試した最初の数カ月で学んだ重要なことの1つは，スタッフが逃避的なふるまいを減らし，積極的に会議に関わり始めたことで生じた違いである。JSOスタッフがアイコンタクトをとり，そしてサブグルーピングするにつれ，彼らの感覚は無力感からフラストレーションへと変化していった。彼らはまた，「無感覚になったり」，「ぼうっとしたり」，逃避的な防衛で孤立したりするよりも，フラストレーションを感じている方がはるかに心地よくて活力に溢れていること，サブグループの中で抱えられながらだと特にそうであることを学んだ。

　何が自分たちにフラストレーションを引き起こしたのか，スタッフがその引き金に関心を寄せるにつれて，期待と現実状況との違いにイライラしているのだということが彼らに分かってきた。現実あるいはこの機関の現実領域の上に，SCTでいうところの地図訳注10)，あるいは認知的な歪みが重ねられたために生じた副産物がフラストレーションであることに彼らは気付いた。こういった地図の1つは，全職員会議はイライラさせるものであってはならないという信念であった。被雇用者の大多数は社交的やりとりを全般的に楽しんでいたため，スタッフは，会議を心地よいものにする

訳注10）私たちは大人になっていくにつれて，頭の中に「私は○○な人である」とか「世界は○○である」といった地図が出来上がっていくとシステムズセンタードでは考えている。そして，現実を目の前にしたとき，その自分の頭の中の地図を現実にあてはめて見がちでもある。もちろん，その地図は目の前の現実とは異なっていたり歪んでいたりする面もあれば，異なっていない面もある。

ことは易しいことだという仮定のもとで動いていた。私たちは，「ある特定の時点で私たちが何者であるかは，私たちの個人的な特性よりも，どういうシステムの中に私たちがいるのかということの方と，より関係がある」という SCT の仮説を探索した。スタッフは，自分たちがしばしば集団力動によってコントロールされることを直に理解し始めた。そして性的虐待の家族，犠牲者，加害者に関わるときにもその理解が重要であることも理解し始めた。

　スタッフが気付き始めたもう 1 つの地図は，全職員会議は JSO 部門の会議のように運営されるべきだ，という思考であった。JSO の会議のリーダーは民主的なリーダーシップ・スタイルをとり権威主義的な階層よりも機能的な階層を信頼し，互いの相違点が対立の引き金ではなくグループの資源となるように機能的サブグルーピングの規範を作りあげていた。スタッフたちはそうした会議に慣れていた。だから当然のことながら権威主義的なスタイルで運営される会議の窮屈な雰囲気に切り替わるのは，彼らにとって不快だった。その変化は不快であったにせよ，JSO 部門が目指していた理想に見合わない何かが全職員会議で起きるたびに憤激（outrage）[訳注11]の昂りを体験するよりは，全職員会議における現実を見据えつつ，そのフラストレーションを存分に自覚している方がましだということを彼らは分かりだした。

Ⅵ　乱気流にぶつかる

　7 カ月目，CEO が混乱したメッセージを発したのを機に，合流作戦は難関にぶつかった。CEO は，機関の財政状態は良好だと言う一方で，しばらくは事態が厳しくなるだろうから残業が必要になるだろうとも言ったのだ。

　このスピーチの後，しばらく沈黙があったかと思うと，合流作戦のメンバーたちは活発に動き始めた。しかしそれは，合流が生じるような雰囲気

訳注 11）自分の思いと異なる現実に直面するとフラストレーションが生じるのは自然なことである。それに対して，憤激（outrage）というのは，上述したような自然なフラストレーションに留まらず，「いかに自分は良い／正しくて，いかに相手が悪い／間違っているか」といった思考によってフラストレーションを増幅させていくことで生じる情緒だと SCT では考えている。憤激になるにつれて，現実から離れて自分の思考の世界に入っていく点がポイント。

を作り出すという目標を意識した行動ではなく，混乱したメッセージに対する反応だった。フラストレーションに溢れて，彼らは曖昧さと矛盾の背後にある本当の情報を読み解こうとした。彼らは CEO に，機関の財政状況と自分たちの職の安定性について直接問いただし始めた。CEO の答えがますます曖昧になるにつれて，臨床スタッフたちはさらに質問を重ねて合流していった。彼らはまた，CEO の発言に含まれる矛盾も指摘し始めた。スタッフたちは不安で怒って欲求不満になっており，口調こそ丁寧だったものの，情報を引き出そうという衝動を抱えきれていなかった。

　合流作戦がこの会議で繰り広げた行動のタイプに，私は驚くとともに心配になった。私は数日間，合流作戦の経過を 1 人で振り返り，スタッフが全職員会議で公然と CEO と戦うようにさせた面がなかっただろうかと考えた。私自身が CEO に対して持っていた権威の問題[訳注12]を，彼らが行動化するように仕向けていただろうか？　私の部門のメンバーに合流作戦へ加わることを勧め，機関の規範から外れた行動をさせたことで，彼らの身を危険にさらしたのだろうか？　それとも機関全体の文脈と，JSO 部門の文脈との本当の違いを強調し損ねたのだろうか？　そのために臨床スタッフたちは，機関の規範からすると度を越した行動，あまりにもその規範から異なっていて機関から支持されないような行動をしたらどうなる可能性があるかということについて，十分に気付けなかったのではないか？

　次の部門内会議で，私は部門のメンバーたちに，合流作戦は闘争の段階に入ったのだろうかと尋ねた（SCT では，闘争はシステムの発達の 2 番目の段階である）。初めスタッフは闘争には気付かなかったと断固として否定した。だが，最終的にはあるスタッフが，彼女自身とてもフラストレーションを感じていたのが分かっていたし，機関の現状についてはっきりとした答えを「何としても手に入れる」と腹を決めていたのだと話した。次第に他のメンバーたちも，いかに自分たちがフラストレーションや恐れを闘争のエネルギーに転化していたかに気付き始めた。あるメンバーは，「チアリーダーだった合流作戦が攻撃陣（offensive line）に変形していた」と（訳

訳注 12）　権威の問題（authority issue）とは，依存と自立，服従と反抗，上下関係などにまつわる問題のこと。第 1 章の訳注 50（p.55）や第 5 章の訳注 17（p.155）も参照。

注：アメリカンフットボールに喩えて）コメントした。私自身も強いフラストレーションと攻撃的な気持ちと不安を体験していたことが分かり，彼らに賛同することができた。この闘争は，強度のフラストレーションを何とかしようとして生じた反応なのだと気付くと，彼らの闘争的な行動ももっともなものとして考えることができた。より一般的な逃避の防衛に入り込んだ参加者もいたけれど，合流作戦のメンバーたちはフラストレーションを体験していたのだ。私たちは機能的にサブグルーピングして，以前のようにぼうっとしたり無感覚になったりしないように互いをサポートし合っていたので，フラストレーションの不快感にはるかに敏感になっていた。SCT の見地からすると，このエネルギーの増加は，たとえそれが闘争のエネルギーであっても，システムが発達する推進力だった。現実の文脈に関わるフラストレーションを十分に意識しているということは，私たちはもはや逃避の段階にいるのではなく，機関の現実に関わっていることを示していた。そうなると次の課題は，CEO との闘争に入り込んでいくのではなく，フラストレーションを抱えながら，そのエネルギーを全職員会議における自分たちの役割を果たすことに活用していくことだった。

Ⅶ　役割，目標，文脈という SCT の枠組みを使う

　まず私たちは，機関全体を文脈として，すなわちその中で私たちが働いている文脈として見た。この文脈は職場であり，そこには実際に権力の差異が存在すること，良い臨床サービスを提供するという目標があることを私たちは確認した。また，この機関は精神保健分野というさらに大きな文脈の中にあること，その分野はマネージドケア会社から資金を得ていること，提供した臨床サービスに対するマネージドケア会社の支払いが安価であり，そのために機関の安定度や財政的な健全度が弱まっていることも話し合った。このようにより大きな文脈に置いて見ると，私たちの被雇用者としての役割は，良い臨床サービスを提供すること，利用率を満たすこと，監査が通って資金が得られ続けるような記録をすることだった。自分たちの仕事が気に入っているかどうかとか，この機関に好感を持っているかどうかは，自分たちの仕事ぶりに影響が出なければ重要なことではなかった。この文脈の中で自分たちの役割を見てみると，私たちは臨床的な目標にお

いても財政的目標においても自分たちの優秀さを支持するデータを持っていることが分かった。それにもかかわらず私たちは，この機関で体験することを個人のせいとして捉え，自分たちがこの機関で満足に働くことを妨げるようなたくさんの力に対してフラストレーションでもって反応していた。例えば，この機関という文脈においては，会議では関与するよりも関与しない方が標準であり，トップダウンのコミュニケーションのパターンや，情報伝達の妨害となる曖昧な，あるいは矛盾したコミュニケーションのパターンが標準であった。マネージドケアの環境という全体像がはっきりしてくると，機関の財政的な困難を話したがらなかったことをCEO個人のせいにする見方から離れることができた。また私たちは，そうした機関の標準をすっかり誰か個人のせいにするのかしないのかは，自分たちが選択できることだということにも気付いた。そして，もし機関の標準やそれに伴うフラストレーションを単に誰か個人のせいにしない方を選択したならば，難しい立場にいるCEOに共鳴する機会が得られるだけでなく，私たちが関わる思春期のクライアントたちと共鳴する機会も得られることに気付き始めた。法廷で裁かれる性犯罪者として彼らも，（裁判官，保護観察官，ケースマネージャーなどから）権威主義的なコミュニケーションを受けるのだし，分かりにくいコミュニケーション・パターンの受信者にも発信者にもなるのだから。

　次に，私たちは全職員会議の目標を見直した。そして，暗示的な目標と明示的な目標の双方を確認した。（SCTでは，はっきり述べられている明示的目標と，行動から推測されうる暗示的目標とを識別する）。述べられている明示的目標は，この機関の進捗状況，問題，ニュースを被雇用者に伝えることだったにもかかわらず，暗示的目標は，被雇用者に疑問や懸念を生じさせるような情報を彼らから遠ざけておくことだった。会議は「見せかけ」のものであり，CEOやCFO（訳注：最高財務責任者）は，情報をうやむやにする冗長で曖昧で矛盾をはらんだ言葉の背後に姿をくらましていた。スタッフもまた，物理的にはそこにいても，ぼうっとすることで姿をくらましていた。部門として私たちは，互いに姿をくらますことが，いかに機関の恒常性に寄与していたかを見ていった。お互いに姿をくらますことで，スタッフを問題から保護することになっていたし，機関が直面

している困難に関わったり，あるいはそれを解決したりすることを妨げることになっていた。それから私たちは，合流作戦の目標を振り返り，自分たちもまた暗示的目標に向かって動いていなかったか検討した。明示的目標は，フラストレーションを抱えてくれる支持的なサブグループを機関の中に作り上げることだが，暗示的目標はその達成にマイナスの影響を与える。合流作戦での自分たちの体験を検討するにつれ，支持的なサブシステムを作ることを意図していたにもかかわらず，どのように会議を進めるかをCEOに教示したり，会議でCEOに立ち向かうのに自分たちのシステムを利用してお互いを支え合ったりして，私たちはCEOに対する権威の問題を行動化していた面もあったことに気付いた。より友好的でオープンな環境を作り出そうと意図していたにもかかわらず，CEOとCFOは言い逃れや矛盾によって彼らの権力あるいは「腕力」を行使しているものと解釈して，自分たちの腕力を示そうと対抗し始めていたのだった。悔しいけれど，私たちはまさにこのシステムの一部だった。この発見から，思春期のクライアントたちがしばしばグループで示すような「表向きは従順，裏では反抗」というパターンを，自分たちも再演していたことが分かった。

　それから私たちは，機関の中での自分たちの役割に目を向け，被雇用者，臨床家，そして合流作戦のメンバーという3つの役割は調和しているのか，それとも相矛盾しているのかを検討した。私たちがこの疑問を検討するにつれ，どれほど自分たちの地図やこうあるべきという信念が，これらの役割が調和することへの抑制力になっていたかに気付いた。以前，全職員会議での私たちの地図を部門内会議から識別したにもかかわらず，私たちは，被雇用者としての自分たちの役割と，臨床家としての自分たちの役割をまだ混同している面があった。臨床が焦点となる部門内会議の中やクライアントとの関わりの中で自分たちが作りあげたシステムと異なるからといって，私たちが全職員会議に批判的になっていたという点において，私たちは，全職員会議という臨床とは異なる文脈の中で，まだ臨床家の役割にしがみついていたのである。私たちは，全職員会議でのフラストレーションを何とかするために合流作戦というものを作りあげたにもかかわらず，全職員会議という文脈の中に十分に入り切っておらず，臨床的役割に「片足残したまま」になっていた。合流作戦における私たちの役割について探索

していくにつれ，「この会議という現実のシステムに十分に合流（join）していこう！」というよりは，「私たちの行動に合流して！」という暗示的メッセージとして賛同（join）を用いていたことが分かってきた。私たちは，より大きなシステムに十分に合流できないことがどんな影響を及ぼしていたかを探索した。そして，私たちが距離をとり続けたことで，防衛的な雰囲気を和らげるのではなく，むしろそれを付加していたことを発見した。合流しようとふるまいながらも，自分たちが部分的にしか賛同していないシステムに対して，私たちは十分に支持的になれていなかった。

　次に私たちは，被雇用者としての役割を十分に担うことに対する抑制力について検討していった。分かったことは，臨床家の役割には身を投じている一方で，この機関に対しては私たちは十分に身を投じていないということだった。私たちは，自分たちのアイデンティティをただ JSO 部門の臨床家としてだけ捉え，被雇用者として機関に関わることは避けていた。そうすることで自分たちの不満を無視していたのだ。私たちは，臨床家でいることと被雇用者でいることの違いが身をもって分かりはじめた。そしてまた，自分たちには選択があるという気付きも得た。臨床家として自分たちがどうあるかという選択と，臨床家として自分たちがどこで働くのかという選択は別物だった。この機関は自分が働きたい場所なのかかどうか，それを自分たちが自由に決めて良いことに気付くにつれ，臨床スタッフたちの無力感は和らいだ。彼らは，自分たちが求めるものを得られるように上手く立ち回れるのか，この機関が臨床の仕事を支える環境になるような影響を及ぼせるのか，試してみたいと思った。

　全職員会議という文脈はおおむね防衛的であり，そこでの暗示的目標は，多くの大事な情報を会議の外へ追いやっておくことだと分かってきた。そして，私たちはまだ十分に被雇用者という役割を担えていないことも分かってきた。こうしたことが明らかになると，これからとるべき道も明確になった。私たちの務めは，システムやその中にいる誰かを変えようとすることではなく，自分たちもこのシステムの一部であると認識すること，そしてこのシステムにおける自分たちの役割を十分担うことだった。機関の防衛的な側面に焦点をあてたり標的にしたりするのではなく，支持的な環境を作ることが今の私たちの任務であった。それには，CEO を支持したり，

CEO と機能的なサブグループを形成したりすることも含まれていた。

　合流作戦を通して，私たちは会議に十分参加するために互いを支持し合う一歩を踏むことができた。私たちはまた，全職員会議で対立が少ししかないとき，あるいは全くないときには，生き生きとした心地よい雰囲気を作ることもできた。次の段階は，被雇用者としての役割を担うこと，対立が生じたときにもフラストレーションを抱えること，フラストレーションに対する自分たちの反応を修正することだった。機関の現実が変わってくれるように期待するのではなく，こういった現実に対する自分の関わり方を変えること，そして被雇用者として機関に影響を与えられるようなやり方を探し続けることが，私たちの任務だった。そして，私たちの被雇用者としての役割には，各被雇用者の臨床的役割を支えてくれるように機関が機能しているかどうかのデータを集めるという任務もあった。

Ⅷ　次の段階に踏み出す

　その後の何カ月かは，合流作戦は今までと異なる雰囲気だった。スタッフのうち誰か1人が CEO の隣に座るなど，彼らは明らかに CEO を会議で支持する姿勢を示していた。メンバーたちは質問する代わりに，「私は〜」と私を主語にした発言の仕方を意識的に使うようになった。彼らはアイコンタクトを用いながら，衝動を抱えたり，会議のペースを緩めたりするようにお互いに助け合った。そうすることで，何かを吐き出すという形で早急に反応するのではなく，賛同という形で応答できるようにした。会議以外のところでは，自分たちが臨床家として機能するのを阻むような機関の手順や，被雇用者の手当などの問題に取り組むにあたって，JSO スタッフたちはより能動的になった。フラストレーションが生じた際には，フラストレーションは情報であること，すなわち機関の機能レベルの指標として捉えられること，その情報は彼らがこの機関で働き続けるのかを決めるために必要であることを心に留めた。この時期，機関の財政的な危機に関するうわさが機関内でよく聞かれるようになっていったが，まだそれらのうわさを支持する，あるいは否定する有力な事実はまだ得られていなかった。

　最終的には，財政が傾いていることは本当であり，機関はより大きな組織に買収されることが分かった。さらに，買収のために機関は予算を整理

する必要があり，私のを含めたいくつかの管理職がなくなることも分かってきた。部門のスタッフはショックを受け，怒り，動揺したが，合流作戦でやってきたことがあれば，私との別れも大丈夫だろうと私は思っていた。10カ月の間，JSOスタッフたちは，単に個人のせいと捉えることなく自分たちの反応にオープンでいることを練習し，複合的なシステムの視点で考える力を育てていた。

　最後の部門会議で，スタッフは機関に残って働き続けた場合の私への「裏切り」の感覚について探索した。ここでも私たちは役割と文脈に焦点をあてて考えた。そして，裏切りとはSCTで言うところのパーソンシステムであると認識した。また，被雇用者としての彼らの個人的な感情や不満はあるにせよ，臨床家としての役割からみると一番に重視しなければならないのは臨床業務であることも分かった。自分たちの個人的感情が臨床業務に干渉するままにさせたなら，それこそ本当の裏切りである。グループとして私たちは，どのように機能的で支持的なシステムを部内に築いてきたか，いかにしてそうしたシステムをスタッフ同士やクライアントたちとの間にも築き続けられるかを探索した。彼らはもはや部門という外的な構造に頼っていなかった。すなわち，システムズセンタードの関係性の基礎がスタッフの中に内在化されており，彼らはクライアントとの間にそれを再現できるようになっていた。最後に私たちは，いかにして合流作戦が特定の部門に頼らずに機能していけるかを考えた。そして，管理者としての私に頼らないシステムを彼らが自分たちの間に作りあげていたことも振り返った。合流作戦を新しい状況でも活用できる方法を探索し，新しいチームが編成される際にこの機能的サブグルーピングのシステムを自分たちや管理者をサポートするために使えることを考えていくにつれ，わくわくする気持ちが湧いてきた。その日の終わりにスタッフの1人は，最後の部門会議が「涙祭り」になるのではないかと恐れていたと語ったが，それは希望に満ちたお別れだった。

IX　結び

　この機関を去って1年経つが，私はまだ自分の部門で働いていたスタッフの多くと連絡をとっている。よく考えた末に機関を去ることにしたスタ

ッフも何人かいる。残ったスタッフは，自分たちの臨床家としての役割と被雇用者としての役割を区別するのに，合流作戦はとても助けになっていると報告してくれた。合流作戦のメンバーたちは，互いに支え合い抱え合いながら，この機関での目標はクライアントのために働くことだと心に留めている。彼らは能動的になっており，機関が提供するスーパービジョンの質に不満を覚えるときには，同僚同士によるスーパービジョンの会を設けている。また，合流作戦は全職員会議での活動を続けており，チームには新しいメンバーも加わっていると聞いた。合流作戦は，より多くの人がこの機関の現実と向き合えるように助けてくれた。合流作戦によって，彼らは今ここにある機関の文脈全体の中に両足をつけて立つことになった。そして，その文脈の中で生じるフラストレーションを抱えてくれる支持的なサブシステムを合流作戦は提供したのである。

　合流作戦は，自分たちの職場環境を変える目的で始まったが，その経過の中で変わっていったのは私たち自身だった。仕事をする「場」が完璧であったり理想的であったりすることは重要ではないことを私たちは発見した。大事なことは，どんな場であれその職場の現実にしっかりと根ざすこと，そうして正確にその現実や，それが臨床業務に及ぼす影響を見極められるようにすることなのである。この機関の状況はいろんな意味で悪化しているが，残ることを選択したスタッフは，そうするという明確な意思のもと選択していた。彼らはもはや，依存的で無力で愚痴る役割にはいない。厳しい現実の状況にあって，自分の可能性を十全にひきだす道を探していこうと彼らは試みている。それはまさに，クライアントたちができるようにと，彼らが援助していることとちょうど同じなのである。

第5章
輪を広げる：臨床牧会教育者のための
グループワークにおける次のステップ

ジョーン・ヘメンウェイ　牧会学博士
（イェール大学）

　臨床牧会教育（clinical pastoral education）（以下，CPE と略）は，教育方法論の１つであり，心理学の知識（私たちは何者か）と，神学の知識（私たちは何を信じるか）と，教育手法（私たちはどのように学ぶか）とを組み合わせている。その目的は，神学生や聖職者や資格のある信徒たちが，宗教的にも社会的にも複雑きわまりないこの現代において，効果的なスピリチュアルケアを多様な宗教の人たちに提供できるように訓練することである。他の専門実習と同様に，CPE はさまざまな施設で提供される。それらには，医療センター，介護ホーム，刑務所，リハビリ施設，ホスピス，カウンセリングセンター，地域の信仰共同体などがある。CPE プログラムは，教育者（CPE スーパーバイザー）によって指導監督されている。彼らは，任命された聖職者か，教会で承認されたチャプレン[訳注1]であり，心理学，教育理論，集団力動の訓練を積んでいる[原注1]。

　CPE の教育方法論は，実践−内省−実践（action-reflection-action）の学習モデルに基づいている（Hall, 1992）。その１つとして，理論に重きを置いた毎週の教育セミナーと，適用に重きを置いた学生の症例提示の組み合

訳注1）　チャプレン（chaplain）とは教会以外の組織や施設に所属している聖職者であり，その所属する組織や施設内でさまざまな人の相談に応じている。喜劇王のチャップリン（Chaplin）と同じ発音であるが，日本ではチャプレンと表記されることが多いため，本書でもそのように記載する。

原注1）　CPE スーパーバイザーやトレーニングセンターは，CPE 協会〈1549 Clairmont Rd., Decatur, GA 30033(www.acpe.edu)〉の認定を受けている。アメリカ合衆国には 392 のトレーニングセンターと，685 人の認定スーパーバイザーがいる（ACPE 年次報告書，2003）。諸外国にも同様に多くのトレーニングセンターがあり，スーパーバイザーがいる。

わせがある。鍵となる教育的要素の１つは，３〜８人の参加者からなる少
人数のプロセスグループ[訳注2]である。非常に強烈で記憶に残ることが多い
このグループ体験は，すべての公認 CPE プログラムの必須要素となってい
る。この小グループ体験[訳注3]が持つ可能性を最大限に活用しようとするこ
とで，学生たちは，意義深い人間関係に関わることに向けた訓練を受ける
だけでなく，ますます複雑化する世の中の組織やシステムの力動（systems
dynamics）について理解を深めるようにも訓練されることになる。

I　仮説と６つの例

　本稿の仮説は，イヴォンヌ・アガザリアンが創始したシステムズセンタ
ード（SCT）のグループワークの理論と手法が，CPE のプロセスグループ
の作業に多大に貢献しうるということである。この適用はまだ始まったば
かりだが，CPE スーパーバイザーたちの関心が高まっているという証拠が
ある[原注2]。SCT は，私たちの教育活動を向上させうるだけではなく，CPE

訳注2）グループの分類の仕方に，タスクグループとプロセスグループという分け方が
　　　ある。タスクグループは特定のタスク（課題）のために集まっているグループ
　　　であり，タスクを達成する過程で何らかのプロダクト（成果）が生み出される。
　　　組織にあるグループの多くはタスクグループである。タスクグループが目標に
　　　向かっていく途中，グループ内でさまざまな人間関係やコミュニケーションが
　　　展開することになるが，このことをグループのプロセス（過程）と呼ぶ。タス
　　　クの達成具合は，このプロセスのあり方によっても影響される。換言すれば，
　　　タスクという目標が主であり，そこにプロセスという手段が従属している。そ
　　　れに対してプロセスグループとは，特定のタスクを持たず，上述したプロセス
　　　自体が主になっているようなグループのことを指す。人が集まってグループに
　　　なったときに，どのような体験，関係，コミュニケーションが生じるかが焦点
　　　となっているようなグループである。また，ここで言う「３〜８人の参加者」
　　　とは CPE 学生のことを指すのであろう。すなわちリーダーの CPE スーパーバ
　　　イザーと，そうした３〜８人の参加者で構成されるグループで，上述したよう
　　　なプロセスに焦点をあてたグループワークを行うのであろう。

訳注3）グループの分類の仕方に，参加者の数で分ける方法がある。小グループとは 10
　　　人未満のグループを指すことが多い。

原注2）現時点で SCT のトレーニングプログラムに参加したことがある CPE スーパー
　　　バイザーは約 12 人いる。2003 年の ACPE 年次大会では，SCT のサブグルーピ
　　　ングの入門ワークショップが行われた。イヴォンヌ・アガザリアンは 2004 年
　　　の ACPE 全国大会で，１日ワークショップを実施した。

協会の教育的任務の基本だと同協会が考えている価値の実現も促進しうる。

　本稿ではCPEプロセスグループ実習に関する6つの具体的な質問に焦点をあてる。これらの質問は，CPEスーパーバイザーたちの会話において，長期にわたって話題になってきたものである。こうした質問が出てくるもとには，混乱や誤解の元となりうる懸念事項がいくつかあるわけだが，SCTの理論と手法を用いることで，いかにしてそれらがCPE学生とスーパーバイザー双方にとっての新しい学びと満足の機会に変わりうるかを本稿で示していく。

1）CPEの小プロセスグループの目的は何なのか？

　この質問はCPEの学生とCPEスーパーバイザーの双方で何年にもわたって存続しているものであり，さまざまな返答がなされてきた。例えば，「対人関係技術を養う機会」，「人の気持ちや情報を共有する場」，「情緒的に支え合うコミュニティを作る場であり，私たちの牧会活動を振り返る場」，「集団力動やリーダーシップを学ぶ機会」，「家族力動と権威の問題を扱う場」などである。この質問への返答がなんであれ，あるいはグループが高度に構造化されているか全く構造化されていないかにかかわらず，たいてトレーニングの3週目頃になると，グループに居心地の悪い長い沈黙が続き，みんなが床に視線を落とすような瞬間が訪れる。すると，最も不安な（あるいは勇敢な）メンバーが（すっと息を吸ったかと思うと，不安と困惑の表情をにじませて）「何のために私たちはここにいるのか私には分からない」と言う。

　こうした状況でのスーパーバイザーの対応の1つは，（どんなプログラムにもある）学生ハンドブックを参照することである。このハンドブックには，教育プログラムのこの要素とその目的に関する簡潔で，一般的で，そしてあまり役に立たない記述が載っている。この内容を学生の誰かにグループで音読してもらう（学生だけでなく，おそらく質問に対応する教師に対しても音読する）ことで，事が前に進むこともあれば進まないこともあるだろう。スーパーバイザーの対応のもう1つは，このプログラムが始まるときに最初に概説された，CPEのプロセスグループという実習の目的についての金言を何であれ繰り返すこと，おそらくそれをよりゆっくりと言うことである。例えば，「私たちがここにいるのは，個人として分かち

合い，関わり合い，集団力動について学ぶためです」とか，何か似たような内容である。3つ目の対応として，質問は無視して，その代わりに今ここで起きている力動についてコメントすることがある。例えば，「今日のグループのこの長い沈黙を，メンバーたちはどのように感じているのだろうかと思っています」といったコメントである。

　グループ内で不安や抵抗が増大していくことは避け難いが，これをどう扱うかについて CPE 内で議論が続いている。一般的に言うと，精神分析的モデル／タビストック的慣習（すなわち構造があまり明白でなく，直面化が多いやり方）から介入する CPE スーパーバイザーは，グループに向けた解釈を行い，焦点をグループ内の個人ではなく集団力動にあてるだろう。例えば，そうしたスーパーバイザーは，「このグループは，コンサルタント（訳注：スーパーバイザー）に対する怒りを沈黙という形で行動化しているのだろう。そして今メンバーの1人をその怒りのメッセンジャーとして任命したのだろう」といった解釈を（誰を見ているのかも分からず，何とも読めない表情で）言うかもしれない。もう一方の極には，人間性心理学モデル／T グループ的慣習（すなわち構造がより明らかで，支持的なやり方）から介入を行うスーパーバイザーがいる。彼らは，グループ内のメンバーのうちの誰かの視点に沿った対応をして，対人関係的に活用できる行動を示すだろう。例えば，こうしたスーパーバイザーは，「沈黙が深まるにつれて，私は不安が強まっていくのを感じていました。私たちそれぞれがどう感じているかをここで話し合えたら，たぶんそこから得られるものがあるだろうと思います」と（グループの1人ひとりに目を向けながら期待を込めて）言うかもしれない。スーパーバイザーがどちらのアプローチをとろうとも，あるいは両者の中間的なバリエーションをとろうとも，学生たちは基本的に CPE のグループワークを「グループセラピー」として体験する。そしてセラピーと呼ばれることに対して，CPE スーパーバイザー間で何年にもわたり相当な対話がなされてきた（Hemenway, 1996）。

　SCT は，この対話に対して少なくとも2つの具体的貢献をなしうる。まず，SCT は役割と目標と文脈を強調する。これによって CPE は，第1にそして最も重要なこととして，専門職のための教育プログラムであることが明確になる。神学生や聖職者や資格のある信徒たちが，さまざまな宗派

の人たちと交わる複雑かつ強烈な宗教的仕事に備えることを意図したプログラムである。この教育プログラムのグループワークの部分は，参加者に治療的および個人的利益があるかもしれないが（すなわち，何らかの情緒的な，および行動上の変化が生じるかもしれないが），その文脈は教育的なものであり，学生の役割はこのグループのメンバーになることであり，スーパーバイザーの役割はグループのファシリテーターであり，グループワークの目的は，グループ体験への参加を促進し，その体験を思慮深く観察することである。ゆえに SCT の観点からすると，「何のために私たちはここにいるのか私には分からない」という学生の質問に対しては，次のような返答があるかもしれない。「このグループの目標は何だと自分が思うかを探索したいですか？　そして誰が自分に賛同してくるか見てみたいですか？」[原注3)]

　第2に，SCT は，「グループは学びのための実験室」というクルト・レヴィンの考え方を基に構築されている。これは，ほとんどの CPE スーパーバイザーに馴染みある考え方である。この理論的枠組みでいくと，ファシリテーターの仕事は，学生がこのグループに参加すること（SCT ではこれを **「好奇心を抱いたまま未知の領域の縁（ふち）に留まること（staying curious on the edge of the unknown)」** と呼ぶ）を勧めるとともに，自分の参加体験を思慮深く観察すること（SCT ではこれを **「自分の内にある研究者を呼び起こすこと（turn on your inner researcher)」** と呼ぶ）を勧めることである[原注4)]。CPE スーパーバイザーがグループの目的をできるだけ神秘的で曖昧なままにする傾向があった草創期の頃とは反対に，グループで何が起きているのかを知的に理解しながら生産的にその過程に参加していくために，学生たちが集団力動を学習する必要性がますます認識されている。SCT は，明確な構造を設定することが最も重要であることを強調しており，それらには一貫した部屋，椅子の配置，明確な時間的境界などが含まれる。最後に，SCT の基礎グループ[訳注4)] あるいは初期グループの始まり方と終わり方について述べておくのも重要だろう。それは，

原注3)　サブグルーピングについては，質問2（「スポットライト力動」にはまり込まないようにする方法はあるか？）を参照。

原注4)　SCT で使われる口語的な表現は（病理学的な表現や心理学の専門的表現よりも），利用者にとって，とっつきやすく，分かりやすい。

10分ほどの講義で始まり，驚き，学び，満足，不満，発見[原注5] を述べる10分ほどの振り返りで終わる。加えて，最初に行われる**ディストラクション・エクササイズ（distraction exercise）**[訳注5] は，個人からグループのメンバーへ移行する重要な手段として機能する[原注6]。上述した提案はすべて，この「実験室」に十分な空気，光，設備を整えて，学び（そして変化）の作業を始めるのに心地よく信頼できる場にするための方法である。

2）「スポットライト力動」にはまり込まないようにする方法はあるか？

　これは，ある1人の学生の特定の悩み事，個人的ニーズ，学習上の問題などがグループの焦点となるようなパターンであり，CPE グループで本当に頻繁に生じる。草創期の CPE プロセスグループでは，1人に（必要に応じて繰り返し）圧力がかかることは，当然起きるものと思われ，許容されていた。このスポットライト（hot seat）手法の理論的根拠として，次のような言い古された決まり文句があった。「グループは，最も遅いメンバーの速度でしか進めない」。近年では，〈患者役（identified patient）やスケープゴートを作り出す〉この集団内力動の危険性が意識されてきているとはいえ，未だにあまりにも簡単に陥りやすい落とし穴であることに変わりはない。CPE スーパーバイザーは，グループ内で「厄介な学生」や「学生の問題」を扱うときに，対人関係における重要な役割モデルの実例をたくさん提示するが，これもまた，グループを前にして単に自分の指導技能を披露して満足感を味わうことへとスーパーバイザーを誘い込む。そして学生たちもまた，「役に立ちたい，安心を与えたい」という彼らの願望へ

訳注4）　SCT のトレーニングは，基礎（foundation），中級（intermediate），上級（advanced）の3つのレベルから構成されている。

原注5）　ここに「牧会臨床への応用」を加えるプログラムもある。

訳注5）　SCT の体験グループでは「今このグループにいるのはどんな体験か？」ということに焦点があてられる。もし，「今ここ」ではないグループ外のことに気持ちやエネルギーが逸れている場合，それは「ディストラクション」と呼ばれる。体験グループの最初には，メンバーたちが何かディストラクションを有していないかリーダーが尋ねることが多い。もしメンバーの誰かがディストラクションを持っていれば，リーダーは「ディストラクション・エクササイズ」と呼ばれる一連の作業を行うことになる。

原注6）　個人とメンバーの違いについては質問4（個人的な物語を語ることの先にはどんなことがあるのか？）を参照。

引き込まれることが避け難い。聖職者の役割を切望する時点で，この願望はすでに深く内在化されている[原注7]。

　SCT は，機能的サブグルーピングを通じて，この問題の解決に大きく貢献している[原注8]。グループで自分が発言した後に「誰か他にいませんか（anyone else）？」と言うようにメンバーたちを訓練することによって，そして，自分が話したことに他のメンバーが応答して何か付け加えてくれると期待することによって，1 人だけに焦点があたることが緩和されうる。これは，グループの目的が何であるのか CPE 学生に確信が無く，この企画すべてに両価的な気持ちや疑念が募っていくグループの初期段階において特に重要である。サブグルーピングの有効性を増加させるための第 2 段階は，**「押す，見送る，漕ぐ（Push, Wave, Row）」** というエクササイズ（Agazarian, 1997, pp. 54-59）を教えることである[訳注6]。このエクササイズは，距離をとることと，感情レベルで本当に関わること（すなわち，ボートを

原注7）聖職者の役割固定（role locks）については，質問3（私たちはいつも感じ良くしないといけないのか？）を参照。

原注8）CPE はまた，学生間で対人関係が発展していくことにも大きな価値を置いている。これには，個人的機能と職業的機能の両方について，有用なフィードバックを与えられる関係性が含まれる。SCT のサブグルーピング手法は，人々の間に密接した情緒的繋がりを今この場において構築するものの，メンバーたちのグループへの関わり方について対人関係的なフィードバックを具体的に伝え合うことに表立って焦点をあてているわけでもなければ，グループの発達初期における特定の対人関係的困難について直接的に話し合う場を与えているわけでもない。むしろ SCT では，こうしたフィードバックを伝え合う作業はグループ発達の親密さの段階の方とより関連していると見ている。すなわち，対人関係的な役割固定が弱められて，（権威の段階でそうなるように）フィードバックが攻撃や防御の手段として用いられたり，役割固定されている観点からフィードバックが行われたりすることがなくなった後の段階に関連していると見ている。対人関係的な役割にまつわる緊張が十分扱えるほどにグループが発達するまでの間，こうした素材をグループで抱えておく機能は，各グループセッションの終わりに満足や不満を表出する振り返りの場によってしばしば果たされる。もう 1 つの有用な SCT の手段は，（レヴィンから適用された）「力の場の分析」である。グループ内で見られたさまざまな言語的および非言語的介入，声色，隠喩，提案などのうち，どれがグループ過程に役立つ力（推進力）となり，どれが成長を妨げる力（抑制力）となったかについて，グループのメンバーから具体的なデータを出してもらう。これは，特に濃密なセッションだった場合に，そのセッションを振り返る非常に効果的な方法となることがあり，個人および対人間の重要な行動や関係性の力動を読み解く糸口が得られるであろう。

漕ぐこと）との違いをCPE学生が理解するのに役立つだろう[原注9]。以下に述べるホスピスで働く学生たちの事例で，これらのポイントを例示する。

> 学生A：私はS夫人が亡くなったことにとても動揺しています。彼女はとても素晴らしい人でした。私はその後，家族と話すことすらできませんでした。私はその場をすぐ離れなければならなかったんです（泣く）。この件で私は本当に助けが必要です。困っているんです……（グループのみんなから合意を示すうなずき）
>
> 学生B：それはいつ起こったのですか？〔この質問は「押す」にあたる〕
>
> 学生A：今日の午後早くにです（さらに泣く）。
>
> 学生C：家族の世話もできなかったんですか？〔これも「押す」にあたる〕
>
> 学生B：多分その患者さんが，あなたのお母さんを思い出させたんでしょう。〔推論的な分析は「押す」にあたる〕
>
> 学生A：うーん（床を見て，会話から離れる）
>
> 学生D：（心配そうに）私も自分の教区で昨年似たような経験をしました。〔過去の体験から同一化しようとするこの努力は，「岸から見送る」にあたる〕
>
> CPEスーパーバイザー：Aさんへの質問や意見が多いですが，ここで私たちがすることはAさんに加わることです。他に誰か，この

訳注6）SCTではコミュニケーションをボートに喩えることが多い。誰かがメッセージを発したとき，それは沖にボートを進水させたことに喩えられる。その発信者に対して，受信者たちのとる行動は「押す（push），見送る（wave），漕ぐ（row）」の3種類に分けられる。「押す」とは，岸からボートを押してさらに沖に進めることである。具体的には，質問等によって発信者にもっと語らせる行為がこれにあたる。「見送る」は，沖へ進むボートに岸から手を振って見送ることである。具体的には，相づちを打つこと等がこれにあたる。「漕ぐ」は，同じボートに乗りこんで（join），一緒に漕ぐことである。具体的には，発信者に賛同して自分も何らかのメッセージを発言することがこれにあたる。このエクササイズでは，それぞれのパターンが，発信者，受信者，および観察者からどのように違って体験されるのかが探索される。

原注9）この学習については，赤信号，黄信号，青信号のコミュニケーション・パターンで描写されたSAVIコミュニケーション・グリッド（Simon & Agazarian, 1967; Agazarian & Gantt, 2000, pp. 47-69）が有用な補足になる（訳注：SAVIについては第6章を参照）。

　　　実習期間に大好きだった患者さんを亡くした体験をした人はいま
　　　すか？　自分の気持ちを話して，Ａさんとアイコンタクトを取れ
　　　ませんか？
学生Ｅ：（しばらくの沈黙の後で）えっと……私はＴさんを思い出し
　　　ます。彼はとても信心深い方でした。彼が亡くなったとき，私は
　　　本当に信じられませんでした。私は駆けつけましたが，彼のベッ
　　　ドは空っぽでした（生徒Ａを見ながら）。そして私は両足の裏ま
　　　で全身にはっきりと虚しさを感じました。暗い悲しみに覆われた
　　　ような感じでした。〔今ここでの体験と，それに伴う感情が話さ
　　　れており，これは「ボートに乗り込んで一緒に漕ぐ」にあたる〕
学生Ａ：悲しみ，そうですね。それと私は，無力感と，自分の両腕が
　　　ぐったりしたのも感じました。〔情緒的感覚と身体的感覚の両方
　　　を認識し，「漕ぐこと」を続けている〕
CPE スーパーバイザー：（Ａさんの方を向いて促すように）「他に誰
　　　か？」
学生Ａ：ああ，そうでしたね。誰か他にいらっしゃいますか？

　SCT では，機能的サブグループと紋切型サブグループという重要な識
別がなされる。紋切型（stereotype）サブグループは，支配／従属の力動
に基づいて社会的安定性を強化する。異なるものを拒否したり，さらには
迫害したりして，サブグループの中にいる人と，外にいる人を分け隔てて
固定化させる。集団力動の分野ではサブグループ化が否定的な評価を得て
いることがあるが（それも，もっともなことであるが），それはこの紋切
型サブグループの現象である。こうした現象は，同じ 2, 3 人のメンバー
がグループ外で一緒に食事をしたり，定期的に会い始めたりして，そのメ
ンバーが変わることなく固定化するときや，グループ内で性別や年齢など
の紋切型の類似点に基づいて何人かのメンバーたちが結束するときに生じ
る。一方，機能的サブグループは，今そこで行われているグループセッシ
ョンという文脈の中で常に機能しており，グループ全体が生き残り，成長
し，変形していくために，絶えず違いを統合し（新しいメンバーや新しい
考えを取り入れ），類似点を発見し，それらの関係性における複雑さを増
していく（Agazarian, 1997）。また，機能的サブグルーピングは，ペアリ

ング訳注7)（ここには違いが入らない）もしくは役割固定（role locks）とも区別される必要がある。役割固定（しばしば無意識）は，2人が反復的な行動様式（しばしば無意識）の中に囚われて，意味深い過去からの関係性を繰り返す場合に起きる。あるCPEグループで，女性と男性の学生の双方が最近離婚を経験したことがあった。残念なことに，彼らは互いに元の配偶者を思い起こさせた。その結果，彼らは何週間にもわたって，グループが何をすべきか分からないように見えるときにはいつでも，互いにつまらぬ粗探しと批判をグループセッションで繰り広げることによって，グループを「もてなし」続けた原注10)。これとは対照的に，機能的サブグルーピングでは，批判や粗探しをしたくなった人は誰でも，その衝動に込められている情報がグループ全体に統合されるように訳注8)，その衝動を同じサブグループの中で探索することが求められる。上記の例では，双方の学生とも，そしておそらく他のメンバーたちも，同じサブグループで共に探求することができた。

3）私たちはいつも感じ良くしないといけないのか？

　牧会や宗教的な役割は，多種多様な取り入れ（introjection）と投影（projection）を背負う。また，これらを背負う人は，ものごとを個人のせいにする強い傾向も背負うことになる。SCTは，この個人化（personalizing）の問題を，人類にとっての重大な挑戦でもあり，グループで一緒に取り組

訳注7)　ペアリングとは，ビオンが述べた無意識的なグループのあり方の1つである。個人に意識と無意識があるように，グループ全体にも意識的過程と無意識的過程があるとビオンは考えた。後者の無意識的グループ過程のことを，ビオンは基底的想定グループ（basic assumption group）と呼び，さらにそれには3種類の状態があると主張した。1つは依存（dependent），もう1つが闘争－逃避（fight-flight）で，3つ目がこのペアリング（pairing）（つがい）である。ペアリングでは，グループの中のあるペアによって，何か素晴らしいものがグループで生み出されそうな幻想的期待が維持される。この文章では役割固定とペアリングが同義であるように読めるかもしれないが，実際には役割固定はペアリングに限らず，依存，闘争－逃避の状態にあるグループでも見られる現象である。

原注10)ウィルフレッド・ビオンの用語では，これは基底的想定ペアリンググループである。

訳注8)　SCTでは，グループにいて何かをしたくなる気持ち（衝動）も，単に個人の気持ちではなく，グループ全体に何らかの意味を持っているものと考える。「その衝動に込められている情報がグループ全体に統合される」とは，その気持ちがグループ全体にとってどんな意味があるかが十分に探索され，その意味がグループによって理解され，受け止められるということである。

む大切な課題でもあるとみなしている。他者に霊的な手引きを提供することに焦点をおいた専門職に就きたいと CPE の学生たちが望むようになったのは，たいてい重要な他者との関係〈実在の人との関係，あるいは人ではないハイヤーパワー（Higher Power）との関係も含む〉が彼らの中に取り入れられた部分が最も影響している。CPE の訓練には，学生たちが，聖職を選んだ自分の内的な動機と，聖職を実行する自分の外的なスタイルの両方を形作ることになったのには，自分自身にどのような種類の素材が取り入れられているからなのかに気付くのを援助することも含まれている。この役割から職業的に求められることと自己一致とを統合することや，この役割に就きながら満足を得ることは，この教育課程において必要不可欠な段階である[原注 11]。

　もちろん，牧会の役割に就いている者は，どのような投影であれ絶えず受け続ける。ある特定の文脈にある人が，直接的であれ，間接的であれ，表現しようと思う投影を彼らは受ける。新しいチャプレンの研修生によくあるのは，自分がナースステーションに近づくと，デスクの向こうでたむろしていたスタッフ全員が急に話すのを止めるという体験である。チャプレンがスタッフと知り合いになった数週間後，以前の沈黙の背後にあった気持ちをスタッフの誰かが次のように言葉にするかもしれない。「おーい，みんな，チャプレンがきたから，下品な冗談はやめにしておこう」。CPE 訓練の重要な部分として，宗教的権威に向かって投影されるそのような素材を，その関係性で生じる感情を抱えるとともに，その根底に潜んでいる憶測を探索することに結果的に繋がるような形で，学生たちが受け入れ，

原注 11）SCT ならこれを「中心システム（centered system）（ここに心がある）を含むすべての役割サブシステムを内包する全体としてのパーソンシステム（person-as-a-whole system）」[訳注 9]と言うだろう（Agazarian, 2003, p.2）。

訳注 9）　1 人の人間という個人システムの中にもいくつかのシステムがあると SCT では考える。そのうち中心にあるシステム（centered system）は，個人のすべてのエネルギーの源となる。また，1 人の人間にもさまざまな役割がありえるが，それら 1 つ 1 つの役割もシステム，すなわち個人システムの中のサブシステムであると考えられる。ここで「全体としてのパーソンシステム（person-as-a-whole system）」と言っているのは，それら個人内のすべてのサブシステムを統合したシステムのことを指しているものと思われる。なお現在の SCT では centered system という言い方はあまり用いられず，訳注 14 に後述されるようなパーソンシステム（person system）という言い方が用いられる。

そして，それと取り組めるように援助することがある。

　小プロセスグループでの作業には，自分自身と他者におけるこの取り入れと投影の過程に学生たちがより気付けるように育てることが含まれる。同輩に対する幻想（これはしばしば，SCT で「マインドリード」と呼ばれる形で現れる）と，自分自身に対する幻想（SCT では「否定的予測」と呼ばれる[訳注10]）の両方を積極的に点検すること，そしてその結果を活かしてより現実的な関係性を築き上げることは，特に重要な学びである[原注12]。さらに，後ろ指を指すよりもむしろ，グループ内で競い合うような行動をとると，強い感情が喚起されるし，そうした感情を機能的サブグルーピングで探索すると，新しいエネルギーが放たれる。このようにして，自分たちの情緒的生命がもつ可能性を他者と共に十全に探索することが促される。これには，自分の感じ良い部分と共にあまり感じ良くない部分も受け入れること，そのようにしてよりリアルになることが含まれる。

　あるグループでは，グループセッションにいつも遅れてくるある学生に関する否定的感情にあがいていた。ここに取り上げる回では，その学生Aは 20 分遅刻してきた。彼女は急いで部屋に入ると，椅子に座り，グループに向けて話しかけた。

> 学生Ａ：（うなだれてグループに話しかける）遅れて本当にすみません。私の部署は本当に忙しくて，それにあの同じ看護師が私に話をしたがって。私は断れなくて……（役割固定が支配してくるにしたがい声は消え入る）
>
> 学生Ｂ：（顔は紅潮し，右手は握り拳，前のめりの姿勢）私は本当に心配になりました。あなたのことを気にかけて，どこか具合でも悪くて，それで遅れているのかと心配しました……今日もまた
>
> 学生Ｃ：（学生Ｂに向けて）怒っているように見えるけど〔マインドリード〕。怒ってます？〔マインドリードを確認〕

訳注10) 否定的予測は必ずしも自分自身に関する予測だけではない。未来に関する予測であれば，他者に関する予測や，世の中全般に関する予測など，あらゆるものが予測の対象になりえる。

原注12) 自分が外に投影していたものを（準備ができたときに）自分の中に飲み込んで消化することは，基本的に「栄養」となり，しばしば新しいエネルギーをもたらす（Hemenway, 1997, Ch.7）。

学生Ｂ：いいえ，私はただ彼女が心配なだけです。

学生Ｃ：えっと，私は，怒っています。自分の身体が緊張しているの
　　　　を感じます。これを言うと，厄介なことに足を突っ込みそうだけ
　　　　ど〔否定的予測〕，でもほんとうに爆発しそうです。

学生Ｄ：（足で床をコツコツと叩きながら）私もあなたと同じです。
　　　　私はとてもイライラしています。たぶん毎回こんな感じでグルー
　　　　プセッションが始まることになるんじゃないですか〔否定的予測〕。

学生Ｂ：その話を聞くと，自分も少し怒っているような気がしてきま
　　　　した。

学生Ｅ：私は腹を立てるのは違うと思います。もし私たちがお互いに
　　　　辛抱強く理解し合えないとしたら，どうやって現場で真の聖職者
　　　　としてやっていけるのでしょうか？

学生Ａ：（学生Ｄ[訳注11]に向けて）私はあなたに賛成します。チャプレ
　　　　ンの研修生として，私は常に人々の求めに応えていきたいし，何
　　　　があっても彼らを愛していきたいです。

ＣＰＥスーパーバイザー：今日は「愛そう」サブグループと「戦おう」
　　　　サブグループがありますね。（傍観する傾向がある学生Ｆに向け
　　　　て）あなたはどちらのサブグループに加わりたいですか？

　この演習で次に取り組むことは，学生が自分たちの否定的予測とマインドリードを現実のデータと照合して検討するとともに，それぞれのサブグループが，自分たちのフラストレーションの感情を表現することにまつわる，あるいは抑制することにまつわる，より深い感情を探索できるようにスーパーバイザーが援助することだろう。牧会の役割にある自分はどのように感じ行動すべきだと自分自身と他者は期待しているか，そうした期待をどの程度自分が取り入れているかということを，こうした作業を通して彼らは認識し始めるであろう。

　最近のＳＣＴの理論的成果として，紋切型の役割[訳注12]と機能的な役割と

訳注11）学生Ｅの間違いだと思われる。

訳注12）現在のＳＣＴでは，「紋切型の役割（stereotype roles）」という表現はあまり使
　　　　われておらず，数行下に述べられるような「古い役割（old roles）」という言い
　　　　方が用いられることが多い。

を識別したことがある（Agazarian & Gantt, 2004）。紋切型の役割は，過去に由来して自分を閉じ込めているような役割であったり，現在の社会的立場から決定づけられた役割であったりするのに対して，機能的な役割は目下の文脈に対してより適切なものであり，自分を自然に表現する役割でもある。紋切型の役割は，早期の愛着関係と成長過程で体験したフラストレーションに適応しようとした結果である。共感不全という苦痛を体験していたにもかかわらず，妥協から生じたこうした役割によって，その愛着関係に留まることができたのである。SCT は，役割固定へと誘い込まれる一瞬を捉えるのに特に役に立つ。SCT では，ほんの小さな身体的な変化に注目することを通して，その引き金にスポットライトをあてる。例えば，頭をわずかに横に傾けたり，指でトントンと叩いたり，両足を床につけたり，視線をそらせたり，顔から血の気が引いたり，姿勢が前屈みになったり，といった変化である。このような身体的変化は習慣的であることが多く，古い役割を象徴している。CPE 学生にとって，牧会のケア提供者という専門職役割が，ずっと以前に覚えた紋切型の役割に限定されるものでもなければ，それに縛られたりするものでもないということを見いだせれば，それは解放される体験になるだろう。聖職者の役割が患者や教区民を実際に紋切型の役割へと導くことになるような瞬間に敏感でいて，もしそれが生じたらそれに名前をつけて，そのことを十分に扱うことができたなら，より本物の牧会的関係を創造するためにもきわめて役に立つだろう。

4）個人的な物語を語ることの先にはどんなことがあるのか？

　CPE スーパービジョンの中で最も重要視されていることの1つに，各学生の個人的な歴史と，彼らがどのような信仰の道のりを経てきたのかを学ぶことがある。このプログラムに申し込むのに最初に必要とされる課題に，長い自伝的な作文がある。CPE プログラムに受け入れる前に行う個人面接では，各学生が，両親，兄弟姉妹，影響力の大きかった教師，精神面での指導者と，どのような質の関係を持ってきたのかをより徹底的に探索することに焦点があてられることが多い。訓練では，患者との間で起きている力動が逐語セッションで見直されるが，しばしばそれは学生の個人的な物語が反映された並行過程（parallel process）の一部となっていることが強調される。例えば，最近母親を亡くしたある男子学生は，死にそうな女性

患者の息子に対して特別に多くの時間を費やすなど過度に親切になっていた。彼は，自分の牧会の仕事においてどのくらい同一視／同一化[訳注13]が活発になっているか，その点を指摘されるまで気付いていなかった。

　個人的な物語を実際に言葉にして共有することに関しては，CPE のプロセスグループがその主な場となることが多い。人間性心理学的な慣習に基づき作業する CPE スーパーバイザーは，彼ら自身の物語を話すことで最初のセッションを始めることが多い。そのようにして彼らは「どのようにするか」を学生にモデリングして見せる。そしてその後の数セッションを，それぞれの学生が自分の「履歴書」を語るために費やすこともある[原注13]。すでにセラピーを受けた学生は，個人的な問題を語りながら，苦労して得られた家族力動についての洞察を持ち込むことが多い。一方，このように CPE の初期において「親密に，私的に」と期待されることに対して一体どのように関わるべきか，ためらい，もがいている学生もいる。このプロセスが展開するにつれて，グループの雰囲気はたいてい親密さ，凝集性，「誓約」（共に繋がること）を増していく[原注14]。あいにくながら，個人的な物語の時間が終わると今度は，グループはその目的を見つけ出す試みに直面する。

　システムズセンタードのやり方は，各人の物語の内容を，そして各人の職業的地位も，グループにおけるその人の存在を認識するための主な手段として使うことがない。グループメンバーとしての役割をとることは，個人的自叙伝にかかっているというよりは，グループがどの発達段階にあろうが，サブグループが今ここでどんな話題を探索していようが，グループで起きていることに情緒的に応答できることの方にかかっている。グルー

訳注13）一般的に identification は，同一視と訳されたり同一化と訳されたりする。ここでは両方を併記したが，この章の他の場所ではいずれかのみで訳した。

原注13）何人かの CPE スーパーバイザーは「履歴書のための指針」〈モラヴィアン大学（ペンシルバニア州ベスレヘム）の Glenn Asquith 博士による編纂〉を用いるが，この指針では9つの探索領域を示している。それらは自分の誕生が持つ意味，早期の戒め，主要な喪失と失望，主要な成功と達成，信仰の歴史などである。ここでの目的は，「これらの物語が持つ新たな意味に気付き，他者が私たちとより深い関係を持てるように，他者がより深い理解を持って私たちと関われるようにすることである」。

原注14）グループの発達段階については，質問5でより詳しく述べる。

プ全体の課題に取り組むためにパーソンシステムから出てメンバーシステムに入ること[訳注14]が，自己の内側における，そして他のグループメンバーとの関係における，決定的に重要な移行を表している[原注15]。決定的となる最初の段階は，訓練生が説明（explain）と探索（explore）[訳注15]の間の分岐点に気付くことである（Agazarian 2001, pp.122-123）。要約すると，システムズセンタード方式のプロセスグループ演習には次の3つが必要である。新しい学習（システムの知識と，システムがどのように作用するかの知識）と，リーダーシップ（SCTグループ手法で訓練を受けた人）と，そして鍛錬（好奇心を保つ能力と未知の領域に触れながら生きる能力）と。

　ある中年女性（2人姉妹の長女）は，たびたび生じる抑うつに苦しみ周期的に入院することになった母親と共に成長した。その結果，この女性は10代にして父と妹を現実的にも情緒的にも世話することになった。明確な，そして強く必要とされた役割を原家族で学んだ彼女は，聖職における人の世話をする側面，人を助ける側面に強く引き付けられた。しかし，彼女の責任感と誇りある自己像の裏には母との同一化があった。そしてその同一化の中には，情緒的な病気になることに対する恐怖が心の奥深くにあった。

　この女性が初めてSCTの訓練グループに参加したとき，グループメンバーの誰かが情緒的に動揺したときにはいつでも，彼女は紋切型の役割固定に引き込まれる傾向を示した。彼女は，落ち着かせ，安心させるためにすぐに手を差し伸べるのだった。SCTグループでの彼女の課題は，この即時的な情緒的反応を手放し，その代わりに，彼女の中で動いている別の感情に触れ，目の前で進行しているサブグループの1つに加わることだった。

訳注14）パーソンシステムとは，訳注9で中心システムと呼ばれたものと同じであり，すべてのエネルギーの源となるシステムである。すなわち，個人が感じるさまざまな感覚や感情も，思いめぐらすさまざまな想像や思考も，このパーソンシステムの中で生じていることになる。感じたり考えたりしているだけではまだパーソンシステムに留まったことになるが，自分が今どのような文脈の中にいるのか，その文脈における自分の役割は何であるのかを考慮して，自分のエネルギー，すなわち自分の感情や思考などをその文脈で活かせるような行動を起こせたときに，その個人はパーソンシステムを越えてメンバーシステムに入ったのだと言える。

原注15）この移行を示す図がAgazarian and Gantt（2000），pp.90-96に記載されており参考になる。

訳注15）説明と探索という概念については，第1章の訳注51（p.57）を参照。

この課題に成功したことは，彼女にとって満足するものであり，そして情緒的に広がっただけでなく，彼女の母はときどき病気だったものの実際はとても熟練した職業人だったという事実を認識することにも繋がった。彼女の過去からのこの情報は，彼女の現在と将来のメンタルヘルスへの恐怖を相当緩和した。

　CPE スーパーバイザーと学生にとって刺激的な SCT の一面は，このアプローチによって，生涯にわたる個人的物語とそれに伴う紋切型の役割という形で自らが創造した構図と圧迫から人々が速やかに解放されることである。過去の傷つきや失望に関する定式化された話や，将来への希望や不安〈SCT で**「説明（explain）」**と呼ぶ非現実の形態〉に向かうよりもむしろ，今この瞬間の情緒的現実（訳注：今実際に感じていること）に留まることによって，より満足できる仕方で，そしてしばしば想定外の仕方で，グループメンバーは自分自身とお互いについて知り始める。それぞれのグループメンバーは，もはや物事を単に個人のせいとして捉えるのではなく，いかに自分たちがグループ全体の一部であるか，さまざまな水準で懸命に生き残ろう，成長しよう，変形しようとしている，より大きなリビングヒューマンシステム[訳注16)] の一部であるかが見え始める。これによって，聖職に入ることになった一番の個人的思いが満足させられず初めのうちは喪失と体験する CPE 学生がいるかもしれないし，このことで安心し，本当に自由になって，牧会の使命により深く関われるようになる学生もいるかもしれない。

5）権威の問題[訳注17)] はいつか無くなるのか？

　この質問に対する簡潔な答えは「いいえ！」である。アガザリアンは次のように書いている。「権威の問題は，人類の歴史と同じくらい古い。そして幾多の革命と戦争を焚きつけてきた。それは決して眠らない。リヴァイアサン（訳注：旧約聖書に登場する巨大な海の怪獣）。それは人の体験

訳注16)　リビングヒューマンシステムについては，第1章の訳注2（p.28）を参照。

訳注17)　権威の問題（authority issue）とは，依存と自立，服従と反抗など，上下関係にまつわる問題のことである。リーダーなど権威的人物に対して生じることもあれば，規則や制度や慣習などに対して生じることもある。また，現実に存在する権威（外的権威）に対してのみならず，自分の心の中に存在する権威のイメージ（内的権威）に対しても生じる。

の深層で絶えず蠢いており，容易に目を醒ましてくる」(Agazarian 1997, p.241)。このリヴァイアサンを扱うべきかどうか，扱うとしたらいったいどのように扱うのかという問いは，CPE スーパーバイザーがプロセスグループのリーダーを務めるときの最大の難問の１つである。一般的にこの問題は，人間性心理学的な慣習で作業する CPE スーパーバイザーよりも，精神分析的慣習で作業する CPE スーパーバイザーの方が触れやすいようである。また，学生たちは，患者と関わる職務や他の専門職スタッフとの関係においては，聖職者としての権威を行使するように強く励まされる一方で，グループにおいては，学生たちの間で論争を始めることについても，スーパーバイザーの権威や能力に疑問を呈することについても，賛否両論入り交じったメッセージを受けとることが多い。

　CPE でのプロセスグループ演習は，スーパーバイザー同士で検討するためや，スーパーバイザーの訓練のためや，学生たちの学びのために，ときどき録画される。カメラが存在することで，権威の問題が浮かび上がる絶好の機会が得られるが，この機会をひたすら避ける学生もいれば，即座に取りかかる学生もいる。

　　学生Ａ：私は，ここにカメラがあるのが嫌です。落ち着かないです。
　　学生Ｂ：そうですよね。どうしてカメラが要るのか私には分かりません。私たちは何か間違ったことでもしていますか？
　　学生Ｃ：私には影響ないです。
　　学生Ｄ：（心配そうに周囲をちらりと見て）私はどちらでもないです。私たちは何について話せばいいんですか？
　　学生Ｅ：私はさっき患者さんの１人と素敵な面接が持てたばかりです。
　　CPE スーパーバイザー：私たちには２つのサブグループがありますね。「カメラ大丈夫」サブグループと「カメラは気が乗らない」サブグループと。
　　学生Ｂ：えっと，私は「大丈夫」とは特に感じませんけど，怒りを感じます。
　　学生Ａ：私も。まるで大きい目の誰かがいきなり私たちを見つめてきたみたいです。
　　学生Ｂ：私たちを密かに調べてる……たぶん私たちを傷つけようと。
　　学生Ａ：私はカメラを傷つけたいわ。蹴り倒してやりたい。

学生Ｃ：あなたたちがどうしてカメラで大騒ぎしているのか私には分からないわ。

CPE スーパーバイザー：（学生Ｃへ）あなたはたぶん「カメラは気が乗らない」サブグループでしょう。あなたが加わる前に，さしあたり「カメラ大丈夫」サブグループの作業を一緒にしておきましょう[訳注18]。

学生Ｄ：私は自分がどのグループか分かりません。

　SCT がいかに権威の問題を真剣に捉えているかを知ると，そして，この問題の探索が，自分自身の権威を自己の内側と自分の職業役割に統合できるようになることの鍵になっていることを理解すると，安心するものである。これはまた，CPE における学習課題と聖職体験の中心的側面にもなっている。

　SCT において権威の問題は，権威の段階の内の多くの下位段階の中で丁寧に１つ１つ扱われていく[原注16]。権威の段階の防衛を１つ１つ克服することによってのみ，グループは親密さの段階の防衛に移動する準備が整う。３つの発達段階すべての側面がより深く探索される柔軟性を持っている相互依存的な作業グループが出現するのは，さらにその後である[訳注19]。このように，防衛は実際にグループの各発達段階に特有な抑制力である。初めは主な養育者との早期の関係（訳注：幼児期における親との関係など）の中で，後には重要な他者との関係の中で，共感不全を体験するのは避け難

訳注18）学生Ｃは「カメラ大丈夫」サブグループであると思われる。また，「不安」サブグループと「大丈夫」サブグループがあればSCT では「不安」サブグループを先に扱うのが一般的であるので，ここで「カメラ大丈夫」サブグループの作業を先にすると記載してあるのも間違いかもしれない。

原注16）「人間のシステムすべてにおいて，権威の問題の力動は，単純なものから複雑なものへと変化する過程の梃となる力動である（ゴシック体は著者）」（Agazarian, 1997, p.241）

訳注19）３つの発達段階とは，権威の段階，親密さの段階，作業の段階を指す。作業の段階に入ったグループでは，作業の段階のテーマ（愛すること，遊ぶこと，働くこと，人間らしくあること等）が扱われるだけでなく，その前の２つの段階のテーマ（権威の段階における上下関係のテーマ，親密さの段階における水平関係のテーマ）を含めたすべてのテーマが柔軟に扱われることになる。第１章の訳注50（p.55）も参照。

いことだが，これらの防衛は，人々がいかにそうした体験に対応する（すなわち，共感不全にもかかわらず愛着を維持する）すべを身につけてきたかの痕跡を示している（McCluskey, 2002b）。防衛という用語は，多くのCPEのスーパーバイザーにとってあまりにも心理学的あるいはセラピー的に聞こえるかもしれないが，防衛（すなわち，ふだんの対処方法におけるメカニズム）へのSCTの取り組み方は，人間の情緒的な発達とグループの発達段階とがいかに並行して起きるかを理解するためのきわめて役立つ枠組みとなる。

　スーパーバイザーの助けもあるので，CPEプロセスグループで初めから対人関係的に親密な環境を作ろうと思えば，かなり簡単にできてしまう。しかしSCTの観点からすると，そうしてしまっては，プロセスグループは社交的防衛（social defenses）[訳注20]を扱うことを避けたり，潜在的な葛藤を無視したり，学生たちが訓練上ストレスの多い状況だと思って恐れているところから避難するための疑似コミュニティを作ったりすることになってしまう。交流することに対する社交的防衛や，不安に対する認知的防衛（cognitive defenses）[訳注21]とSCTが呼ぶものを初回面接で学生たちが示すことがあるが，上述した親密な環境を手助けするスーパーバイザーとは対照的に，こうした防衛を初回面接で探索したCPEスーパーバイザーは，CPEやそのプロセスグループで行われる違った種類の作業に向けて学生たちを準備させる過程に着手するだろう。そのような例として，次のような介入がある。「あなたは兄弟の死について話しているときに，自分が笑みを浮かべているのに気付いていますか？」とか，「あなたがCPEに半信半疑なのは，CPEがどんなふうになるかについて，すでに何か否定的な

訳注20）メンバー同士がお互いにどんなことを体験しているかをめぐって交流が進んでいくのが本来のプロセスグループの作業過程であると言えるが，お互いにどんなことを体験しているかを直接的に話し合うのではなく，天候の話や，出身地の話など，社交的な会話が初回になされることがしばしば生じる。そうした社交的やりとりをSCTでは社交的防衛と呼ぶ。

訳注21）認知的防衛には，否定的予測とマインドリードがある（第1章の訳注53（p.57）を参照）。いずれも，今そこにある現実に直面したり，その現実に直面して生じる情緒を体験したりすることから，頭の中の思考の世界に退避する手段となっている。これら防衛は現れてくる順に扱って緩和させていくことになるが，社交的防衛，否定的予測，マインドリードの順で扱うことが多い。

予測をしているからですか？」とか，「あなたは今，CPE を選んだ理由を説明するか，あるいは，CPE を選んだことについて，まだあなた自身も知らないような何かを探索するかの分岐点にいます。あなたはどちらの方向に進みたいですか？」とかである。

　グループワークの観点からすると，CPE スーパーバイザーが学生グループから比較的距離をとり，今この場で起きている集団力動について一貫してコメントし続けていると，権威に対する強い感情が喚起されるだろう。このスーパーバイザーの姿勢は，グループが社交的および認知的防衛を通り抜けて，服従／反抗的な感情に内在する，より硬直化した役割固定（これにはサディズムとマゾヒズムが含まれる）へと向かう道を開く。この題材の裏には，権威に対する原始的憤怒（primal rage）が潜んでいる。これは，機能的サブグルーピングを使って行えば，グループに抱えられながら権威との格闘を探索できるようになるが，まともに組み合うと消耗させられる作業になる。

　ある CPE グループは全員のニックネームを作った。長身の魅力的なアフリカ系アメリカ人男性は「ツタンカーメン王」。歯に衣着せぬ英国国教会派の女性は「ミス侮辱」。すごく親切で，いつも修道服を着ていたローマカトリック教会のシスターは「白雪姫」。このグループのリーダーで英国国教会派の平信徒の女性は「将軍」として名を馳せた。また，CPE スーパーバイザーは「オールド・ホークアイ[訳注22]」と名付けられた。この独特なグループでは，スーパーバイザーは，その部屋の中で最も良い椅子である回転椅子に座っていた。ある日，ローマカトリック教会のシスターが，他の学生たちに勧められてプロセスグループが始まる直前にその椅子に座った。スーパーバイザーが入ってくると，白雪姫は席を移るよう丁重に頼まれた（そして彼女は移動した）。グループはすぐに彼女の名前を「天使にラブソングを2」[訳注23] に変更した。

　CPE グループで，首尾一貫して，そして創造的に権威の問題を扱うには，理論と自信と好奇心に根ざしたリーダーシップを必要とする。また，グルー

訳注22）テニスなどにはホークアイ（鷹の目）という名前の審判補助システムがある。このスーパーバイザーにも，高いところから目を見張らせているイメージがあり，こうしたニックネームがついたのだろう。

訳注23）ウーピー・ゴールドバーグが修道院のシスターを主演した映画のタイトル。

プワークで同じようなリーダーシップに携わっている同僚からの継続的なサポートも必要とする。ウィルフレッド・ビオンが集団力動の分野から去っていったのは，来る日も来る日もタビストック・クリニックで自分の患者たちの投影を（そしてたぶん，スタッフからの投影も）冷静な顔をしながら受け止めないといけないことに情緒的に疲弊したからである。グループメンバーからの強烈な理想化と反抗的な憎悪の両方を，個人的なものと捉えずにたった1人で受け止めるには，鍛錬と勇気を必要とする[原注17]。自分に投影されたものを，学生たちが消化できるようなサイズに噛み砕いて返して（フィードバックを与えて），彼らの変化を育んだり，彼らに新たなエネルギーをもたらしたりできるようにするには，良いタイミングと正確な調律[訳注24]を必要とする。ここでの目標は，CPE学生たちが外在化の防衛（私の問題はあなたのせい，私の両親のせい，宗教的司法制度のせい）を放棄できるように支援して，より大きな責任を引き受けることへの道を開くこと（私は自分自身と自分の行動を変えるために何かができる），すなわちCPEの学習過程にもっと身を投じることができるようにすることである。

6) どれくらいの違いが，大きすぎる違いになるのか？

　現在CPE協会では，宗教的および文化的に多種多様な聖職者に訓練を提供することが重要視されている。こうした取り組みは，往年の私的および個人主義的なアプローチから，社会的および文脈的枠組みへと，21世紀のパストラルケアとCPE分野の出発点が転換していることを表している。「スピリチュアルケアとその指導は，善意ある専門家たち個人による実践という単純な問題として見なされるべきではない。そうではなく，それは個人，組織，社会全体と関連する複雑な文化的実践として見なさなければならない」（Lee, 2003, p.5）。この問題がいかに重要に捉えられているかは，現在行われているCPE協会規範の改訂作業にも表れている[原注18]。

原注17）アガザリアンは，彼女の理論書を彼女の兄ジャック（1915-1945年）に捧げている。「彼は彼自身の信ずることのために命を落とした。私は彼の不屈の勇気を思い出す。自分自身にそれが欠けているときに」

訳注24）相手の情緒と共鳴するように自分の表現の仕方を調整すること。この後，本章の「結論」にも少し解説がある。

原注18）CPE協会規範の草案2005年版がwww.acpe.eduにある。

　システムズセンタードが集団力動をどう理解するかは（そしてシステムズセンタードが CPE における他の教育的要素をどう理解するかも[原注19]），この転換を支え，その影響を展開させていく点において，重大な貢献をなしている。システムズセンタードの考え方によって，リビングヒューマンシステムにおける，グループ全体システム，サブグループシステム，メンバーシステムの間の相互依存的な関係性が明確になる。このアプローチは，学生たちが自身の情緒的世界（すなわち彼ら自身の中のサブシステム）をより十分に理解したり，（他者から賛同してもらえる場である）機能的サブグルーピングを作り出すのに自分たちが貢献したりするのを助けるだけではなく，彼らが職務を果たそうとする場にはどのようなさまざまなより大きなシステム（グループ全体，病院，信仰集団，地域社会）があるのかを見えるようにも助ける。さらに SCT は，似て見えるものの中に違いを，違って見えるものの中に類似を探索することに常に焦点をあてて活動することを強調している。このようにして，グループ（システム，組織，社会）は，生き残り，成長し，変形していく。

　ある CPE 学生グループは，専任の訓練プログラムをちょうど始めたところだった。このグループには，主流となるプロテスタントの神学校から来た 2 人の男子学生と 2 人の女子学生，ユダヤ教の女性ラビ，ペンテコステ派（訳注：米国の原理主義的キリスト教の宗派）のヒスパニック男性がいた。プログラムの 3 日目，グループがまだ蜜月期間にあった時，ラビがペンテコステ派男性に向かって次のように言った。「神への道は，イエス・キリストを通じてだけだと信じているんですか？」。途端にグループは静まり返った。ペンテコステ派の男性は，ムッとしたがすぐに機嫌を直して答えた。「あなたはユダヤ人が選ばれた民であると信じているんですか？」。2 人はにらみ合い，グループの残りの人たちは息を殺していた。

　このグループは，こんなに早い段階でこれだけ大きな違いを共に抱えられただろうか？　それとも，ラビもしくはペンテコステ派教徒のいずれかが，恥という隔絶された体験に入ってしまい，自然な自己やグループ全体から切り離されてしまっただろうか？[訳注25]（もしラビとペンテコステ派教

原注19）2004 年度 CPE 協会全国会議で，SCT の訓練を受けた 4 人の CPE スーパーバイザーが，「システム志向の CPE カリキュラムを作成する」というテーマのワークショップを開催した。

徒のいずれかではなく両方が恥を体験していたとしたら，彼らはサブグループを形成していただろう）。アガザリアンは次のように書いている。「あまりにも大きな違いに対するシステムの反応は，不透過な境界をもったサブシステムの中にそれを抱え込むというものである。そして，その違いをシステムが認識して統合できるようになるまでは，その違いをシステム全体から隔絶されたままにしておく」（Agazarian, 2003, p.4）。これは，よく知られた部屋の中の象現象（みんな明らかに気付いているが，誰もその問題を口にしない状況）であり，機能的サブグルーピングを動かそうとするどんな努力も行き詰まらせて，グループが暗礁に乗り上げる原因になりえる。

　自分たちの相違に取り組んでいたこのグループは，とても予想しなかったような方法で幸せな解決に辿り着いた。教育プログラムの一部として彼らがプロセスグループでも良い作業をしたのは確かだが，本当の意味での転機は，自分たちが4重唱で一緒に歌えるのだと発見した時に訪れた。明らかな宗教的違いのため，最初彼らはブロードウェーの歌を歌うことで妥協した。しかし，次第に彼らのレパートリーには，スペイン語，ヘブライ語，ラテン語のやや宗教的な歌や，「アメージング・グレイス」のようなお気に入りの昔の英語の歌が2, 3曲入るようになった。毎週金曜日の午後は「歌うチャプレン」が，病棟の患者，家族，スタッフに素晴らしい音楽を届けに行ったのである。

II　結論

　6つの鍵となる質問に対するこれらの返答は，SCTの理論と実践がかなりCPEプロセスグループの活動の理解を深めたり，それを豊かにしたりできることを実証している。SCTの最も魅力的な側面の1つは，多種多様な理論による取り組み方が統合されていることにある。それらには，一般システム論，コミュニケーション理論，発達心理学，認知行動心理学，ならびに精神分析的手法があげられる。CPEスーパーバイザーの多くは，多

訳注25）恥の体験をしているときには，しばしばその人は自分の頭の中の世界に入り込んでしまっており，周囲の人や現実と隔絶された状態になってしまう。それはまた，周囲の人や現実と触れながら自分自身にさまざまな感情などが自然に生じてくることに開かれている状態，すなわち自然な自己（spontaneous self）からも切り離されている。

種多様な心理学的理論と教育学的理論の真価を評価していると同時に，それらすべてをまとめる方法がないかと切望もしている。この包括的手法は，そうした CPE スーパーバイザーにうってつけである。

　SCT の第2の魅力は，体感的（直感的，情緒的）な自己と，認知的な自己との統合に重点を置いていることである。このような頭と心の統合は，CPE の中心に位置づけられる（Hall, 1992）。人間のパーソナリティにおけるこの2つの基本的な側面の間の通りが良くなると，その結果として，聖職を果たすための資質とエネルギーのすべてを開放して動員することができるようになる。いかにして自己をフル活用できるかを学ぶことは何とも刺激的な作業である！　これが達成できた際の兆候の1つとして，日々の生活のやりくりから重要な意思決定にいたるまで，自分のコモンセンス[訳注26]（防衛から自由になった自我）を利用できるようになることがあげられる。この作業がサブグループやグループ全体の中で行われた場合には，自己および他者との関係の中において，より高度な柔軟性と創造性と活発さが得られる。

　SCT の第3の魅力は，サブグループで作業する基礎として，共感的調律に重点を置いていることである。調律とは，「2人の人間の間で言語的および非言語的コミュニケーションに基づいて生じる相互作用的な過程」だと定義される（McCluskey, 2002a, p.2）。SCT グループでは，アイコンタクト，身体の姿勢，肌の色合い，表情，情緒的応答性（emotional availability）（訳注：相手の情緒に適切に応答できることやその能力），これらすべてが，効果的に他者に調律を合わせるための重要な要素となる。これは，幼少期の調律不全や，そうした体験から生まれた情緒的な防衛手段を癒す可能性をもった体験である。SCT の観点では，この作業はリビングヒューマンシステムのすみずみまで響きわたる[訳注27]。リビングヒューマンシステムがこの作業を抱え，そして，この作業がリビングヒューマンシステムに動力を与えている。このような癒しとなる人間関係的な作業は，まさにパストラルケ

訳注26）コモンセンスについては，第8章の訳注1（p.221）を参照。

訳注27）共感的調律が，グループ全体でも，その中のサブグループでも，各個人自身の中でも奨励され，基調として浸透するということ。自分自身に対する共感的調律とは，自分自身の情緒に対しても共感的に接するということであり，"compassion for the self" と言われて特に SCT でも重視されていることの1つである。

アと CPE の中心に位置するものでもある。

　要約すると，本章は，CPE 教育過程の一要素であるプロセスグループを強化したり，明確にしたりするのに，どのように SCT が役立つかを論じている。ここで論じられた 6 つの質問が CPE グループワークの中心にあるのは確かだが，これらの質問が CPE だけに特有なものかというとそうではないだろう。実際に，私たちが CPE の文脈の中で SCT を始めようとした際に生じた初期の関心から示唆されることは，体験的学習を主な方法論とするものであれば，どんな教育的過程であっても SCT が大いに貢献するかもしれないということである。

第6章

赤，黄，青：
小学校システムにおける
コミュニケーションパターンを修正する

クローディア・バイラム　学術博士
（コンサルタント）

エドワード・マーシャル　学術博士
（グリーンストリートフレンズ校）

アニタ・サイモン　教育学博士
（SAVI コミュニケーションズ）

　教育的な目標が達成されるかどうかは，その目標を実行する人々の行動による。本章で私たちは，そうした行動の重要な側面である言語的コミュニケーションを観察および調節するためのモデルを述べる。私たちは，SAVI モデル（System for Analyzing Verbal Interaction：言語的相互作用の分析システム）を，躾や規律に関する問題に対応する際の補助として小学校の教職員に導入したアクションリサーチを提示する[訳注1]。SAVI を使うと，教師は自分が生徒たちとどのようなコミュニケーションをとっているのかがよく見えるようになる。また，SAVI はそれらのコミュニケーションの代替案も提示する。SAVI を導入して約2年後に教師から報告された体験談というデータを，このモデルの基礎にある理論の観点から議論する。

　この章では，アガザリアンのシステムズセンタード理論（Agazarian 1997）を小学校と中学校に適用した事例について述べる。これらの学校の教職員たちは，規律にまつわる状況をより深く理解することや，規律にまつわる問題に対応するための手段を増やすことに関心を持っていた。この学校は，私立のクエーカー教の学校である，グリーンストリートフレンズ校である[原注1]。そして導入したシステムズセンタードの手段は SAVI（Simon, 1996; Simon & Agazarian, 2000）である。SAVI は，System for

訳注1）アクションリサーチについては「はじめに」の訳注5（p.20）を参照。

Analyzing Verbal Interaction の略で,「サヴィ」と発音する。SAVI は,
リビングヒューマンシステムで織りなされる言語的コミュニケーションの
案内図となる。すなわち,人々がお互いに話している様子から,実際のと
ころ彼らが何を言っているのかとか,どのように言っているのかとかが見
えるようにするものである。

　本章で論じられるこのプロジェクトは,SAVI という変化のためのツー
ルを教育システムに導入する予備調査だと私たちは見なしている。

　2002 年,SAVI は 1 日校内研修という形で,グリーンストリートフレン
ズの教職員たちに導入された。SAVI が選ばれた背景には,教師と生徒が
どのように話し合うかが,衝突を解決するための主要な手段であるという
想定が潜在していた。論争めいた状況において教師と生徒がどのように話
しているのかを分析できるこのツールを教師に提供すれば,どのような行
動がそうした状況を解決するために有益かを選びやすくなるだろう。約 2
年後を見てみると,SAVI を学校に導入したことが,何人かの教師たちの
コミュニケーション行動,特に教室での生徒への関わり方や躾け方に対し
て,意義深い影響を与えていることが分かる。教師の中には,新しい技能
が学校システムの外へ,家庭や社会的状況での相互交流にまで広がってい
ると報告するものもいた。教師が私たちに報告してこの論文に記載される
ことになったその効果は,より大きな教育的価値や教育的目標の履行と関
連するものである。そしてこの理由により,自分の教育哲学を実践に落と
し込もうと努めている人たちにとって,その効果は役立つものとなるだろう。

I　プロジェクトの背景

　グリーンストリートフレンズの教職員は,「規律」を学校全体で取り組
む問題と認識していた。この学校には規律委員会が設置されており,この
委員会の責務として,規律に関する問題に教員全体が対応する際に役立つ
資料を見つけることがあった。

　著者の 1 人である校長は SAVI に精通していた。そして,教員たちが使
える資料の 1 つとしてこのモデルを考慮してはどうかと規律委員会に提案

原注 1）参加してくれたグリーンストリートフレンズ校の職員たちへの感謝をここに記
　　　します。

した。校長は自分の職務において，規律に関する難しい問題や教師と親との衝突を扱う際に，そして校長自身のコミュニケーションスタイルを発展させる際に，このモデルが役立つことを見いだしていた。

　この規律委員会は著者の1人に連絡し，SAVIについて話してもらったうえで，1日研修でどんなことができそうか話し合えないかと依頼してきた。委員会はSAVIの考え方，特に著者のSAVIに基づいた戦略の立て方に興味を抱いた。最初の会議の結果，規律委員会は教職員全員に対してSAVIの1日校内研修を提供することを決定した。

　フレンズ校の文化（Faith and Practice, 1972）とSAVIのアプローチには意義深い一致が見られた。まずフレンズ校では個人のエンパワメント^{訳注2)}が重視されるのに対して，SAVIというツールはシステムのすべての水準（すなわち生徒，教師，管理者，支援職員，親など）で使うことができる。次に，フレンズ校では対人コミュニケーションにおける言い方（tone）に焦点をあてるのに対して，SAVIでは明確に言い方を観察する。3つ目は，フレンズ校では人々が集団にとけ込めることを優先事項としているのに対して，SAVIではこの考えを実行するために，ある個人や集団がどのような体験をしているかという情報を他の個人や集団へと伝える際に，争いや対立が起きにくくするような伝え方を提示する。最後に，クエーカー教の価値観では明瞭さや明確さが重要視されるのに対して，SAVIはコミュニケーションにおいて曖昧さや対立や回避が生じるような行動ではなく，明確さを増すような行動を提示することをはっきりと意図して作られている。

II　SAVIモデルの起源

　言語的相互作用の分析システム（SAVI）（Simon & Agazarian, 1967）の起源は，1960年代のテンプル大学にさかのぼる。イヴォンヌ・アガザリアンとアニタ・サイモンという2人の大学院生は，教室や集団における行動を観察するためのツールやコンセプトにどのようなものがあるかを研究

訳注2)　エンパワメント（empowerment）とは，社会や組織のメンバー1人ひとりが，発展や改革に必要な力を持てるように，権限を与えたり自信を持たせたりすることである。SAVIは誰でも使えるツールであるため，エンパワメントに役立つということが言いたいのであろう。

していた（Simon & Boyer, 1971）。彼女らは，自分たちが見つけたものに不満だった。彼女らが求めていたのは，コミュニケーション過程で実際にとられている行動を，情報理論に基づく基準に従って組織立てられる観察システムだった。そのようなツールがあれば，どのようなコミュニケーション行動が，生産性や士気に関してどのような影響を及ぼすかを，さまざまな状況において研究することができるだろうと思われた。

アガザリアンは，シャノンとウィーバーの業績（Shannon & Weaver, 1964）に基づいて，コミュニケーションにおけるノイズを，曖昧（ambiguity），冗長（redundancy），矛盾（contradiction）として定義した（Agazarian, 1968; Simon & Agazarian, 1967）。シャノンとウィーバーは，あるコミュニケーション経路におけるノイズの量と，その経路での情報の伝わりやすさとの間には，負の相関関係があることを公式化した[訳注3]。この考えを言語的コミュニケーションに適用して得られたものがSAVIである。SAVIは，どんな言語的行動であっても，2つの要素に基づいて分類するシステムである。その2つの要素とは，①情報を効果的に伝える可能性と，②情緒に関する情報（emotional information）と出来事に関する情報（topic information）のバランスである（Agazarian, 1968 & 1969）。

赤信号の行動（p.170 の図 6-1 の上列）は，ノイズの多い行動である。こうした行動を用いた会話，例えば，攻撃，愚痴，マインドリード，誘導尋問などは，喧嘩や論争のように見えるだろう。理論的に言うと，これらの行動は，曖昧，矛盾，冗長を高い水準で含んでいる。このために，聞き手が話し手のメッセージの核心を捉えるのが難しくなっている。

アガザリアンがシステムズセンタードの理論と実践を発展させていく際に，SAVI モデルはコミュニケーション行動とその効果を記述する方法を提供した。その効果とは，そうしたコミュニケーション行動によって相手の耳に届くメッセージは何になるのか，換言すれば，境界はどのように新しい情報を透過させるのかということである。

SAVI は研究用のツールとして開発されたのだが（Browne, 1977; MacKinnon, 1984; Simon & Agazarian, 2000 前掲書 ; Sturdevant, 1991;

訳注3) シャノンの公式は「C=W log (1+P/N)」と表される。Cが通信路容量（通じる情報量）であり，Nがノイズ（電力）である。なおPは入力信号（電力），Wは帯域幅（Hz）を表している。

Weir, 1978; Zimmerman, 1970)，言語的コミュニケーションが仕事や生活で重要な位置を占めている人々の臨床業務や組織的業務[訳注4] における実用的な補助ツールとして最も頻繁に用いられている（Agazarian, 1972; Simon, 1993; Hughes, 1984; Fellows, 1996; Simon, 1996a）。

Ⅲ　SAVI：簡潔に説明すると

　人々がお互いに話しているとき，そこでは実際に何が起きているのか。SAVI は，そうした情報を集めたり分析したりするためのツールである。SAVI が図式化するコミュニケーション行動とは，例えば命令[訳注5]（「みなさんお座りください」）とか，他者の考えへの付け足し（「教員と職員のみんなをパーティに招待するというあなたのアイデア気に入ったわ。配偶者や他の家族まで招待できることにするのもありかもね」）とか，事実の提供（「このプリンターは 1 分で 6 枚印刷する」）とか，愚痴（「この辺りには駐車できる場所があったためしがない」）といった言語的行動である。

　SAVI は，こうしたコミュニケーション行動を，情報の伝達しやすさを表すパターンに落とし込んで整理する。すなわち，自分たちのメッセージがどれくらい上手く伝わるかという観点から整理する。こうして集められた情報は，個人や集団やシステムのコミュニケーションが現在どのようなパターンになっているかを記述するために用いうる。さらに SAVI は，より良いコミュニケーションを促進しそうな行動にはどのようなバリエーションがあるかを教えてくれる。

　SAVI の構造は，縦に 3 行，横に 3 列，計 9 個の升目からなる 3 × 3 の表（grid）になっている（p.170 の図 6-1 を参照）。それぞれの升目には，似通った行動の類型がいくつか納められている。例えば，升目 1 の「闘争」には，攻撃，非難，詰問，自己防衛，愚痴，皮肉という行動が含まれている。

訳注4）システムズセンタードを学んだり実践したりしている主な職業グループには，精神保健領域の臨床家，組織コンサルタント，教育者などがあるので，そうした人々の業務を指しているのであろう。

訳注5）本文中では，この「命令」という言葉は，一般名詞のように "command" という表記ではなく，固有名詞のように "Command" と頭文字が大文字で表記されている。英文ではこのようにして SAVI グリッドの中の用語であることが分かりやすくなっているのだが，訳文ではアンダーラインを付している。

	人 (Person) 訳注6	事実 (Factual)	方向づけ (Orienting) 訳注7
赤信号	**1：闘争 (Fight)** 1A 攻撃 (Attack) ／非難 (Blame) 1R 詰問 (Righteous Question) 1D 自己防衛 (Self Defense) 1C 愚痴 (Complain) 1S 皮肉 (Sarcasm)	**2：データの欠如 (Data-Void) 訳注8** 2M マインドリード (Mind Reading) 2N 否定的予測 (Negative Prediction) 2G うわさ話 (Gossip) 2J 物語 (Stories) ／冗談 (Joking) 2T 独り言 (Thinking Out Loud) 訳注9 2R 儀式 (Ritual) 訳注10	**3：競合 (Compete) 訳注11** 3B そうだねー でも (Yes-But) 3D 価値下げ (Discount) 3L 誘導尋問 (Leading Question) 3O 上から目線 (Oughtitude) 訳注12 3I 割り込み (Interrupt)
黄信号	**4：社会的な自己 (Social Self) 訳注13** 4C 現在の個人的情報 (Personal Info Current) 4P 過去の個人的情報 (Personal Info Past) 4E 個人的説明 (Personal Explanation) 訳注14	**5：公的データ (Public Data)** 5F 事実と数値 (Facts and Figures) 5G 一般的情報 (General Information) 5N 狭い質問 (Narrow Question) 訳注15 5B 広い質問 (Broad Question)	**6：影響 (Influence) 訳注16** 6O 意見 (Opinion) 6P 提案 (Proposal) 6C 命令 (Command) 6I 中立的なあいづち (Impersonal Reinforcement)
青信号	**7：共感 (Empathize) 訳注17** 7F 自分の感情 (Feelings) を共有する 7Q 内的体験 訳注18 を尋ねる (Questions) 7A 内的体験を答える (Answers) 7M 他者の内的体験を汲みとって示す (Mirror) 訳注19 7J 愛情のこもった冗談 (Affectionate Joke) 7S 意志表明 (Self Assertion)	**8：データ処理 (Data Process)** 8A 質問に答える (Answers) 8P 換言する (Paraphrase) 8S 要約する (Summarize) 8C 自分の答えを明確化する (Clarify) 8F 修正する (Corrective Feedback) 訳注20	**9：統合 (Integrate) 訳注21** 9A 賛成 (Agreement) ／肯定 (Positive) 9B 他者の考えや体験に付け足す (Builds on) 訳注22 9J 機能する冗談 (Work Joke) 訳注23

沈黙　笑い　ノイズ 訳注24

SAVI™は、アニタ・サイモンとイヴォンヌ・アガザリアンの登録商標です。©Simon and Agazarian 2002

図6-1　SAVI™グリッド　言語的相互作用の分析システム

　水平方向に並ぶ各行は，コミュニケーションにおける情報の伝わりやすさを示している。私たちは，「<u>赤信号，黄信号，青信号の行動</u>」という，交通信号機の喩えを使う。なぜなら，赤信号が交通の流れを止めるのと全く同じように，赤信号行動（<u>攻撃，マインドリード，そうだね－でも，自己防衛</u>など）で運ばれるとき，情報は止まってしまうからである。そして

訳注6）話し手や聞き手の情緒や状態についての情報。

訳注7）どういう方向に話を持っていこうと話し手が意図しているかについての情報。

訳注8）根拠の乏しい曖昧な情報。

訳注9）「えっと」とか，「何て言うのかなあ」など，それ自体はあまり意味のないようなつぶやきや，中途半端な思考。

訳注10）型どおりの社交的な挨拶など。

訳注11）相手の意見に反するような方向づけ。

訳注12）「それはそうすべきもの」とか，「それはそういうものだよ」といった教義めいたものの言い方や，「あなたのために言っている」といった発言などで，特に敵意を込めた言い方にはなっていないもの〈敵意があるものは闘争（Fight）に該当する〉。

訳注13）個人に関する情報で，情緒的な意味合いの少ないもの。

訳注14）個人的情報に関する説明や解釈。

訳注15）「狭い質問」とは，「そこに行きましたか？」とか，「そこに何人いましたか？」など答えのバリエーションが限られているような質問の仕方。「広い質問」とは，「これについてはどう思う？」とか，「そこはどんな感じでしたか？」というような，自由回答できるような質問の仕方。

訳注16）話題になっていることに関して自分の考えを主張する。

訳注17）情緒的に意味深い情報。

訳注18）内的体験とは，身体感覚や感情のことを指す。

訳注19）他者がどんな体験をしているかを想像し，それを表現してみて，それで合っているか相手に確認すること。「～と感じたんですね？」など質問の形をとることが多い。

訳注20）否定的な調子ではなく，中立的になされるもの。

訳注21）他者の意見を肯定的に発展させる方向づけ。

訳注22）他者の体験や考えを否定したり修正したりするのではなく，それに沿う方向性で，自分の場合の体験や考えを付け加えて，話題の内容を豊かにすること。

訳注23）グループの課題や目標に沿った冗談。

訳注24）沈黙や笑いがSAVIグリッドのどこに位置づけられるかは状況によって異なってくるため欄外に記載されている。ノイズは赤信号の行のコミュニケーションに多く含まれるが，ノイズそれ自体だけではSAVIグリッドの中に位置づけられないため欄外に記載されている。

青信号行動は，情報の流れを促進する（換言，賛成／肯定，他者の考えに付け足し，自分の感情を共有，要約など）。

　鉛直方向に並ぶ各列は，コミュニケーションに含まれる情報が，主に感情／関係性についてなのか（「人」の列），あるいは主に話題についてなのか（「事実」の列と，「方向づけ」の列）[訳注25] に対応している。

　ある行動がとられるたびに，該当する類型を含む升目に印[訳注26] が付けられるのだと想像すれば良い。例えば，教師が「2足す2はいくつですか？」と言ったならば，観察者は（狭い質問という類型を含む）升目5に印を付けるだろう。

　この表の中に一連の行動をコード化していくことによって，どのように行動パターンが把握できるのかを見てみよう。例えば，生徒の高次思考能力（higher order thinking）[訳注27] を刺激するために発見的学習方法を用いたいと思っている教師がいたとしよう。そして，その生徒と教師の相互作用をコード化できるようにSAVIの訓練を受けた同僚もいたとしよう。以下に示すのは，この同僚がコード化した記録である。

　　教師：狭い質問（升目5）
　　生徒：返答（升目8）
　　教師：狭い質問（升目5）
　　生徒：返答（升目8）
　　教師：狭い質問（升目5）
　　生徒：返答（升目8）
　　教師：広い質問（升目5）
　　生徒：返答（升目8）
　　教師：そうだね－でも，価値下げ（升目3）

訳注25）SAVIのホームページでは，本書とは異なる版のSAVIグリッドを見ることができる（http://www.savicommunications.com/SAVI_Grid_Classic.pdf）。左記の版のSAVIグリッドでは，「事実」の列の行動は主に「話題」についての情報を含んでいるとされるのに対して，「方向づけ」の列の行動は「人」と「話題」についての両方の情報を半々に含んでいるものとして図示されている。

訳注26）日本だと「正」の字を書くように，数を数える際に記載する記号のこと。英文では図6-2にあるように斜線「//」で記載されている。

訳注27）単なる概念の習得にとどまらない，分析，評価，統合，新しい知識の創造などの複雑な思考過程がこれにあたる。

教師：<u>狭い質問</u>（升目5）
生徒：<u>返答</u>（升目8）

　もし記録者が，各発言に対してSAVIグリッドの中に印を付ける形でコード化したならば，図6-2に示されるように，頻用される升目に印が積み重なっていくのを目にするだろう。

1	2	3 そうだねーでも ／ 価値下げ　／
4	5 狭い質問　//// 広い質問　／	6
7	8 返答　/////	9

図 6-2

　この表を見ると，升目5と8（特に<u>狭い質問</u>と<u>返答</u>）に印が積み重なるパターンがあることが分かるだろう。このパターンを見ると，この教室では生徒の記憶が事実確認の質問や「はい」か「いいえ」で答えられる質問によって試されていることが一目で分かる。また，生徒の思考を広げようと<u>広い質問</u>がなされたとき，生徒の返答は教師からの<u>価値下げ</u>や異論をくらうはめになっていることも見てとれる。この記述的報告からすると，この教師が実際にしていることは，彼がしようと思ったこととは全く異なっていることが分かる。もし彼が本当に生徒の高次情報処理過程を進めさせたいと思うのならば，さまざまな行動の選択肢を引き出して，生徒がそれらを試してみることを支持するだろう。例えば，彼は生徒の探究心や構成主義（constructivist）^{訳注28)} を支持して，<u>広い質問</u>を投げかけるかもしれない。生徒が反応するまでは<u>沈黙</u>して待ち，生徒が返答したらそれを<u>換言</u>し，そ

して他の生徒の意見を求めるために別の広い質問をするかもしれない。

Ⅳ　SAVI の警報（Alerts）

コミュニケーションを乱すようなある一連の行動が繰り返し生じることがある。それらはとてもありふれたものなので、私たちの注意を引きささえしないことが多い。そうしたもののうちいくつかを SAVI は抽出しており、「警報」と呼んでいる。なぜそう呼ばれるかというと、放っておくと生産性や士気の低下に繋がるようなコミュニケーション過程におけるトラブルを私たちに警告してくれるからである（Simon, 1993 前掲書；Simon, 1996c）。最もありふれた警報の1つに、「そうだね－でも、そうだね－でも」というみんなにお馴染みのパターンがある。（「プリンターをここに異動させよう」、「そうだね、でもこのプリンターは壊れやすいんだよなあ」）。「そうだね－でも」パターンは、教室、遊び場、職員会議、業務グループの中にありふれたものである。「そうだね－でも」行動は、その次に続く言葉を聞く必要もないくらいに、私たちのほとんどにインストールされている。「でも」の後には、提案されたことをしないための理由がくることを私たちは知っているのである。

その他いくつかの一般的な警報を以下に対話例で示す。

・攻撃－攻撃

「あなたは私の話を聞いていない」という攻撃の後に、「どういう方向で始めるのかはっきり言わないないからだよ」という別の攻撃が続く。

・攻撃－自己防衛

「いつものことだけど、あなたが私の話を聞いていないから、私たち途方に暮れちゃうんだわ」に続く答えとして、「僕は聞こうとしていたよ」と自己防衛する。

訳注 28）絶対的で不変の知識というものがあり、人はそれらを吸収することによって学習するという見方とは異なり、構成主義では、人や社会の相互作用によって知識が構成されていくという立場をとる。よってここでは、生徒たちが「教師が正解を知っているから、自分たちはそれを教えてもらえば良い」という姿勢ではなく、「自分たちで解答を編み出そう」という姿勢で学習に臨めるように援助するといった意味であろう。

・<u>意見</u>－<u>意見</u>－<u>意見</u>

「私たちにはマズローカリキュラムが必要だ」に続いて，「私たちには，マズローカリキュラムは買えないわよ」に続いて，「私たちは，プリント類にお金をかけすぎている」など。

・<u>愚痴</u>－<u>愚痴</u>

「あの人たち，いつも私たちに『遅い』って文句言ってくるんだから」に続いて，「そんなこと言うなら，このひどい駐車場の問題を何とかして欲しいわ」。

・<u>割り込み</u>に続く<u>割り込み</u>

（これがどんなものかは想像できますよね！）

これらの<u>警報</u>パターンが<u>黄</u>－<u>青信号</u>パターンに置き換えられると，情緒的雰囲気が変化し，作業意欲が増大する。

「<u>そうだね</u>－<u>でも</u>，<u>そうだね</u>－<u>でも</u>」警報をもう少し詳しく見ていこう。この「<u>そうだね</u>－<u>でも</u>」は，コミュニケーションに矛盾をもたらす<u>赤信号</u>パターンである。すなわち，「イエス（そうだね）」と「ノー（でも）」を同時に言っている。そして，「イエス（そうだね）」の側面と，「ノー（でも）」の側面のどちらも処理されない。結果として生じるのは，私たちがしばしば会議で経験するような態度である。「これ何か意味があるの？　続けていてもどこにも行き着かないよ！」。以下に例を示す。

ポールとハリエットは，次の職員修養会をどこで行うか選ぶように校長から頼まれた。

ポール：田舎の方で候補地を見つけよう。1日学校から離れる日があるとみんなにとってすごく良いと思うよ。そうすれば，日々の雑事に煩わされることもないだろうし。

ハリエット：そうね，でもとてもお金がかかるんじゃないかしら。（警報－会話が<u>赤信号</u>に移った）

ポール：そうだね，でも，僕たちが問題を解決できる名案を思いつけるんだったら，いくらか余分に出費するだけの価値があるかもしれないよ。（警報－会話は<u>赤信号</u>内で続いている）

このコミュニケーションの問題は，ハリエットが「そうね」と言ったとき

に彼女が賛成したのは（もし彼女が本当にどこかに賛成していたとして）ポールの発言のどの部分に対してだったのかがいまだ明らかになっていないことである。さらには，彼女が「でも」と言ったときに，ポールの発言のどの部分に反対だったのかさえも真意は分からない。そしてもちろん，ハリエットに対するポールの返答にも同じことが言える。私たちの経験では，賛成できない何かに対して私たちは「そうだね－でも」と反応したくなるほとんど普遍的とも言える傾向があるのが観察できる。すなわち，しるしばかりの賛同（そうだね；いい考えだね；面白い）を提示したすぐ後に，異議（でも〜）を唱えて，ノイズの多いコミュニケーションを生み出していくのである。

SAVI グリッドでは,彼らの会話は以下のようになるだろう(図6-3を参照)。

ポール：提案（P : Proposal）「〜しよう」
　　　　意見（O : Opinion）「〜と思うよ」
ハリエット:そうだね-でも（YB：Yes − but)「そうね，でもお金が〜」
ポール：そうだね－でも（YB)「そうだね，でも価値がある〜」

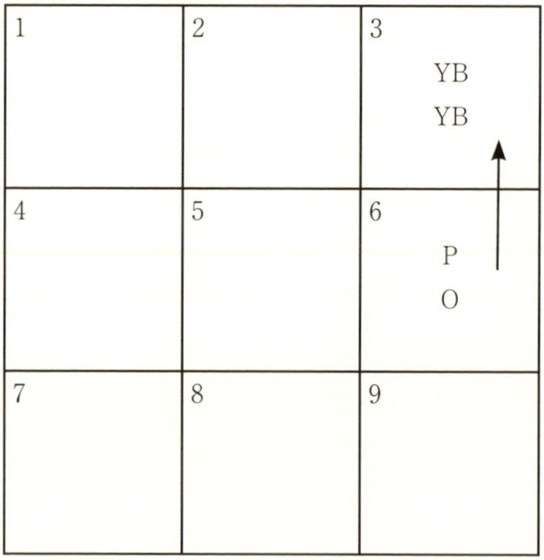

図6-3

この例でポールとハリエットのコミュニケーションを改善するために，私たちはSAVIを用いることができる。ここで戦略というのは，コミュニケーションの目標を達成するために選ばれた一連の行動を意味している。

私たちの「そうだね－でも」と言いたくなる衝動を打ち消すための戦略が
SAVI にはたくさんある。特に効果的な戦略の1つに，「3回乗ってから質
問（Three Builds and a Question)」がある。この戦略の使い方を以下
に段階的に示す。

＃1自分が「そうだね－でも」と言いたくなっていることを把握して，
　　そう言わないようにする。

＃2「そうだね－でも」と言う代わりに，升目9の行動の中で自分にで
　　きそうなもの，すなわち発言内容のうち正直に賛同（join）できる
　　ところ（賛成または付け足し）を見つける。そして，それを声に出
　　して言う。この賛同をあと2回繰り返す。これは情緒のエアロビク
　　スのようなものだ。つまり，相手が言っていることに対して，あな
　　たの心の中の大部分が反対したがっているときに，本当は賛成した
　　り尊重したりできる部分が自分の中にないか，身体を伸ばして探し
　　てみるようなものだ。

＃3誘導尋問（升目3）ではなく，本当の質問（升目5）をする。すなわち，
　　相手の発言内容のうち，あなたが本当に興味をひかれることについ
　　て尋ねる。

もしハリエットがこの3ステップ法を試してみることを考えたら，この
戦略は以下のような会話になったかもしれない。

　　ポール：田舎の方で候補地を見つけよう。1日学校から離れる日があ
　　　　るとみんなにとってすごく良いと思うよ。そうすれば，日々の雑
　　　　事に煩わされることもないだろうし。
　　ハリエット：それって素敵ね（賛成：1回目）。この前の職員修養会
　　　　で違う学校に行ったとき，邪魔が入らなくて，すごく仕事がはか
　　　　どったものね（付け足し：2回目）。職員にとって，1日学校か
　　　　ら離れるのも良いだろうっていうのも賛成だわ（賛成：3回目）。
　　　　これを実行するためのお金をどうやって工面したら良いか，何か
　　　　いい考えはある？（広い質問）

SAVI グリットでは，この相互作用は以下のようになる（図6-4を参照）。

ポール：提案（P：Proposal）

　　　　意見（O：Opinion）

ハリエット：賛成（A：Agreement）

　　　　　　付け足し（B：Build）

　　　　　　賛成（A：Agreement）

　　　　　　広い質問（BQ：Broad Question）

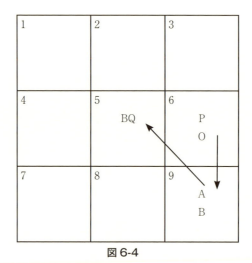

図 6-4

　ハリエットとポールのメッセージがお互いに聞き入れられる可能性を増すにはどのように自分の行動を変えたら良いのか，その方向性を導いてくれる地図としてハリエットはSAVIを用いた。「そうだね－でも」警報の打ち消し方を示すこの例は，コミュニケーションを記述するツールとして，またコミュニケーションを変えるためのガイドとして，SAVIがどのように機能するのかも例示している。

　SAVIは，コミュニケーションの過程，すなわち，誰かが誰かに話しかけるときに用いられる実際の言語的行動を見ることを意図して作られているため，職員と生徒の間の情報伝達がどのようになっているかを把握するために用いることができる。またそれだけでなく，情報伝達をより効果的

にするにはどのような行動の選択肢があるのか，その一覧表を提供することもできる。このようにしてSAVIは，教育の主目的（学習および生徒と教師の成長）に向けた歩みを観察するためにも使えるし，その歩みに影響を与えるために使うこともできる。

V　SAVIと，教育的変化というより大きな文脈

　SAVIはコミュニケーション行動を記述するシステムである。教育哲学や方針やカリキュラムと生徒を実際に繋げるのは，教師の行動である（Flanders & Simon, 1969）。発展させ支持しようとするものが教育哲学であれ（例えば，クラスにおける民主主義，多様性に応じた個別化指導など），学校の方針であれ（例えば，規律に関する方針など），新しいカリキュラム上の焦点であれ（例えば，ホール・ランゲージ学習[訳注29]など），SAVIは，望んだ方向に集団を進ませるコミュニケーション行動はどのようなものか，逆に遠回りや崩壊に向かうような行動はどのようなものかを指し示す。

　SAVIシステムは指示（prescribe）するというよりもむしろ記述（describe）する。それは，教師たちが（そして，もしSAVIを学ぶなら，生徒，管理者，支援スタッフ，親たちも）自分たちがやろうと思ったことを実際に自分たちがやっているのかどうかが見えるようにするためである。また，用いられている行動が目標に向かう動きを邪魔しているのであれば，SAVIは代替案も提供する。

　教室内の教師と生徒の行動を観察し記述するための秩序立ったシステムを習った教師たちは，望ましい方向に自らの行動を修正したと示唆する情報がある（Amidon & Simon, 1967; Flanders & Simon, 1969; Flanders, 1965）。そうした観察システムを用いるために必要となる鑑識眼を習得することによって，教師自身の行動への気付きが増し，自分の目標に向かうように彼らは行動を修正した。例えば，高次思考能力に関わる行動を分類するシステムを習得した教師は，高次の質問を生徒に問うた。そして結果的に生徒たちは高次の思考過程を用いていた（Gallagher, 1966; Rowe, 1986; Redfield

---

訳注29）ホール・ランゲージ（whole language）とは，1980年代に広がった言語教育運動のことである。言語に関わるスキルを細分化して指導する方法に異を唱え，言語は全体で教えるべきであると主張したことから始まった。

& Rousseau, 1981; Taba et al., 1964)。情緒的な次元だと，教室に肯定的な雰囲気を作り出す行動について学んだ教師の生徒たちは，自信が増し，より積極的に参加し，成績が改善した (Hunt, 1987)。相互作用分析システム (Flanders, 1962) を学んだ教師は，教室内で非指示的な行動（感情を受容する，励ます，生徒の考えを受け入れる，質問をする）をより多く用い，生徒たちの成績がより高かった (Amidon & Flanders, 1961)。同様の結果は，こうした技能を機械的に学んだ場合でさえも得られた (Powell, 1972)。

この章は，次に述べる仮説を非公式に検証した報告である。その仮説は，「規律をめぐる状況により良く対応するという目標に向かうにはどのような行動を選択すると良いのか？　SAVI によって行動の鑑識眼が養われると，教師たちのその選択能力が向上する」というものである。

VI　教師たちに SAVI を導入する：校内研修

「敬意（respect）をもって指導する——不敬（disrespect）に対する答えを出す」。そんなタイトルで 2002 年の秋に職場で行われた 1 日 SAVI トレーニングに，グリーンストリートフレンズ校の教職員たちは参加した。教職員たちは，一連の短い講義とロールプレイによる実践をとおして SAVI を初めて体験した。

研修を進めていくうちに明らかになったことだが，教職員は自分たちがとても気にしていた問題についてお互いに話し合う機会として校内研修を用いていた。また，SAVI の記述的な用語のおかげで，自分たちの意見や経験の似ているところと違っているところについて話し合いやすくなったことも明らかになった。教職員は SAVI の警報（生産性を低下させうる行動）について学んだ。職員たちは，警報のいくつか（特に，「そうだね－でも，そうだね－でも」と「意見－意見－意見」）が職員会議でも起きていたこと，それが会議の生産性を損ねていたことに気付いた。また，自分たちが発したコミュニケーションが，公の共有される環境を形成していくことにも気付いた。このワークショップの計画過程において（芸術や音楽など）特殊教科の教師たちが含まれていなかったという事実があったが，教職員たちはこの事実について話し合う際にも SAVI を用いていた。

その日の最後に，研修グループは自分たちが行ったことを振り返った。教

師たちは，SAVIグリッドを用いることが，刺激的で，興味深く，効果的であると分かった。また彼らは，効果的にコミュニケーションをとるのはどんなに手がかかることか，いかに容易にコミュニケーションを難しくすることを口にしてしまうかにも気付いた。教職員たちは，もっと時間をかけて戦略や相互作用の練習に取り組めたら良かったのにという不満を抱いた。

Ⅶ　2年後

　2002年にSAVIの校内研修に参加した教師20人のうち12人が，2004年においても自身の教え方について考える際にSAVIを使い続けていた。この12人のうち3人はSAVIが生徒と関わる際の「重要なツール」であると思っており，9人は「ある程度有用なツール」であると報告した。1年半前にかなり簡易的な訓練で介入しただけで，それも正式なフォローアップ訓練も行っていないのに，こうした成果が得られた。SAVIをわずかに訓練しただけでこんなにも持続性が認められたことに，私たちは喜ぶとともに少し驚いた。そして，もし興味を持った教師たちに訓練を続けたらどんな結果が得られるのだろうかと好奇心を抱いた。SAVIのようなシステムを自分の教え方のレパートリーの中に統合していくのはどのような過程なのか，これは私たちもあまり知らない領域である。私たちは以下のことに興味を持ちながら，この章を書いた。かなり簡易的な訓練の後にSAVIを使い続けた教師たちから何が分かるだろうか？　何が役に立ったのだろうか？　この訓練から得られた利益は何だったのだろうか？

　教師たちはどこでどのようにSAVIを使っていたか？　この章を準備するにあたって，私たちはその具体的な情報を個人の話から集めてきた。教師たちが成し遂げた変化を確認することで，教師たちが目標へ向かうのを援助するツールとしてのSAVIの有用性を評価できるだろうと私たちは期待した。SAVIについて自分たちが理解したことを生徒に対してどのように使ったのか，以下に7人の教師たちが語った内容を記載する。これらの報告は，著者の1人と面談した際に教師たちが語ったことを大きく違えないように言い換えたものである。名前などの細かい点については，守秘義務のために編集されているところもある。

　私たちはそれぞれの話を辿りながら，<u>赤／黄信号</u>から<u>青／黄信号</u>へ雰囲

気を移行させた教師の決定的な行動の変化を，SAVIを用いて分析した。

レポート 1：低学年^{訳注30)} の教師

「私は，ある生徒にある企画について作業するように言いました。彼は作業に取りかかったのですが，私の指示とは違うやり方で作業していました。彼のやり方について私が意見を述べると，彼は今にも私に食ってかかってきそうな勢いで，とてもイライラしていました。やり方について私がかなり具体的に説明し直したところ，彼は私の説明を遮って「それはもうやった」と言ってきました。彼を<u>価値下げ</u>するよりはと思って，私は「やり方について私が言ったのは～（やり方について同じ話）～ということでした」と言いました。とても満足したことに，彼は言い争いを止めて，席に戻り，作業をやり終えました。私はその時にはSAVIグリッドのことは頭になかったのですが，彼が私の最も重要なメッセージをどのように受け止めたのかが分かります。なぜなら，私は彼と争わなかったし，事実に徹して，肯定的な雰囲気を保っていましたから」

SAVI 分析

教師（図6-5）：<u>事実を伝える</u>（やり方）－升目5

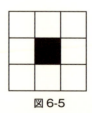

図6-5

生徒（図6-6）：<u>割り込み</u>，<u>価値下げ</u>（「それはもうやった」）－升目3

図6-6

教師：

訓練前（図6-7）：<u>赤信号</u>の行動に加わっていたかもしれない（<u>価値下げ</u>－論争し返すなど）－升目3

図6-7

訓練後（図6-8）<u>事実を伝える</u>（やり方を繰り返す。肯定的な声色で[訳注31]）－升目5

図6-8

結果：生徒は作業に戻った

レポート2：低学年の教師

「ある女性が私たち1年生の教室に来て，感情を扱う違った方法について話をしたんです。感情を行動化するよりも，感情を言語化することを生徒たちに勧めて。自分自身について何か気に入っていることを順番で言うように生徒たちに求めて，それからみんなで歌を歌ったんです。エミリーは怒っていました。『こんなのは赤ちゃんがすることだ』って言って。その女性は彼女のことを全然分かってないとも言っていました。SAVIを習

訳注30）グリーンストリートフレンズ校では，4年生までが低学年，5～8年生が高学年となっているようである。

訳注31）SAVIは言語的相互作用を分析するツールであるが，どのようなメッセージを伝えているかを判断する際に，語られている内容だけでなく，語り方などの非言語的要素も考慮する点に注意を要する。もしこの事実の伝え方を批判的な声色でしたなら，それは升目1や3に該当するだろう。

う前なら私，なんとか（上から目線，価値下げ，マインドリードなどを用いて）彼女を丸め込もうとしていたと思います。彼女の態度を改めさせたり，何が彼女の問題かを教えてやったり，私の目から見て物事が上手くいくようにしたり。その代わりに私，授業が終わってから彼女の隣に座って話をしました。その女性は実際に彼女のことを全く知らなかったっていう事実を踏まえたうえで，彼女がどんなふうに感じていたのかを聞いたんです。そうしたら，エミリーは，その女性に関するいくつかの否定的なマインドリードを話したかと思うと，泣き出したんです。それで私，その女性が何を考えているかを想像している代わりに，その女性が次に来たときに実際に話せるといいわねってエミリーに伝えました。その女性は実際にまた来たんですけど，彼女とエミリーはエミリーのことについて穏やかに話すことができていました」

SAVI分析

生徒（図6-9）：攻撃（言葉による辱め：「こんなのは赤ちゃんがすること」）－升目1

図6-9

教師：

訓練前（図6-10）：上から目線，価値下げ，マインドリード－升目2と3

図6-10

訓練後（図6-11）：<u>感情を尋ねる</u>，<u>感情を汲みとって示す</u>，<u>提案</u>－
　　　　升目6と7

図6-11

　　　結果：生徒は教師の提案を受け入れて，実行した

レポート3：高学年の教師

　「最近，あるクラスで授業していたとき，ホリーがノートにいたずら書きをしていました。私の主義としては，いたずら書きでノートが物理的に埋め尽くされたり，いたずら書きをしていてノートが取れなくなったりしないのなら，別にいたずら書きも構わないじゃないかと思っていました。ホリーは，彼女のズボンにいたずら書きをしていました。それから，彼女は自分の顔にもペンで何やらいっぱい描いているのに気付きました。その時点で，私が取れる選択肢は2つありました。慌てふためいて彼女と戦うか（もしそうなら私はSAVIの上段3つの升目すべてを使ったでしょう），それとも，情報を得たり与えたりするのか。私が後者でいこうとすると，ホリーが赤信号の行動で私に挑んできました。『先生が何も言わなかったら，誰も私のことを見なかったのに』とか言って。私はその<u>非難</u>を受け入れるつもりはないと言いましたが，でも彼女に非難を向け返すことにならないようにも注意を払いました。私はシンプルに事実に徹するように努めました。クラスの気が逸れたこと，私が彼女を非難しているわけではないこと，彼女の顔に何か描いてあるので，みんなが彼女の方を向いていること。私たちはその状況をやり過ごすことができたし，彼女もそうすることができました。1分以内に，私たちは数学の授業に戻っていました」

SAVI分析

　　　生徒：受け入れがたい非言語的行動

186

教師：

訓練前（図6-12）：「私はSAVIの上段3つの升目すべてを使っただろう」

図6-12

訓練後（図6-13）：<u>情報を与える</u>−升目5

図6-13

生徒（図6-14）：<u>非難</u>（「先生が何も言わなかったら〜」）−升目1

図6-14

教師：

訓練後（図6-15）：クラスの状況について<u>事実を提示する</u>（「あなたの顔に何か描いてあって，クラスのみんながあなたを見ていて，クラスは授業から気が逸れている」）−升目5

図6-15

結果：生徒と教師は数学に注意を戻した

レポート４：高学年の教師

「2人の子供が私に近づいてきたんです。怒鳴ったり叫んだりし合いながら。SAVIを学ぶ前なら，子どもたちが考えていることを私が代弁してしまって，それから自分で問題を解決するように伝えただろうと思います。そうする代わりに私は筋書きを設定してみました。『私は何やら争いが起きていることに気付いています。この争いについて，私たちで話し合いをしましょう。全員に話す順番が回ってくるでしょう。あなたたちには“私”を主語にして話してもらいたいと私は思っています。もし私が争っているなら，私はこんなふうに言うかもしれません。“私は攻撃されたように感じます。あなたが私に近づいてきて，私に向かって怒鳴ってくると”って』。子どもたちには，相手の話に割り込まないようにお願いしました。私は何回か明確化するために質問をしました。子どもたちが順番で話し始めたら，私は耳にしたことを繰り返したり，まとめたりして，子どもたちに伝え返しました。そして，相手の話に何か正確じゃない点がないか尋ねました。誤解を明確にしていくと，誰も悪くはないことが子どもたちにも分かってきました。すると他の生徒たちも私のところに寄ってきて，自分たちの相談にも乗ってくれと頼んできました。そして，その子たちも私が使ったモデルを取り入れて，自分たちで解決しようともし始めました」

SAVI分析

生徒（図6-16）：<u>闘争</u>－「怒鳴ったり叫んだりし合いながら」－升目1

図 6-16

教師：

訓練前（図 6-17）：マインドリード，提案「自分で問題を解決する
　　ように」－升目 2 と 6

図 6-17

訓練後（図 6-18）：争いの解決方法を児童に教えて，そして手本を
　　見せた。
　　まず，生徒たちがどう行動することを期待されているかについ
　　て明確な指示を与えた－升目 5 と 6

図 6-18

教師は子どもたちに "私" を主語にして話すように指示した－
升目 4 と 7（図 6-19）^{訳注 32)}

図 6-19

子どもたちが話している間，教師は<u>換言</u>したり－升目8，事実を明確にする質問をしたりしていた－升目5（図6-20）

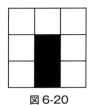

図6-20

そして，正確に聞いてもらえたと話し手が感じたかどうかを教師は確認した－升目7（図6-21）

図6-21

結果：生徒は，自分たちが正確に話を聞けていなかったことを学んだ。また，自分たちの捉え方によって，自分たちが腹を立てていたことも学んだ。子どもたちは，「誰も悪くない」と感じたことを報告した

一般化された結果：争いを抱えた他の生徒も教師のところに助けを求めにやってきた。その子どもたちも，教師の提示したモデルを取り入れて，自分たちで解決しようとし始めた

レポート5：高学年の教師

「私は7年生（訳注：日本だと中学1年生）の学級で，『くそ（crap）』

訳注32）「教師が子どもたちに指示した」となると，升目4や7ではなく，升目6の命令または提案ではないかと思われるが，本文中では「あなたたちには～してもらいたいと私は思っています」と書かれているので，升目7の意思表明に近いことが分かる。また，この教師が子どもたちに指示した「"私"を主語にして話すように」ということは，「SAVIグリッドの升目4と7の行動をとるように」と言い換えられるだろう。

のような特定の言葉は教室で適切でないことを説明していました。しばらくすると，ある生徒が『くそ』と言いました。そこで私は，別の言い方でフラストレーションを表現できないか彼に尋ねてみました。すると別の生徒が『あいつ"くそ"って言ったの？』と甲高い声を張り上げました。教師になりたてのころなら，その生徒をわきへ連れ出して，こんなふうに攻撃していただろうと思います。『その言葉は使わないように言ったでしょ。今あなた使いましたね。あなたにはみんなとは別のところで昼食をとってもらいますから[訳注33]』って。そうする代わりに，私は彼をわきに連れ出して，私がどんな体験をしていたかを彼に伝えました。私が設定したルールを彼が無視したのを，私は個人的に捉えていたことを彼に伝えました。これは効果的でした。彼は二度と『くそ』と言わなくなりました。私はまだその場で SAVI を使えるところまではいっていません。後から振り返る際に SAVI を使うことで，その恩恵にあずかれるような段階です。でも，このケースでは，自分が SAVI のどこにいるかが分かりました（そして，以前の自分ならどこにいただろうかも分かったのです！）。そして，自分のコミュニケーションがどれくらい効果的だったのかにも気付くことができました。どうしてそんなに上手くいったのか，どうしてコミュニケーションが成功したのも意外でないのか，そうしたことを理解するための枠組みを SAVI は与えてくれたのです」

SAVI 分析

　生徒：不適切な言語行動を示した

　教師：

　　訓練前（図6-22）：きつい声色で「使わないって言ったでしょ」と攻撃した。生徒を罰した「昼食はみんなと別にします」－升目１

図6-22

訳注33）"Lunch detention" という米国の学校では一般的に見られる罰。

訓練後（図6-23）：内的体験を<u>共有</u>する－升目7

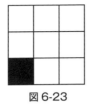

図6-23

結果：生徒は不適切な行動を繰り返さなかった

レポート6：高学年の教師

「ある母親が腹を立てていて，私と面談することになりました。なぜなら，彼女の息子がいくつかの事件の後に停学になったのですが，もしその問題行動が止まらないなら停学になるだろうということを彼女に伝えていなかったからです。彼女が私に話した後，私は彼女が言ったことを意識的に要約し，彼女が心配していることや，学校側の連絡に関する彼女の希望について言及しました。このやり方でいく際に，私が防衛的にならなかった（私は「そうだね－でも」も使わなかったし，息子に起きたことについて彼女が感じていることを<u>価値下げ</u>することもなかった）のはとても役立ちました。こうしたコミュニケーションの取り方が，彼女を落ちつかせたことに私はすぐ気付きました。それから，どうして学校がこのような決定を下したのかを彼女に説明することができました」

SAVI 分析

状況：母親は教師や学校に対して腹を立てていた

教師：

訓練前（図6-24）：<u>自己防衛</u>（どうして学校側がそのような決定を下したのかについて釈明すること。「そうだね－でも」を使ったり，母親がそのように感じるべきではないという情報を提示したりして，母親の感情を<u>価値下げ</u>すること）－升目1と3

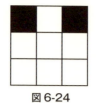

図 6-24

訓練後（図 6-25）：母親の意見を意識的に要約する。母親の感情を
汲み取って示す。学校からの連絡を改善して欲しいという母親
の欲求を正当なものと認める－升目 7 と 8

図 6-25

結果：母親は落ち着いた。そして学校側の決定に関する情報を聞き入
れることができた

レポート 7：低学年の教師。生徒と，同僚と，そして自身の家族との関わりなど，いくつかの役割における SAVI の影響について，彼女が発見したことを振り返る

「SAVI に触れる最初の段階では，SAVI グリッド自体に何かの価値基準
が内在しているように考えがちです。私たちの誰もが赤信号よりも青信号
のコミュニケーションをしたいと望んでいるのが現実です。でも結果的に
は，価値判断をしてしまう傾向があります。私たちのワークショップのグ
ループでは，コミュニケーションを記述する方法として SAVI を捉えると
いう第 2 段階にかなり早く進みました。それで私は，価値判断をすること
なしに，今何が起きているかに気付けるようになりました。

この初めてのワークショップ以来，私は財布の中に SAVI グリッドを入
れて持ち歩いています。私はグリッドを完全に理解しているわけではない
ですし，すべてのラベルの意味を知っているわけでもないですが，いまだ

にこれはなかなか面白いと思っていますし，これからもっと具体化してい
けるのだろうと期待もしています。

　私は，自分の育児や妻としての役割，つまり夫との関わり方やコミュ
ニケーションが，SAVIに強く影響を受けているように感じます。私はい
ろんなことが見えるようになりました。自分が何をしているか，自分は何
に反応しているか，夫は何をしているか，子どもたちは何をしているか。
SAVIは，今何が起きているかを明確にするのに役立ちます。そうすると
私がとりうる反応の選択肢も増えるのです。自分の責任とは，自分が何を
するかをコントロールすることだと私は捉えています。家族とのコミュニ
ケーションにおける責任を引き受けると，とてもダイナミックな変換が起
きました。例えば，私は家と学校でコミュニケーションのとり方が違って
いることにSAVIを通じて気付きました。そして，この気付きこそが，ノ
イズを減らすための主要な障害除去システムになったのです。その一部を
言いますと，親の役割は教師の役割と違うということがあります。家での
私のコミュニケーションの取り方には，マインドリード，否定的予測，誘
導尋問，上から目線が含まれていることに私は気付きました。自分が学校
で用いていた技法（特に賛成，換言，付け足し）を持ち込むと，家庭のコ
ミュニケーションが結果的に良くなることを私は発見しました。そういう
意味では，私は家庭のコミュニケーション環境を少し専門化したのだと言
えます。そして今はかなり上手くいくようになりました。

　私は多くの気付きを得ました。自分がノイズの多いコミュニケーション
をしているとき，それがはっきりと分かるようになりました。学校で，私
は生徒たちに驚いたこと，学んだこと，発見したこと，満足したこと，不
満だったことを報告するように伝えています。これら5つの開かれた質問
訳注34）からは，本当に開かれた素晴らしい答えが返ってきますし，青信号
のコミュニケーションもよくそこから引き起こされます。

　このワークショップを終えてすぐに，いくつかの別の事が湧いてきまし
た。職場での問題あるコミュニケーション，例えばうわさ話や冗談のよう
なことです。どうして冗談が上手く作用するときもあればそうでないとき
もあるのか，それを理解する方法をSAVIが提供してくれました。今では

訳注34）「開かれた質問（Open question）」は，訳注15の「広い質問」と同義。

私は冗談をやり過ごさなくなりました。他の例で言うと，私たちが<u>割り込み</u>をし合っているとき，教員グループの全員が突然それに気付いたことがありました。それで，私もグループのコミュニケーションの目標を割り込みによって阻止していたかもしれないということを学びました。

ひとつ興味深い事実があります。教師グループの一部が，SAVIカルトなるものがあると考えていることです。新しいものには，いつもそうした危険がついてくるものです。実態よりも大げさに捉える人たちがいるという危険が。私はSAVIが本当に良いツールだと感じています。これはカリキュラムを買うのと似ています。自分がカリキュラムを創作する必要がないんです。これが完璧なカリキュラムかどうかは分かりませんが，私が自分で作れるものよりはかなり良いです。

<u>赤信号</u>のコミュニケーションはコミュニケーションを台無しにしてしまって，本来の意図から外れてしまいます。子どもとの争いに巻き込まれてしまって，ポイント（例えば，子どもが何か良くないことをしていて，それを改めないといけないとか）を見失ってしまうかもしれません。なので，自分のコミュニケーションについて思うこととしては，<u>青信号</u>のコミュニケーションをとっていると意図から逸れないということが大きいですね」

SAVI 分析

　この教師は，自分の生活の中のいくつかの領域にわたる他者との相互作用について概括している。彼女は「SAVIグリッドは知っているりれど，それほど深く理解しているわけではない」という段階にあるが，これは，内容（何が語られているか）だけに焦点をあてることから，内容だけでなく過程（どのように語られているか，すなわち，それを言うのにどのような行動が用いられているか）にも焦点をあてられるようになっていく途上でよくみられる段階である。そしてSAVIを理解していくうえで必要不可欠な段階でもあると私たちは考えている。彼女は職場におけるノイズ〈<u>赤信号行動</u>，特に，<u>割り込み</u>，<u>うわさ話</u>，<u>軽口をたたくこと（Joking around）</u>〉の影響について深い見識を報告している。彼女は，これらの行動がいかに生産性や士気に否定的な影響を及ぼすかを報告している。例えば，軽口をたたいていると，本当の問題を覆い隠してしまって，あたかもその問題が重要でないかのようになってしまう。また彼女は，生徒と言い

争いになると（例えば，「間違っているわよ」，「そんなことない」，「いいえ，間違っています」，「いいえ，間違ってません」といった会話になると），教師が本当に伝えようとしている教訓から逸れてしまうことも述べている。

Ⅷ　分析

　規律にまつわる状況により効果的に対処するという目標に向けて前進させてくれるのは，どのような行動か？　上記の体験談を提供してくれた7人の教師は，それを理解するのに SAVI が役に立ったことを報告した。これらの教師が使ったと報告した行動を，以下に要約する。

・事実を提示する
・事実を尋ねる
・広い質問をする
・提案する
・感情を尋ねる
・感情を汲みとって示す
・換言する
・要約する
・自分自身の感情を伝える

　またこれらの教師は，コミュニケーションの案内図として SAVI を用いていなかったら，攻撃，非難，マインドリード，うわさ話，軽口，誘導尋問，そうだね－でも，価値下げ，上から目線，割り込み，意見，提案をもっと使いそうだったとも報告した。
　各教師の報告を SAVI 分析してみて，どのような一連の行動を用いるかによって SAVI グリッドのパターンが大きく異なること，すなわち情報の伝わりやすさが大きく異なることが分かった。どのような行動を教師たちが用いていたと報告したかを，訓練前（図 6-26）と訓練後（図 6-27）にわけて以下に要約する。

1 攻撃, 非難	2 マインドリード, うわさ話, 軽口	3 誘導尋問, そうだね－でも, 価値下げ, 上から目線, 割り込み
4	5	6 意見, 提案
7	8	9

**図 6-26　衝突する場面において，訓練前ではどのような行動を使う傾向があったと
教師たちが報告したか**

1	2	3
4	5 事実を提示する, 事実を尋ねる, 広い質問をする	6 提案する
7 感情を尋ねる, 感情を汲み取 って示す	8 換言する, 要約する	9

**図 6-27　衝突する場面において，訓練後では実際にどのような行動を使ったと
教師たちが報告したか**

　この訓練前になされていたような会話を立ち聞きした人がいたなら，そ
の話し合いは競争か喧嘩のように聞こえていただろう。もしあなたが自分
自身でもこういう会話を試してみたいと思うなら，誰か協力してくれる人
を探してきて，升目 1，2，3，6 にある行動だけを用いてやりとりしてみ

るといいだろう。

　訓練後に教師たちが用いた行動は，情報処理がなされていることを示すパターンを形作っていた。結論を支持する事実が提示され，情報は換言されたり要約されたりし，質問は直接尋ねられ，感情が表出され，表出された感情は共感をもって受け入れられた。

　SAVI という案内図のおかげで，教師たちはどうやってコミュニケーションを転換するかに焦点を合わせられた。例えば，意見から事実へ，攻撃から換言や相手の発言をなぞることへ，すべき（意見や上から目線）から質問へ，などと。規律に関する問題と一般的に考えられていたような類いの問題を，どのように解決するのか？　教師や生徒たちがそうした解決をどう体験するのかは，こうしたコミュニケーションの転換によって大いに違ってくる。上記の体験談には，そうした違いが描かれていた。

　訓練後の教師たちの行動から，以下のような戦略モデルがあげられる。

・もし生徒が赤信号内にいるなら，自分は赤信号に入るな
・もしあなたの言ったことを生徒が価値下げしたら，それは，その生徒があなたの言ったことを聞き逃したり誤解したりしていたからであることが多い。自分のメッセージを聞いてもらえるような行動を用いなさい。例えば，事実を繰り返し述べて（「あなたの課題に対する指示はこれになります」），その事実を生徒が繰り返し言うように求める（「私が何と言ったか，あなたに分かったことを教えてください」）など
・もし生徒たちが争っていたら，フィルターのような行動をとりなさい。赤信号の行動は漉しとって，青信号の行動を用いながら彼らの間で情報が行き交うようにしなさい。例えば，「ジョージ，あなたが言ったことを私はこういうふうに聞いたわ……これがあなたの言ったことかしら？　ポール，あなたが言ったことを私はこういうふうに聞いたわ……これがあなたの言ったことかしら？」など

　この教師たちが報告した変化のパターンは，アガザリアンの理論から予測されることに相当する。彼女は，クルト・レヴィンの力の場のモデル（Lewin, 1951）を改変して，効果的な情報伝達に対する推進力と抑制力を図式化した（Agazarian, 1986）（図6-28 参照）。

力の場 コミュニケーションにおける境界の透過性に影響をあたえるもの	
推進力	抑制力
直接的な質問→	←遠回しの質問
	←誘導尋問
	←皮肉をこめた質問
質問に答える→	←返答を避ける
	←話題を変える
	←質問に対して質問で返す
相手の意見に付け加える→	←相手の意見を無効化する
	←「そうだね，でも」
提案する→	←割り込む
自分の感情を肯定する→	←非難や愚痴
自分や相手を支持する→	←自己卑下
	←「〜すべき」という発言

Agazarian（1987）p.3 より

図 6-28

　こうした考えの延長として，この学校の校長は次のような印象を受けたことを報告した。職員たちが SAVI に基づいた戦略を作り上げて用いていくにつれて，こうした新しい行動が新しい役割へと発展し，その新しい役割が本校の文化を本校の教育目標に向けて進めていくのだと。

Ⅸ　要約

　本章は，コミュニケーション過程を観察するために利用できるツールとして SAVI をある小学校に導入し，その影響を 2 年後に追跡したものである。私たちは，教師たちがとった行動の報告，特に衝突が起きたときにどのように教師たちが話したかに焦点をあてた。教室内でのコミュニケーションに生じた種々の変化を示すために，職員たちが報告した体験談が引用された。
　SAVI のような観察システムを用いると，どんな教室内のちょっとした出来事であっても，それがアクションリサーチのためのデータになる。そうした実例を私たちは示した。教師，管理者，両親は，自分たちの行動が

実際のところ教育目標を後押ししているのか，それともそこから遠ざかっているのかが見えるようになる。それぞれの行動がどのような違いを生み出すのか，そうしたデータを集めて分析することによって，彼らは一例ごとにリサーチを行えるのである。

　このツールが導入された結果，この学校では衝突が生じた際に，このツールを用いて，生徒が言ったことと教師が言ったことを客観的に記述すること，およびそうした事実の活用（すなわちSAVIグリッドの中心にある升目5）の後に何が起きたかを客観的に記述することが教師たちに奨励されている。

　SAVIは，どのような行動をとるのかを熟慮したうえで選べるようにする枠組みを教師たちに提供する。また，自分の選択が効果的だったかそうでなかったかが見えるようにする枠組も提供する。こうした資料によって，教師は個人的に反応することから抜け出して，研究モードに入ること，すなわち自分たちの目標を後押しする行動は何かを認定することへと移りやすくなる。

　私たちは，この学校の職員たちとさらに相互交流をしていきたいと望んでいる。また，SAVIについて詳しくなり，学校の目標に反する抑制力を弱め，目標に向かう推進力を増すということに精通してくることが，どのような効果を持つかを調査し続けたいとも思っている。

第7章
教室における機能的サブグルーピング：学びのための強力なツール

アイリーン・マクヘンリー　学術博士
（フレンズ教育委員会）

　本章では，学校場面における機能的サブグルーピングの使い方について私が研究したことを詳述する。私は，機能的サブグルーピングというシステムズセンタード・トレーニング（SCT）の手法[訳注1] を，対話のための技術として4つの異なる年齢層の教室に導入した。この手法を導入した目標は，授業のディスカッションにおいて，違っている点をめぐってお互いを分け隔てるよりは似ている点で加わるという過程を通して学びを促すことであった。第2の目標は，機能的サブグルーピングを促進する私自身の技能を向上させることと，学校場面における機能的サブグルーピングの教え方と使い方の効果的なやり方を見つけることであった。私の研究結果では，機能的サブグルーピングは以下の4つの点において効果的な対話方法であることが示唆された。①生徒に教科内容の理解を深めさせること，②知的学習が向上するように情緒的レベルで生徒を引き込ませること，③授業のディスカッションにおいて生徒をメタ認知的過程[訳注2] に引き込ませること，④話を聞く能力を発達させること。

　システムズセンタード理論を学び，体験的なトレーニンググループで機能的サブグルーピングの技法を実践してきて，私は機能的サブグルーピングを学校の授業で利用するという適応性の問題に興味を抱いた。一般的に学校の授業でのディスカッションの実践には，批判的思考という目標に向

訳注1）第1章の訳注1（p.27）に書かれているように，現在では機能的サブグルーピングは正確には「手法（method）」ではなく「技法（technique）」に属することになる。

訳注2）メタ認知については，「はじめに」の訳注6（p.20）を参照。

かって，討論し，批判し，教師の質問に応答することが含まれている。私は，機能的サブグルーピングからどんな学びが得られるのかという自分の好奇心を満足させるために，4つの異なる年齢層の教室の生徒に対して機能的サブグルーピングの実践を導入するという研究に着手した。私個人の目標には，教育場面における機能的サブグルーピングの使い方について学ぶことと，私自身の機能的サブグルーピングの教え方を上達させること，機能的サブグルーピングを使って授業におけるディスカッションの促し方を上達させることがあった。

　この研究は，教育におけるアクションリサーチの方法論に基づいたインクワイアリ・アプローチ（inquiry approach）^{訳注3)}を用いてデザインされた。教育場面におけるアクションリサーチでは，生徒たちは研究に積極的に関わる参加者とみなされ，教師はその生徒たちと教室で直接関わる研究者とみなされエンパワメント^{訳注4)}される（Sagor, 1991）。アクションリサーチには教師が自分の行動を1人称で自己観察することが含まれる。私の研究では，教師として私が行うリーダー的介入を伝えたり修正したり，あるいは一変させるのに，この自己観察が用いられた。この研究の生徒側の調査には，2人称で問われる質問に協力してもらうことが含まれており，それは教室の機能の仕方に影響を与える可能性があった（Reason & Bradbury, 2000）。私と生徒たちとの共同作業には2つの要素があった。①生徒たちは機能的サブグルーピングの手法を用いてディスカッションに参加するように促された。②生徒たちは，自分たちの学びについての，そして機能的サブグルーピングの手法を使ってみてどうだったかについての振り返りに参加するように促された。グループでのこの振り返りによって，私が研究者として振り返るためのデータが生み出された。

I　研究デザイン

　担任教師という私の役割の一環として，2つの異なる教育機関における以下4つの異なる生徒集団に対して，私は機能的サブグルーピングを導入した。

訳注3）インクワイアリ・アプローチとは，質問（inquiry）を中心にした教育方法の一種である。アクションリサーチについては，「はじめに」の訳注5（p.20）を参照。

訳注4）エンパワメントについては，第6章の訳注2（p.167）を参照。

・25 人の成人の学生からなる「倫理学」の大学院課程のクラスが 2 つ
・選択授業「世界の宗教を比較する」を履修している私立高校の 2 年生と 3 年生の 9 人からなるクラス
・私立校の 7 年生（訳注：中学 1 年生に相当）の 20 人からなる必修授業「宗教と価値観」のクラス

　機能的サブグルーピングを行ってみてどうだったのか，私はそれぞれのグループで振り返りのグループ活動を介して生徒たちから情報を集めた。この振り返りは，機能的サブグルーピングを体験した後すぐに行われ，以下 5 つの点に焦点をあてた。①驚いたこと，②学んだこと，③満足したこと，④不満だったこと，⑤発見したこと（Agazarian, 1997, p.72）。学びを促進するには，いつ，どのように機能的サブグルーピングの手法を使ったら良いのか？　その使い方をさらに洗練させていく段取りを計画するために，こうした各クラスの授業後の生徒の反応を分析した結果が用いられた。
　この研究から得られた所見は，以下に記載した各クラスでの体験の中に描かれている。これら各クラスの体験の描写は，教室での機能的サブグルーピングの使い方について私が学ぶことになった一連の過程として記載した。その一連の過程とは，生徒たちの簡単な説明，私が教師としてどのように機能的サブグルーピングを導入したかに関する簡単な説明，生徒が自分たちの体験を振り返った要約，私自身の学びの要約である。

学びの過程 1——大学院の倫理学のクラス

　生徒は，「倫理学」のクラスを履修する成人の大学院生 25 人である。教室でのディスカッションの話題は，仏教や煩悩という概念についての 3 つの論文を中心にしたものであった。生徒たちは事前に授業外の時間でその論文を読んでいた。私の目標は，教師が質問したことに生徒を答えさせるような授業ではなく，機能的サブグルーピングを用いて，生徒たちが自発的に自分たち中心のディスカッションをするような授業にすることであった。
　授業の最初の 10 分間に，私は以下のような方法で機能的サブグルーピングの技法を導入した。

・機能的サブグルーピングを，ディスカッションによる学びをより深めるための技法として説明した。そのやり方については，語られている考え方に対してある程度自分も似ているところや共鳴を感じているときに，クラスのメンバーがそのディスカッションに加わるのだと説明した

・クラス全体を表す図として，黒板に１つの大きな円を描いた。また，ディスカッションの間に展開するかもしれない異なるサブグループを表す図として，３つの小さな円をその大きな円の中に描いた

・前の発言者に対して共鳴や類似性を感じたときに，各メンバーがそのディスカッションに参加することの重要性を強調した

・どのように似た点で加わるのかの例を提示した

・「そうだね，でも（yes, butting）」のような，相手に加わっているように見えるが実はそうではない例を提示した（Agazarian, 1996）

・まずは似ているところで加わってサブグループを形成し，そのサブグループ内の微妙な相違点についてはその後で識別するという考え方について説明した

・注意深く聞くことの重要性について強調した

・１つのサブグループを十分に展開させてから，別のサブグループを始めるという基本ルールを設けた

ディスカッションのために次のような質問を提示した。
「これらの論文を読んで学ぶというのは，あなたにとってどのような体験でしたか？」

機能的サブグルーピングを促すにあたって，私はシンプルな介入を用いて生徒たちがこの手法から逸れないようにした。あるサブグループがすでに自分たちの体験を探索しているときに，そのサブグループに加わるように見えるが実際は別の観点を持ち込むような生徒が現れたときには特に注意するようにした。そうしたときはいずれも，今活動しているサブグループが探索を終えるまでは，その相違点を自分の中に抱えて持っているように促した。ディスカッションの後の振り返りのグループの中で，以下の３つの主要なテーマが出てきた。①機能的サブグルーピングの技法を用いるという難題，②機能的サブグルーピングを用いた結果としてディスカッションの中で生じた強い情緒的な関わり，③機能的サブグルーピングを用い

たことから生じたお互いに対してより深く耳を傾けるという感覚とその結果到達した新たな理解。

　これらのテーマがどのように出てきたかについて，振り返りのグループで語られたことを以下にいくつか引用して提示する。

難題

「別のサブグループが活動しているときに黙っているのは難しいし不満だった」

「1 つのサブグループに留まっているのは難しいし不満だった」

「どうやってディスカッションに加われば良いのか分からなくてきつかったのが不満だった」

「全員の話を聞きたいと思っていて，結局自分が誰に加わるのかを決められなかったことに驚いた」

「すごく単純そうに聞こえたけど，実際にやってみると本当に難しいことが驚きだった」

情緒的な関わり

「話を聞いていて自分が強い感情を持ったことが驚きだった」

「真剣なディスカッションをしているのに，みんなで楽しんでるような感じがしたことが驚きだった」

「ディスカッションに参加して自分の中に何かが湧いてくる感じがあったのがとても満足だった」

「自分が本当に興奮できたということが発見だった」

より深く耳を傾け学ぶこと

「自分が耳を傾けていると感じたことが満足だった」

「自分たちが予測しなかった方向にディスカッションが進んでいったことが驚きだった。何かを学べた気がする」

「ディスカッションが終わった後，もっと言いたいことがある人がたくさんいたのが驚きだった」

「もっと話し合いを続けたかった」

「普段の授業よりももっと自分が言いたいことがあるのが驚きだった。たぶん他のみんなの話に本当に耳を傾けていたからだと思う」

教師として私は，次の授業では以下の点を修正しようと思った。

①機能的サブグルーピングのための詳しいガイドラインを作成して，この技法を使うにあたっての初期不安と困難感を減らす
②知的な話題の教科学習というよりも，情緒的なレベルで授業に関わりやすくするために何か課題を出しておく
③今ここで体験していることについての質問になるよう注意深くディスカッションの話題を構成して，情緒的な関わりをさらに支持できるようにする

学びの過程 2——2 つ目の大学院の倫理学のクラス

生徒は，（過程 1 とは異なる）「倫理学」のクラスを履修する成人の大学院生 25 人である。この時は，授業の最初の 10 分で機能的サブグルーピングの技法を説明する際に，機能的サブグルーピングのためのガイドラインが書かれている配布資料を生徒に与えた。配布資料の各項目を生徒と読み直して，生徒から質問があればそれに答えた。その各項目は以下のようなものだった。

・機能的サブグルーピングは，授業のディスカッションから新たな学びとより深い学びを得るための技法です
・ディスカッションの間に，いくつかの異なるサブグループが発展してくるでしょう
・1 つのサブグループを十分に展開させてから，異なるサブグループを始めましょう（これは普段の私たちとは異なるやり方です）
・各メンバーが前の発言者に対して本当に共鳴や類似性を感じたときにディスカッションに加わることが重要です（例示）
・「そうだね，でも」のような，見せかけの加わり方に注意してください（例示）
・まずは似ているところで加わってサブグループを形成し，そのサブグループ内の微妙な相違点についてはその後で識別してください
・とても注意深く相手の話を聞くことが求められます

授業では，まず生徒たちに「価値観」という自叙伝風の課題文をそれぞ

れ朗読してもらった。そして，その後に続けて行ったディスカッションに
おいて，機能的サブグルーピングを用いた。それぞれの課題文の要点を共
有した後，私は次のようにディスカッションのテーマを提示した。「価値
観に関する課題文からの抜粋をそれぞれ聞いてみて，今自分がどんな体験
をしているかについて話し合ってください」

　ディスカッションに参加している間，生徒たちはしばしば配布資料を参
考にしていた。この配布資料は，自己修正するのに有用なツールとなった。
自分たちが異なる観点でディスカッションに加わりそうになると，生徒た
ちは途中で自らそれに気付いて発言を止めて，新しいサブグループを始め
る順番になるまで待っていた。ディスカッション後のグループでの振り返
りにおいて，機能的サブグルーピングを使うことでいかに情緒的レベルで
深く関わるようになり，学びと理解が深まるのかを生徒たちは語った。

　　「ディスカッションによって，自分の家族への理解が深まったり，いか
　　に家族が自分の価値観に影響を与えてきたのかについて理解が深まった
　　りしたことが発見でした」
　　「父親たちが自分の子どもたちに対してどのように感じるのかというこ
　　とについて，新たな理解が得られたことに驚きました」
　　「別居した父親に対して許す気持ちを感じたことが発見でした」
　　「人間はかくも繊細で思いやり深くなれるのだと，ディスカッションの
　　深さから学べたことに感激しました」
　　「ほとんどの人が自分の価値観に合った役割モデルを家族から得ていた
　　ことが発見できて，とても満足しています」
　　「私たちは過去の憎しみや不満を手放し，現実的な現在の視点を持ち，
　　どのように未来をより良くしていくのかに目を向けなければならないと
　　いうことを学びました」
　　「このディスカッションの結果として，私は憎しみの感情から解放され
　　たことに驚いています」

　学びの過程 1 に比べて過程 2 では，生徒たちは機能的サブグルーピング
を実践するのにフラストレーションもより少なく，またその技法を素早く

かつ容易に使えていたことが観察できた。このグループでは，書面にしたガイドラインを使うことによって，機能的サブグルーピングの訓練をより直接的かつ明確に行うことができた。もし教師が資料を配布するのがこの授業では標準的なことであったなら，ディスカッションの間この書面になったガイドラインを手に持って参照しながら，生徒たちはこの技法をより自信を持って使えていたかもしれない。私が観察したところでは，生徒たちは機能的サブグルーピングの技法を効果的に使えるようにするために，お互いに助け合うよう配慮していた。生徒たちはサブグループに入って活動中の人に十分な時間を与えることができていたし，すべての生徒がお互いの話を注意深く聞いていた。過程2を観察していて気付いたことの2つ目は，ディスカッションの内容が豊かで，かつ感情に満ちているということだった。ディスカッションの間に涙を流す生徒もいれば，ディスカッションの後にお互いに抱き合う生徒もいた。

　この体験から私が学んだことを，システムズセンタード理論のうちの機能的サブグルーピングの実践に関連する部分と照らし合わせてみると確かに合致した。機能的サブグルーピングの手法は，コミュニケーションするために注意深く聞くという目標に向かうように生徒たちのエネルギーを焦点づける構造を提供した。またこの手法は，コミュニケーションの明確さと深さを高めた。そしてまた，複雑な見解や感情を探索する雰囲気を作り出した。参加者たちがその場で抱いている体感的（apprehensive）および認知的（comprehensive）な体験を意識させるような話題を選ぶことによって，認知的なレベルのみならず情緒的なレベルでも関わるようになり，この教室の中で機能的サブグルーピングを機能的に活用することが促された。

学びの過程3――高校生たち

　この過程では，ある私立高校の「世界の宗教を比較する」という選択授業の中で，2年生と3年生[訳注5]の9人に対して機能的サブグルーピングを試すことにした。私の狙いは，ガイドラインを配布したりせず出来るだけ簡潔に機能的サブグルーピングを導入することだった。なぜならガイド

訳注5）　日本の6・3・3制とは異なり，米国では6・2・4制や5・3・4制が多いので，ここで言う高校2・3年生は，日本の高校1・2年生に該当する可能性が高い。

ラインを配布すると「ルール」として受け取られてしまい，思春期に一般的な抵抗に直面するかもしれないと思ったからだった。私は過程 1 で行ったのと全く同じように，機能的サブグルーピングを口頭で簡潔に説明した。生徒たちはすでにヘルマン・ヘッセの「シッダールタ」という小説を読んでディスカッションをしていた。また，小説の中のシッダールタの体験と自分の人生の体験を関連づけることを目的として，各章ごとの感想もすでに書いていた。機能的サブグルーピングの技法は，その小説に関するディスカッションの最後の授業において導入された。そのディスカッションの質問は次のようなものだった。

　「『シッダールタ』を読むのは，あなたにとってどんな体験でしたか？」

　この高校生たちは，機能的サブグルーピングの技法を用いるのが難しかった。彼らはお互いにアイコンタクトをとることがめったになかった。私の方ばかり見ていたので，自分が賛同しようとする人の方を見るのだと顔を向け変えさせないといけなかった。生徒たちはディスカッションの間アイコンタクトを続けようとして，何度か吹き出してしまっていた。思春期の発達段階にある自意識や，このグループが少人数であることが，アイコンタクトを困難にしている要因なのだろうかと私は思った。

　ディスカッション後のグループでの振り返りの間，9 人中 2 人の生徒だけが機能的サブグルーピングの体験から有益な学びが得られたと表明した。この振り返りは，このグループにとって正直で心からのものだったと私は思う。

　「先生に話しかけるのではなく，お互いに話し合ってみると気持ちが良いんだって学びました」
　「もっとこんなふうにお互いに話し合えたなら，普段の生活でも人の考えをもっと真剣に受け止められるかもしれないし，そうだったら良いだろうと思いました」

　「まずは似たところで加わるようにして，違った点を持ち込むのはしばらく待つ」という考えに対しては，すべての生徒が抵抗感を示した。私が機能的サブグルーピングを一連のルールとして導入することにならないよ

う気をつけたにもかかわらず，以下のコメントが例証しているように，これら思春期の若者たちには，機能的サブグルーピングの技法に潜在している構造がルールのように感じられていた。

「反論に行く前に1つのグループから積み上げていくというルールのために閉じ込められているという感じがしたのが非常に不満でした」
「普段の授業でやっているように，待たないですぐに反対意見を言えるのが自分は好きなんだということを学びました」
「誰かが言ったことに対して待たずにすぐに反対できた方がディスカッションは上手くいくと私は思っているので不満でした」
「普段この授業でたくさん話す人の方がこのディスカッションでもたくさん話して，普段静かな人はこのディスカッションでも話さなかったのが驚きでした」

　過程3の振り返りの中で，私は機能的サブグルーピングのガイドラインを配布しなかったのは間違いだったと気付いた。大学の授業で用いたような配布資料があれば，この手法に対する生徒たちの不安を減らせていただろう。また，この新しい方法を好奇心を持って実験してみることを生徒たちに促せるような機会を持てたかもしれない。そうすれば，これはルールに沿った活動なのだという考えを弱められたかもしれない。そこで私は，より年少の思春期の生徒たちに対して，年齢に合った比喩を用いた，そして何か新しいことを実験してみようという生徒たちの好奇心を駆り立てるような言葉を用いたガイドライン資料が役立つかどうかを試してみることにした。

学びの過程4——中学1年生

　過程4では，ある私立校の「宗教と価値観」という必修授業の中で，20人の中学1年生に対話のための技法として機能的サブグルーピングを導入する機会を持った。機能的サブグルーピングを用いたディスカッションは，ある宿題が与えられた後に行われた。その宿題とは，ウィリアム・ペンの人生と構想についての章を読んで，ある質問への答えを書くというものだ

った。私はその質問をディスカッションの話題としても用いた。

　「自分の体験とこの章で読んだことから判断すると，ペンの聖なる実験
　（ペンシルバニアを創設したこと）は成功だったか失敗だったか，何故
　そう思うのか？」

　探究心と好奇心を促すために，私は「サブグルーピング」という言葉を
使わずに，「探検チーム」という比喩を使って機能的サブグルーピングを
導入した。私は生徒たちに，正解も不正解もない質問をとりまく広大な領
土を探検するために，これから私たちはある新しい方法を試してみるのだ
と話した。私は機能的サブグルーピングのガイドラインを中学１年生向け
の言葉を使って書き，「領土を探検しよう」というタイトルを付けていた。
そのガイドライン〈付録１（p.218）〉は，探検チームの作り方について説
明していた。自分の探検チーム内に繋がり続けるための方法としての「目
のエネルギー」についての話題と，異なる領土を探検している他の探検チ
ームの話を「好奇心を持って注意深く聞くこと」もガイドラインの中に含
めた。この技法を教えるための10分間の導入部分とその後生徒たちにディ
スカッションを促している間，私は探検チームという比喩をずっと使い
続けた。また，好奇心を維持するという概念も使い続けた。

　驚いたことに，中学１年の生徒たちは機能的サブグルーピングの技法を
とても上手く使っていた。30分間のディスカッションが終わるころには，
別の探検チームが活動している間は注意深く聞くことを忘れないように，
生徒たち自身でチェックしてお互いに教え合っていた。ディスカッション
に自分の考えや感情を加える際，どのチームに自分が加わろうとしている
のかを生徒たちは絶えず積極的に明言していた。すべての生徒がディスカ
ッションに積極的に参加した。そして，以下の振り返りでの発言が示すよ
うに，新しく学んだことを表現できたり，メタ認知レベルでディスカッシ
ョンを理解できたりした生徒もいた。

　「３人の人が植民地は本当に失敗だと考えていることに驚きました」
　「大部分の人がどっちか決められないというサブグループにいたのが驚
　きでした」
　「民族主義と死刑という２つの新しい話題が出てきて話し合われたのに

は驚きました。この2つは議題から離れているように見えましたが，実は今回の議題の領土の一部を探検しているのだと分かりました」

　生徒たちは，注意深く聞くこと，そしてディスカッションの内容とやりとりの両方から学ぶことを成し遂げていた。その証拠は以下のコメントに示されているだろう。

　「すべての意見はある意味において正しいのだということを学びました」
　「決められないグループに全員が行くことにならなかったのが満足でした」
　「誰かが自分とは異なる意見を言っても，それを個人に向けたものだと捉えなかったことが満足でした」
　「別の観点が構築されていくのを聞いているのが満足でした」

　この思春期の生徒グループは，機能的サブグルーピングを使うことへの異議も唱えていたが，それは先述した高校生グループが述べたものと似ていた。彼らの異議の主たるところは，発言者への反論があったらすぐに話したいという衝動を抑えなければいけないという点にあった。機能的サブグルーピングを用いて自分たちが深い学びを得たことに気付いていたにもかかわらず，この生徒たちは高校生グループと同様に，この技法を用いるよりも論争や討論をする方が良いと言った。

　「自分のチームに居続けることが苦痛でした。それぞれのチームの考えに対して自分も何か言いたかったです」
　「討論したいのに討論することを許されなかったのが不満足でした」
　（わずかな言葉の違いはあるが，20人のうち5人が同じ反応を示した）
　「議論についていくことができませんでした。自分のグループの順番を待っている間に，自分が言いたかったことを忘れてしまいました」
　「論争ができないというのが嫌でした。論争できたならもっといろんな論点が出てきたと思います」
　「時間が短いのが不満足でした。私は1回しか発言できませんでした」

　過程４の振り返りの際，この中学１年生たちが機能的サブグルーピングを活用した体験は成功だったと私は喜んだ。「探検チーム」という比喩はこの早期思春期（訳注：ほぼ中学生に相当）の生徒たちにとても上手く機能したし，後期思春期（訳注：ほぼ高校生に相当）の生徒たちにも使えるかもしれない。機能的サブグルーピングの過程をこのグループが理解しやすく，そして使いやすいように説明するうえで，このグループの年齢や興味のレベルに適した比喩を見つけられたことが相当に貴重なことであった。書面になったガイドラインを配ったことや，「目のエネルギー」のような年齢に即した言葉を使ったことも，彼らのサブグループを形成する能力を促進した。

　私が観察したところでは，注意の持続時間がより長く，抽象思考のスキルが高い生徒の方が，他の生徒よりも上手く機能的サブグルーピングを利用できていた。この中学１年生の生徒たちの何人かは，グループでやりとりしながら高度に発達したメタ認知能力を発揮できることを私は発見した。自分の観点を抱えたままにしながら，他の人の話を熱心に聞く能力がある生徒もいた。他の多くの生徒にとっては，こうしたことは容易ではない。

　私が学んだこととして，これら中学１年生の大部分はディスカッションでは論争をする方が好みなのだということがある。振り返りの際に彼らが自分たちの論争したい気持ちを不満という形で表現できたことは，論争したくなる衝動への気付きを増す機会になっただろうと私は確信している。気付きが増していけば，その衝動を内に留めておくことも次第にやりやすくなるだろうし，実際にこのディスカッションでは上手くやり遂げていた。論争できなかったことへの不満が表現された一方で，もう１つコメントしておくべき重要な点がある。それは，次の日の授業で多くの生徒が熱意をこめて「また探検チームをやらないか」と聞いてきたことである。その学期中にわたって，授業でディスカッションするときはいつも生徒たちは探検チームの方法を好んだのだった。

Ⅱ　要約と提言

　これらの４つの過程において機能的サブグルーピングの使い方を考え，実行し，振り返ったことをまとめると，機能的サブグルーピングは授業中

の対話のための有効な技法であることが示されたと言える。機能的サブグルーピングによって，課題に集中し続ける授業が可能となった。また，議論を進める前に1つの観点をじっくりと探索する方法が得られた。また，人の話をしっかり聞くことを生徒たちに必要とさせた。また，人と違った点を自分の内に留めておく方法が得られた。これは，そうした点を探索する時間も後で持てると分かることで達成された。また，生徒たちが情緒的な学びに関われるようにした。これは，異なる観点にも心を開き続けることと，グループ全体のエネルギーと触れ続けさせることによって達成された。また，コミュニケーションを明確にするための構造が得られた（例えば，サブグループに加わって似た点で積み上げていくことを要求されたことによって，曖昧さが軽減したように[訳注6]）。

　私のこの研究から考慮された，教師のための具体的な提言を以下に述べる。

・機能的サブグルーピングの概念と方法を導入するには，そのグループに特有で年齢相応の比喩や言葉を開発せよ
・上記の適切な比喩を使って，そのグループに合った簡単なガイドラインを作成して配布せよ
・機能的サブグルーピングの目標を学習目標として設定せよ。それによって，教育場面において機能的サブグルーピングが教育者と生徒に適切なツールであることが強調される
・機能的サブグルーピングを使うことについて生徒たちに自然に生じる好奇心に焦点をあてよ。それはこの技法を使うことへの推進力になる
・機能的サブグルーピングを授業のディスカッションのための実験として導入することによって，グループにとってのメタ認知課題を強調せよ。そして，この技法を使っている間に自分たちが何を学んでいるのかに注意を払うようにグループに勧めよ
・ディスカッションの話題をどのように表現するか，慎重に言い回しを構成せよ。そして，それがその場で起きている生（なま）の体験について問う

訳注6）機能的サブグルーピングでは，前に発言した人と同じサブグループだと思って発言すると，それは違うサブグループではないかと指摘されることがある。そして前に発言した人と確認作業を行うと，自分が誤解していたことに気が付いたり，あるいは自分の発言が誤解されていることに気付いたりすることがある。このようにして，機能的サブグルーピングでは曖昧さが軽減していく傾向がある。

ような質問にせよ。そうすれば，教科内容の教材を用いたときに，生徒たちが情緒的に関わりやすくなる

・グループでの対話の終わりに，体験を振り返るための時間をたっぷりとるようにせよ。この振り返りを構造化するために，「驚いたこと，学んだこと」の活動[訳注7] を活用せよ。力の場の活動[訳注8]（Agazarian, 1997）も学びを振り返るうえで利用できるかもしれない

　教師として，教室内で機能的サブグルーピングを実行する自分のスキルを向上させていくためには，システムズセンタード・トレーニング（SCT）の体験グループ[訳注9] に定期的に参加し続けることが必要不可欠だと私は分かった。教室で機能的サブグルーピングを実行したいと考えている教師には，定期的に SCT のトレーニングを受けることを強く推奨する。

Ⅲ　教育分野における貢献

　経験を重視した進歩的な教育運動の創始者として著名なジョン・デューイは，人が自分自身の経験を吟味する行為は知識の源泉だと正当に評価した初めての人物であった。彼は行動と振り返りに基づいた教育と学習を提唱した。デューイ（Dewey, 1938）の反省的思考（reflective thinking）に関する論文は，レヴィン（Lewin, 1946）と彼のアクションリサーチ法の開発に大きな影響を及ぼした。また，教育界における「研究者としての教師

訳注7）システムズセンタードでは，実習後に「驚いたこと，学んだこと（surprises and learnings）」という振り返りを行うことが多い。これは感想を「驚き，学び，満足，不満，発見」という 5 つのカテゴリーのいずれかに落とし込む形で表現し，参加者たちで共有するものである。

訳注8）「力の場の活動（force field activity）」とは，「力の場の分析（force field analysis）」とも言われるもので，システムが目標に向かうのを後押しする推進力と，目標に向かうのを阻む抑制力とにどのようなものがあるか／あったかを確認する作業である（第 2 章と第 3 章にもその実例が示されている）。

訳注9）体験グループ（experiential group）とは，人が集団の中でどのような体験をするのかを，実際にグループになって体験してみて，その体験を率直に話し合うことによって，感受性を高めたり，自己理解を深めたり，人間関係について学んだりすることを目指すような活動である。SCT の体験グループでは，機能的サブグルーピングを使って自分たちが体験していることを話し合う。それによって上述したことの他，SCT の理論や実践方法についても学ぶ。

(teacher as researcher)」運動（Witt, 1998, p.8）にも大いに影響を与えた。授業でのディスカッション方法として機能的サブグルーピングを使うことによって，教科内容と組み合わせつつ，経験から知るということが可能になる。今回の研究に示されているように，こうした学び方は生徒にとって革新的な変化をもたらすものになりうる。

　今回の研究から得られた重要な発見として，ある特定の領域の課題をめぐって機能的サブグルーピングを行うと，知的な側面だけでなく，情緒的な側面も学習に関わってくるということがある。機能的サブグルーピングで参加者たちが，自分たちと似たところを進行中のサブグループに見いだして共鳴し，自分たちの体験と見識をディスカッションの中に持ち込んでいくと，体感的に分かること（apprehensive knowing）と頭で考えて分かること（comprehensive knowing）の両方にアクセスできるようになり，その２つの情報が関与してくる。機能的サブグルーピングを使った教室でのディスカッションにおけるこうしたダイナミックな側面は，心の知能（emotional intelligence）や多重知能（multiple intelligence）に関する最新の研究や学習理論に関連しており，さらに研究していく価値がある（Gardner, 1999 ; Goleman, 1998）。

　さらに研究を進めていくためには，以下に述べるような参加型のアクションリサーチ研究を計画するのが次の段階になるかもしれない。それは，学期の最初から機能的サブグルーピングを導入して，学期の間ずっと機能的サブグルーピングを主たる授業のディスカッション方法として使っていくような研究である。学期の間一貫して機能的サブグルーピングを利用することで，同じ生徒たちがこの技法を定期的に練習し，この技法を用いる能力を次第に高めていく機会を提供することになるだろう。それはまた，人の話を聞く技能を強化し，他者の観点や認識から類似点と相違点を（情緒的にも，認知的にも）見つける能力を強化する機会にもなるだろう。この研究には以下に述べる作業仮説もある。この授業では信頼感も構築されるだろう。そして，その信頼感は，他者の感じ方や理解における相違点を識別して統合できるような構造を生徒たちに提供し，教科内容をより深いレベルで探索することを促進するだろう。学期が終わる頃には，以下のことを評価できるだろう。機能的サブグルーピングを練習すること

が，いかに洞察と理解を促しつつ，対話を活気づけているか。また，機能的サブグルーピングの技法を一貫して用いることが，このグループの過程とこの教室におけるグループの発達段階にどのように影響しているか。こうした評価の結果が出てくれば，機能的サブグルーピングが変容的学習（transformational learning）にどのように貢献しうるのかについて，より詳細な情報が得られるだろう。

付録 1　探検チーム

目標：以下のような方法で，ある論点について探索することです。

- 人の話を注意深く聞くことによって，何か新しいことが学べるように
  なる
- その論点にまつわる，すべての異なった考えや感情を探索できるよう
  になる
- その論点の理解が深まる
- その論点に関する創造的思考と問題解決を生み出す

どんなふうに探検するか：

- 全員が取り組む仕事は聞くことです。耳を澄ませて，注意深く，<u>好奇
  心をもって</u>聞いてください。
- それぞれの人が取り組む仕事は，探検チームのどれかに<u>加わる</u>ことで
  す。そして，何かある特定の考えや感情という領土を探検してください。

最初の探検チームを作る：

1. ある論点にまつわる考えや感情を誰かが話したら，ディスカッション
   の始まりです。
2. その話と似た考えや感情が自分にもないか，よく検討してみてください。
3. もし最初に話した人に加わることができそうならば，似ていると思っ
   た自分の考えや感情をその人に伝えてください。

   「私も賛成です」とか「私も同じように感じます」というのは，加わ
   ることになりません。
   「そうだね，でも」というのは，加わることになりません。
   自分の考えや感情を自分の言葉で詳しく語って初めて加わることにな
   ります。こうすることによって，その領土にさらなる情報と理解が加
   えられることになるのです。

4. 自分の探検チームのメンバーたちとの繋がりを保つために，「目のエネ
   ルギー」を使ってください。特に，他のチームが別の領土を探検する

番になったら，その間そうして繋がりを保つようにしてください。

5. 現在進行中の探検に加わっていない場合は，敬意と好奇心をもちながら聞いていてください。

２番目の探検チームを作る：

6. 最初の探検チームが似たような領土を探索する機会をもった後，非常に異なった考えや感情を誰かが「違い」として話題に出すかもしれません。

7. 自分の中にこの「違い」と似たものがあれば，似ていると思ったあなたの考えや感情を伝えて，その人に加わってください。

8. ２番目のチームが出来上がっていく間，最初のチームは敬意と好奇心をもって聞いていてください。最初のチームは，沈黙しつつ，目の力を使って繋がりを保ってください。

追加のチームを作る：

9. 他にもいくつか追加のチームが存在するかもしれません。その中には，「この論点について自分がどう感じている／考えているのか今はまだ分からない」という領土を探索しているチームだってあるかもしれません。

　ディスカッションの最後に，自分たちが驚いたこと，学んだこと，満足したこと，不満だったこと，発見したことをお互いに共有しましょう。

第8章
機能する会議：
コモンセンス^{訳注1)}を常套手段にする

ビューラ・トレイ　学術博士
（CFAR 社）

スーザン・ギャン　学術博士，アメリカ集団精神療法学会認定集団精神療法家，アメリカ専門心理学委員
（エモリー大学医学部）

クロード・マーシャソールト　文学修士
（ストラテジック・リーダーシップ社）

　リーダーとしてであれ，一参加者としてであれ，会議に不満だった経験は誰にでもある。この章では，システムズセンタード・トレーニング（SCT）を用いて，会議に関する典型的な問題点を解説し，そして会議に出入りする情報の流れを最適化する実践的な解決策を提示する。個人を問題とする視点からシステム志向の視点へ変換することにより，参加者たちは，誰か個人を責めることなく，会議に対して建設的な意見を述べられるようになる。こうした視点から生じるやりとりが，会議において個人が問題になる傾向を減らし，仕事を成し遂げるのに最適な雰囲気を作り出すシステムの構築に役立つ。本章の筆者らは，会議を，はじめ，中盤，終わりの3つの部分に分ける。これら3つは，はっきりと異なっている一方，切り離すこともできない。会議のはじめの目標は，リーダー役割を任命することと，参加者全員を「メンバー役割」に就けることである。会議の中盤は仕事を

訳注1) SCT ではシステム（個人や集団）がコモンセンス〈common sense（共通感覚／常識／良識）〉を使えるようになることを重視している。システムの発達段階が十分に成熟しないと，システムはコモンセンスを活用することが出来ない。例えば，ある集団で共通感覚を活用することを考えてみる。それにはまず，その集団のメンバー全員がどのような感覚を有しているのかがその集団内で共有される過程が必要である。その過程がなければ，どの感覚がどれくらい共通のものなのかも不明なままである。そして，その過程は，集団内に十分な信頼感や安心感が育たないと容易ではないだろう。また，個人がコモンセンスを活用できるようになるには，頭で分かることと体で分かることを統合できることが必要であると SCT では考えられている。これもまた容易な作業ではないだろう。

成し遂げる時間であり，リーダーはどのようにグループが仕事に取り組んでいるのかに目を配る。会議の終わりでは，次の段階を明確にすることで，会議で行った作業が持続するように図るとともに，会議の進み方を振り返ることで，会議でのやりとりがより洗練されていくように図る。

　毎週この国のさまざまな組織において，リーダーが職員たちと集まっている。たいていの場合，明確な目的と，適切な会議の構造と，会議を進める技能と，前もって公表された議題が準備されている。それにもかかわらず，しばしば職員たちは口に出さないまでも次のように思いながらこうした定例の会議を後にする。「何て無駄な時間だ！　あそこで何か言っても，攻撃されるか，別の方向にもっていかれるだけだろう。それに，大事なことはどうせ会議の外で決められるんだ。あの会議は，前と同じ話を蒸し返しながら，だらだらと長引くだけだろう」。そしてリーダーは，次のように疑問に思いながら会議を後にする。「どうしてみんな思っていることを言わないんだろう。みんな，この組織に起きていることなんか気にしてないのだろうか？　せっかくの能力が何という無駄！」。この欲求不満と無益さに加えて，会議にかかる人件費や交通費などの合算，およびこういう類いの乏しい成果をすべて合わせると，これは組織にとって相当に高い代償である。それでもやはり，会議は，それが公式であれ非公式であれ，どんな組織の成功をも左右する中心的な活動なのである（Oppenheim, 1987）。会議は組織にとって必要不可欠な交わりの場であり，そこで役職と部門が交わり，部門と業務グループが交わり，戦略と価値が交わる。また，会議は重要な公開討論の場（forum）になっており，そこで情報が交換され，意思決定がなされ，組織が前に進められていく。会議が機能すれば，知識が共有され，共通目標が再確認され，積極的に関与する姿勢ができあがり，集団としてのアイデンティティが確立され，組織内の相互作用が達成される。

　魅力的で生産的な会議をいつも意図的に作り出せるように，システムズセンタード・トレーニング（SCT）をどのように適用するのか。本章はこのことについて書かれている。SCTの理論と手法は，システムに脚光をあてる。このシステムこそ，会議が成功するための見えざる鍵，そしてしばしば見過ごされている鍵なのである。私たちが会議を魅力的で効果的な楽しい活動に作り変えられるのは，会議をシステムとして扱うからなのである。そうする

ことによって会議は，良き決断がなされ，革新的な発想が生まれ，情報が共有され，組織の活力が上がり，相乗効果が進み，共通の目標に向けて足並みが揃えられる場となる。

　SCT が教えるのは，単に人だけでなく，システムを見ることである。この視点の転換は，私たちが身につけてきた従来の会議の見方や行い方の多くに異議を唱える。そして会議というシステムを見ることと，そのシステムと共に作業することこそ，誰もが望むような効果的で魅力ある結果を会議から引き出す核心である。

　どのようにシステムを扱うかを理解する手始めとして，まずはシステムとは何かを明確にしておこう。リビングヒューマンシステムよりかなり単純ではあるが，自動車を例にあげるとシステムが理解しやすくなる。自動車は機械的なシステムであり，燃料，燃料を入れておくタンク，燃料を動力に変えるエンジン，進行方向を操作する操舵装置を必要とする。それに加えて何よりも重要なことに，自動車がどこかに行くためには，それを運転する人間が必要である。

　リビングヒューマンシステムは，自動車に似ているところもあれば，違うところもある。似ているのは，（自動車に燃料が必要なように）リビングヒューマンシステムにはエネルギーが必要だし，（燃料タンクのように）エネルギーを蓄えておく境界が必要だし，（燃料を動力に変えるエンジンのように）1 人ひとりの違いを統合してシステムが変化していくように，それらの違いを扱える方法が必要だし，（運転者のように）エネルギーから変換された動力をシステムの目標に向けていくようなメカニズムが必要なことである。自動車と違うのは，リビングヒューマンシステムは機械的というよりも，創発してくるもの（emergent）^{訳注2)}だという点である。この根本的な違いが，リビングヒューマンシステムの核心でもある。実際に，どんなリビングヒューマンシステムも次の観点で描写することができる。どのように情報〈すなわちリビングヒューマンシステム内のエネルギー（Miller, 1978）〉を組織化するのか，どのようにシステムの目標に向かうのか，そして，どのように自己修正するのか（Agazarian, 1997）。ここに，自動車とは異なるリビングヒューマンシステムの難しさがある。つま

訳注2）創発については，第 1 章の訳注 45（p.52）を参照。

り，リビングヒューマンシステムは活動するのと同時に，変化し成長して
いるのだ。

I　何故，わざわざシステムのことを考えるのか？

　SCT の考え方と手法を適用して会議をシステムとして見ると，2 つの重
要な利点がもたらされる。

　ⓐものごとを個人が原因になっているという視点で見ると，しばしば感
情に飲み込まれてしまうが，単に人だけでなくシステムも見るようにする
ことで，こうした個人化（personalizing）も感情に飲み込まれることも少
なくなる。個人化とは，ある出来事や行動を，単にある人物の特徴による
ものと見なして，その人物の特徴とは無関係な状況（context）や意味が
目に入っていないことを表現したものである。例えば，ある人が凸凹な歩
道で転んだことを，不注意な人だということで片づけてしまったら，その
出来事を個人化していることになる。協調運動が欠けていたのと同じくら
い，凸凹な歩道，そのときの精神状態，あるいは同伴者も関係していたか
もしれないのだから。実際に，その人が転んだ原因について，個人とは関
係ない要素をつきとめていけば，その歩道を舗装することに繋がったかも
しれない。その人の不注意ばかりに注目していたら，歩道は凸凹のままに
なるだろう。

　あるシステムにおいて個人化が少なくなると，そのシステムは（そして，
その中にいる人たちも）機能しやすくなるのが常である。個人とシステム
を区別することがいかに有用かを，あるシナリオで示そう。ある全国規模
の保険会社の幹部たちが集まって来年の見込みを検討していたとき，最高
財務責任者のトムはデータの正確さに疑問を呈した。それを聞いた同僚た
ちの多くは呆れ顔になってこう思った。「また始まったよ。いつもの心配癖
だ。何回これに付き合わないといけないんだ？」。戦略企画を担当する副社
長のドナは，正確なデータをチームに提供する自分の能力にケチをつけら
れたのだと解して，すぐさまそのデータと自分自身を守ろうと反撃に出た。
トムが呈した懸念は，すぐさまトムの性格であるとラベル付けされた。チー
ムは，ドナの傷つきやすさを感じ取って，彼女が大丈夫だと漠然と言う
のを受け入れると，トムの性格についての話題は避けて，別の議題に唐突

に移っていった。トムの懸念について，そしてそれに賛同する者がいるのかどうかを会議で探索する時間はなかったも同然だった。トムの懸念の妥当性を確認することには全く注意が向けられなかった。結果として，そのデータの中の重大な不備を，このチームは見過ごしたかもしれないのだった。

　この事例でシステムの観点をとったなら，個人に，そして彼ら（トム，ドナ，そしてチーム）の反応に注意が向けられるのではなく，懸念が表出されたときにそれをチームがどのように探索するのかという過程に焦点があてられるだろう。この事例では，チームが個人に反応して，情報の価値を評価し損なった。その結果，チームの意思決定が損なわれ，この会議自体の気力も失われた。

　⑥システムの視点がもつ利点のもう１つは，会議のシステムとしての特性を記述することで，機能する会議に特徴的な側面を再現できることだ。会議が機能するのに役立つとか立たないとかといった特定のメンバーたちの特性とは無関係に，改善していける側面を確認することができる。これなら，例えば人事異動があったとしても，チームや業務グループは高いレベルで機能し続けやすくなる。会議を生産的にするためのシステムの規範というものを理解していないと，会議の成否をリーダーや重要人物の資質のせいにしがちである。

Ⅱ　会議をシステムとして見る

　システムズセンタードの考え方を使って会議を効果的に運用するには，次の４つの項目で観察する。

①情報（リビングヒューマンシステムにとっての燃料）は，どのように会議の中に入ってくるか？

②（会議で情報を伝える主要な手段である）会話から，どのようにノイズが取り除かれているか？

③どのように決定がなされるか？　また，対立や相違が，不和の元というよりも資源として，どのように利用されるか？

④システムはどのようにして逸脱しないでいるか？　あるいは，逸脱した場合には，どのように戻ってくるか？

①情報（リビングヒューマンシステムにとっての燃料）は，どのように会議の中に入ってくるか？

　ミラー（Miller, 1978）が紹介したリビング・システムの考えから借用して，SCT は，情報をリビングヒューマンシステムにとってのエネルギーとみなしている。誇張ではなく，エネルギーとなる情報がなければ，リビングヒューマンシステムは全く機能できない。仕事に必要な情報がなくて欲求不満になった経験は誰にでもあるだろう。決定的な情報が書かれた報告書があるのに，それが公表されないと分かったら，私たちの欲求不満はますます高まる。そして後になって，報告書の中にある悪いデータについて非難されることを恐れて，誰かがそれを言わないでいたと分かったりする。

　システムの境界について考え，そして，いつ境界が情報に対して開かれ，いつ境界が情報に対して閉じるのかを観察することによって，システムが情報の流れをどのように管理しているかが見えてくる。閉じたシステムでは，情報はほとんど入ってこない。上記の例では，非難されるだろうという否定的予測を信じたために，境界が閉じられた。こうした考えを信じると，関連ある重要な情報を口にすることを止めてしまう。SCT（Agazarian & Gantt, 2003; Gantt & Agazarian, 2004）では，類推と否定的予測は会議でよくあるコミュニケーションで，情報の流れを止めるものだとみなしている。SCT を使うリーダーは，こうした類推や否定的予測を検証可能な仮説に置き換えることによって，その否定的影響を軽減することに集中する。これにより，問題解決と現実検討に向けて会議は舵を取り直す。例えば，この例では次のような質問がなされる。「否定的な情報を口にしたら非難されますか？」。もし「はい」と答えるなら，それが生産的な規範かどうかを評価すれば良い。もし「いいえ」と答えるなら，そうした情報でも口にしやすくなるだろう。

　SCT では，情報には次の２つが含まれていると見ている。事実と，その事実に対するチームメンバーの反応の２つだ。つまり，参加者は，会議の内容について責任を持つだけでなく，会議に対する反応も率直である責任がある。もし，誰かが，会議が堂々巡りしていると感じ始めたならば，その人には，チームに対してその懸念の声を上げる責任があると SCT では考える。このようにして，その人は会議に関わったままでいられるし，チ

ームは彼が感じたことが正確かどうかを確認し，もしそうだったなら会議
の進め方を再調整することができる。

　SCT を取り入れる意義の1つは，こうした調整に表れている。SCT に
よれば，システムは必ずしも現実に沿って進むわけではない。実のところ，
現実検討を支持するような規範を意図的に設定しないかぎり，現実がシス
テムの最優先事項になることはない。訓練と規律がなければ，さまざまな
力がシステムを現実から引き離してしまう。会議で行われるコミュニケ
ーションを解析し始めるとすぐ分かることだが，会議で行われる意思決定
のうちいかに多くのものが現実以外のものに基づいてなされていることか。
例えば，誰かがそうしてほしいと思っているだろうと推測していたから（訳
注：忖度）とか，データが不足していたので意見や別の事実で代用してい
たとか，将来はこうなるだろうと想像していたからとか，ある否定的な予
測があったからとか，そうしたことで意思決定がなされている（Agazarian,
1997）。ある出来事に本心ではどのように反応しているのか，それを見極
めたり伝えたりすることが難しくて，システムがいかに頻繁に，誰も望ん
でいないし支持してもいないようなお粗末な決定を社交辞令に基づいて下
してしまうか，ハーヴェイ（Harvey, 1974）は，読んでいてこちらがうろ
たえるほど詳細に明確にしている。

　否定的予測を軽減させることと，会議の内容に対する気持ちと，会議そ
れ自体に対する気持ちの両方を参加者たちが口にするのを促すような規範
を育むことによって，SCT の手法はシステムが現実に向かうこと，そして
向け直すことを学んでいくのを手助けする。このような再調整が可能にな
る設定を作りだすのは，会議のリーダーの仕事である。

②（会議で情報を伝える主要な手段である）会話から，どのようにノイズ が取り除かれているか？

　会議とは，情報伝達に関するものだ。シャノンとウィーバーの研究
（Shannon & Weaver, 1964）に基づいて，SCT ではすべてのコミュニケー
ションにおける2つの部分に対応する。1つは伝えたいメッセージで，も
う1つはそのメッセージを妨げるノイズだ。3つの主たるノイズの発生源は，
曖昧さと冗長さ（Shannon & Weaver, 1964），それにくわえて矛盾（Simon
& Agazarian, 1967）である。情報は提示されているけれど，明確さに欠け，

ぼんやりとしている（曖昧）なら，報告はまるで煙幕のようになり，聞いている人たちは焦点を見失ってしまう。馴染みのあるもう１つの例は，すでに知っている情報がプレゼンテーションされること（冗長）だ。新しい情報が出てきたときには，もう聞いている人がほとんどいなくなっていたり，議論する時間がなくなっていたりする。そして，会議に矛盾が差し挟まれると，一方の側のメッセージは失われてしまう。例えば，「そうだね，でも」というのは，賛成と反対の両方を示すことになり，かなり混乱を招く矛盾だ。しかしたいていは，反対を表現する手段であることが多い。

ノイズが減るにしたがって，情報の流れは増す[原注1]（Shannon & Weaver, 1964）。こうした理解の下，SCT は，コミュニケーションにおけるノイズを減らすための実践的な技法を発展させてきた（本章の中頃に紹介する）。

③どのように決定がなされるか？　また，対立や相違が，不和の元というよりも資源として，どのように利用されるか？

違いを検討できるように対立や相違を扱うのは難しいことだが，どの会議にとってもこれが決定的に重要なことだと SCT はみなしている（Agazarian & Philibossian, 1998）。異なった見解を抱いている人が，反対したり異なった観点を口にしたりするのは賢明でないと考えて，そうした見解を口にするのを控えるということがあまりにも頻繁に起きる。そうではなくあるメンバーが何か懸念をあげたとしても，すぐに他のメンバーが割って入って，その懸念を排除しようとしたり，反証をあげて保証しようとしたり，その懸念が間違っていると説得しようとしたりする。あるいは，話し合いの途中で賛否両論のある話題が出てくると，最初に出てきたいくつかの見解に限られた論争や，感情的に切迫した見解だけの論争に陥ってしまう。そこで述べられた見解は，実際に反対しているのかどうかにかかわらず，反論にされてしまう。そしてしばしば，いずれの立場の情報も不十分なまま，参加者たちはどっちの側につくのか選択を迫られてしまう。

SCT は，ある革新的な手法を取り入れて対立を解決する。そして，こ

原注1）コミュニケーション中のノイズの量と，通信路内の情報が伝達される可能性には反比例の関係がある（訳注：第6章の訳注3（p.168）を参照）。

の手法を取り入れると，意思決定も強化される。それが，機能的サブグ
ルーピングだ（Agazarian, 1997）。機能的サブグルーピングは，それぞ
れの見解が十分に検討されるような構造を提供する。そして，それらさ
まざまな見解が統合された決定を下せる可能性を高める（Agazarian &
Philibossian, 1998; Gantt & Agazarian, 2004）。このように複数の見解が統
合されることによって，この話題に関してチームがもともと抱いていた考
え方は変容しうる（Trey, 2002）。このことが達成される過程は，この章
の後半で述べる。

④システムはどのようにして逸脱しないでいるか？　あるいは，逸脱した場合には，どのように戻ってくるか？

　会議が効果的になるためには，目標に向かって運営することが重要で
あるとSCTでは強調する。会議の目標と課題が明確になるほど，そして，
会議の目標がより大きな文脈に沿って位置づけられるほど[訳注3]，会議は円
滑に進むし，もし目標から外れたとしても，そのことに気付きやすくなる。

　この章の残りの部分では，SCTの実践はどのような構造と組織で成り立
っているのか，今まで述べてきたアイデアがどのように実践に落とし込ま
れるのかを述べていく。これから述べることは，読者がすでに知っている
ことの確認になるかもしれないし，新しい提案になるかもしれない。いず
れにしても，リーダーと会議の参加者たちのためのこれらツールと，シス
テムズセンタード版の会議の最良の実践例とを結びつけようというのが私
たちの狙いである。この最良の実践例では，2つの重要な目標に取り組む
ことになる。その2つとは，仕事を成し遂げることと，システムを作り上
げていくことである。

Ⅲ　三部構成の会議：はじめ，中盤，終わり

　私たちは会議を3つの部分に分ける。はじめ，中盤，終わり。これらの
部分は，切り離すことはできないが，それぞれに特有の目標と形式を持っ
ている。はじめの目標は，会議というシステムを組織することだ。（仕事

訳注3）会議より大きな文脈とは，例えば部門，会社，地域などがあげられる。

のためのエネルギーを供給する）人々が，そこに参加していて，準備万端で，会議の課題に集中できるようにしないといけない。中盤での目標は，それぞれの会議に特有な作業に取り組むことだ。情報が共有されることと探索されること，適切な決定が下されること，システムが成熟し続けることを確実にしながら作業に取り組む。最後に，会議の終わりの目標は，次のような形で会議を閉じることだ。その会議で行った作業がその後も前進していくように，そして，その会議で発展したシステムの有効性が維持される，あるいは増大していくように。この章の残りは，これらシステムの各部分について焦点をあてる。

Ⅳ　はじめ：作業をする位置につく

　会議では作業のための構造を設定するが，どのように構造を設定するかが，どのように作業がなされるかに影響を与える。単純なレベルで言うと，会議は時間，空間，参加者，役割，目的をめぐって構造化される。ある決められた時間に，ある決められた場所で，あらかじめ決められた参加者たちが集まって，リーダーシップと目的があって会議は行われる。こうした構造がどれくらい明確になっているかが，メンバーたちが作業する能力に大いに影響する。こうした事柄への意識づけが，会議のはじめでなされる作業になる。

1.　リーダーシップ役割

　リーダーには，作業が達成できるような会議の構造を作りだす責任があると SCT では考える。システムの用語を使えば，リーダー役割の目標は作業のための構造を設定することだと言える。つまり，リーダーには会議の時間，場所，参加者，全体的な目標を周知させる責任があるということだ。
　会議の最初から，リーダーは会議のための文脈を設定する。最初のリーダーシップ役割ははっきりしている。上手く機能するシステムを作るには，課題（すなわち会議で取り組む作業）と過程の両方に注目する必要があると，SCT は理解している。「過程」とは，どのように人々の注意が焦点づけられるのか，どのようにエネルギー／情報が使われるのか，どのように人々が（お互いに満足するような，そして，作業に貢献するようなやり方で）関わり合うのかを指す。SCT で会議を始めるときには，課題進行役（task

leader）と過程進行役（process leader）を決めることが最初の課題となる。
この 2 つの役割は，別々の人が受け持つことが多いが，1 人が 2 つの役割
を行うこともできる。組織では，チームリーダーが課題進行役を受け持ち，
過程を観察する人をボランティアとして募ることが多い。課題進行役か過
程進行役のどちらか，あるいは別の人がタイムキーパー役を執ることを私
たちはお勧めする。タイムキーパー役には，会議が時間どおりに始まって，
時間どおりに終わるようにする責任がある。また，議題の 1 つ 1 つにどの
くらい時間をかけるのか，時間割を管理することも含まれるかもしれない。
それから，書記を決めておくのも有用だ。書記の責任には，会議の内容を
まとめることと，議論から浮かび上がってきた次の段階を記録しておくこ
とがある。

2. どのように会議を始めるか

　SCT では，どのように会議に入るかが肝要だと理解している。なぜなら，
その後の作業がどのような調子でなされるかは，このときに設定されるか
らだ。会議が始まるまで何に身を投じていようとも，そこから焦点を切り
替えて，会議の作業のために明確に述べられた目標に向けて真っすぐ紛れ
なく集中しなければならないということを，SCT では会議のはじめに強調
する。SCT では，このことを境界を越えて作業に入ると言う。一般的には，
過程進行役が先導して，この移行に取り組む。会議の外から会議の中へ入
ってくるこの移行段階では，会議で取り組む作業に全員が注意を向け，そ
れ以外の気になる事柄や責任を会議の時間には手放せるように促す。境界
を越えて会議に入ってくるこの移行段階は，もう 1 つ違ったふうに概念化
することもできる。各人それぞれの関心事に注意を向けているところから，
自分をある機能的なシステムの一部分であると見なすところへと移行する
というものだ。そのシステムでは，会議の目標のために人々が行動したり
交流したりしている。SCT では，これを（個人的に重要な事項とは別の）
メンバー役割と言う。メンバー役割にある人は，行動したり交流したりす
る際に，情報の流れを促進したり，会議の目標や作業を支えたりするよう
に注意することになる。

　過程進行役は，何か気が逸れることがないか尋ねることによって，各メ

232

ンバーがこのシステムの一部分になることへと移行することに集中させ始める（Agazarian, 1997）。これは，参加者たちがお互いの状態を知る機会となる。例えば，他にかちあっている優先事項があるとか，途中で携帯電話に連絡がくるかもしれないとか，早退するかもしれないとかなどである。ときには，子供の病気とか，夜眠れなかったとか，個人的な事柄で気が逸れていることもあるだろう。個人的なことで気が逸れている場合，他の参加者たちに自分の個人的な状況を知ってもらうかどうか選べる機会があることによって，安心して会議により集中できることが多い。

気が逸れるのは，顧客だとか，配送品だとか，かちあっている他の優先事項に関連することが多い。このようなことがあると，会議に身を投じるのか，それともその優先事項を果たすのか，葛藤状況に陥る。こうした葛藤をはっきりさせると，気を逸らせている事柄に取り組むことにするのか，それとも会議に集中するよう意図的に切り替えるのかなど，どのように優先順位をつけるのかを意識的に選べるようになる。これにより，参加者全員のエネルギーと注意をかき集めてシステムを機能させるという規範が打ち立てられる。また，こうした問題を直接的に扱うと葛藤を感じることが避け難いが，そうした葛藤をもっともなこととして認めるという意味もある。自分のエネルギーをどこに向けたいのかメンバーたちに決断を迫ること，個人的な心配事から離れて会議というシステムの一部になりたいと思うのかメンバーたちに尋ねることによって，会議の重要性が強調される。例をあげてみよう。ある最高経営責任者の円卓会議で，フランクは，海外の重要な顧客が訪問中のため連絡待機の状態であることを同僚たちに告げた。参加者たちはそのことを理解して，例外を設けるよう会議の規範を調整し，フランクが携帯電話に応答するために退室する可能性に備えた。

3. 目標

参加者たちが揃い，会議の作業を始める準備ができたら，課題進行役は，チームを会議の目標，長期的目標と短期的目標の両方へと向ける。進行役は，会議の目的を振り返り，会議の目標と課題をより大きな組織全体の文脈の中に位置づける。次に，課題進行役は欠席者や遅刻者の名前をあげ，欠席や遅刻の理由を伝える。このようにして，不在となる場合はその理由

をチームに伝えておく説明責任が各個人にあるという規範が打ち立てられる。ここまで済んだなら，進行役は議題の設定へと自然に移行できる。毎週の戦略会議などは例外で，会議の前に議題を回覧したり募ったりしておいた方が良いのが常である（Meetings Matter, 1999）。進行役は，この時点での最終版の議題を配布し，必要に応じて変更点をコメントする。

　この会議のはじめの部分の目的は，参加者たちが在席していて，仕事に就く準備ができ，この会議の目標とより大きな組織全体の文脈が明確になった時点で達成されている。表8-1に，会議のはじめにおけるグループリーダーの目標を記載した。グループリーダーに必須の課題の中に，会議で必要となるさまざまな役割をグループのメンバーたちに与えることがある。これには，課題進行役と過程進行役も含まれる。表8-2に，会議のはじめにおける課題進行役と過程進行役の任務を記載した。

Ⅴ　中盤：作業を行う

　会議のはじめでは，作業を促進するようなシステム環境を作ることによって，作業のための基礎を打ち立てる。これが首尾よくできたなら，リーダーシップ役割が整い，参加者たちが揃い，全員のエネルギーが会議の課題／目標に向けて注がれる。そして，作業がなされるのが，会議の中盤においてである。

　課題に優先順位をつけることが，会議のはじめの段階から実際の作業へと移行する目印になることが多い。課題に優先順位がつくと，各項目についての作業が始められる。各項目は，グループの誰かから再度プレゼンテーションされたり要約されたりすることが多い。そうでない場合には，課題進行役がその項目についてオリエンテーションする。

1．作業を成し遂げるための役割

　課題進行役の仕事は，議論の目標を明確にすることと，その目標からずれないようにすることである。過程進行役の仕事は，作業をなすのに十分な情報が出てきているか，あるいは逆に身動き取れなくなるほど情報が溢れていないかを監督することである。明らかに，これらの役割は重なる可能性があるので，ときどき課題進行役と過程進行役で協議すると良い。

表8-1　会議のはじめにおける目標

目標	グループリーダーがすべきこと
十全なリーダーシップ役割	課題進行役を指名する 過程進行役を指名する タイムキーパーを指名する 書記を指名する
作業のための構造の設定	参加者を準備させ作業に就けるようにする 目標をできる限り明確にする 議題を知らせる

表8-2　会議のはじめにおける各進行役の仕事のまとめ

課題進行役
・会議を組織立てる
・会議を時間どおりに始める
・課題に関する会議の権限を明確にする
・欠席者の名前を伝え，その理由を説明する
・構造を打ち立てて，機能する規範を維持する
・境界を監視する（携帯電話のマナーモードなど）
・役割を明確化し，任務を委任する：課題，過程，次の段階
・議題を編成する

過程進行役
・参加者が確実に作業に就けるようにする
・個人あるいは社交上の役割から「メンバー」役割への移行を促す
・遅刻者にオリエンテーションする（グループが振り返る機会になる）
・欠席者の名前と理由を会議のはじめに伝える

　会議の中盤では，参加者は2つの役割のうち1つに就く。1つは議題の提案者で，もう1つは議論への参加者である。議論への参加者の責任は，その議題に対する自分の観点を発言することと，場合によっては議論の進め方について発言することである。例えば，あなたが参加者で，リーダーが発言したことに反対だと思った場合，あなたが反対だということはそのチームにとって有益な情報なのである。効果的な意思決定をするには，チ

ームがすべての観点を耳にすることが必要不可欠である。自分が気になっていることを何とか発言できるよう，その方法を見つけ出すことが参加者の責任の中でも決定的に重要な部分である。同じく，議論の最中に自分が注意散漫になっていることに気付いたら，そうなっていることを同僚たちに伝えて，他にも誰か集中しようと苦闘していた者がいないか尋ねるというのも，参加者の責任である。

　課題の提案者は，その課題に対して責任を持つ。その議題を提案した者として，あなたはみんなの先頭に立って，その課題についてオリエンテーションを行う。効果的に提案するには，前もって計画して，その問題を前進させるためには会議で何を達成する必要があるのかを明確にしておくことが必要である。一般的には，少なくとも次の5つの情報をオリエンテーションで提供することを私たちは提案者に勧める。

・議題を明確にする
・議題に関する背景の情報を提供する
・議題に関する現在の状況を伝える
・提案者は会議で何を目標にしているかを明確にする：チームに周知しておきたいのか？　ブレインストーミングしたいのか？　意思決定したいのか？　勧告しておきたいのか？
・さしあたって次の段階は何かを明確にする

　議題メモの形式（付録1を参照）を用いると，提案者はこれらの情報を手早く周知できる。議題メモは，議題を紙1枚に手短にまとめたもので，議論の論点を明確にするのに役立つ。これにより提案者は，目標が達成され，議題が前進できるように，会議を促進することができる。

付録 1　議題メモ（Issue Paper[原注2]）

　議題メモは，解決すべき議題を提示するのに簡潔で効果的な方法である。この議題メモの様式で提示されることによって，その問題を構成している各要素について系統立てて考えやすくなる。そして，その事柄についてチームがどのように作業すれば良いのかを明確にしやすくする。

議題：議題の概要
背景：どのような要素／出来事によって，この議題が出てくることになったか。どうしてこのタイミングで出てきたのか
現状：こうした事柄はどのように扱うのが慣例になっているか
　　　この問題は現在どのように扱われているか，その詳細
　　　この問題にはどのような意味があるか，その詳細
勧告：この問題に関して，この会議であなたはチームにどうしてもらいたいと思っているか
次の段階：変化を起こすためには，次にどういう段階が必要か

原注2）この議題メモを初めて私たちに紹介してくれた Kathy Criswell に感謝する。

2. 作業を成し遂げるための SCT のツール

　ここでは，SCT の手法のうち，会議に特に役立つものとして以下の4つをとりあげる。

・会話からノイズを取り除く
・違いや対立が起きたら機能的サブグルーピングを使う
・決定を下すときにはいつも，全員が共有できる基準を開発する
・憶測や否定的予想を減らし，現実に基づいた議論を維持する

1）会話からノイズを取り除く

　この仕事は過程進行役に委ねられる。グループが作業している間，過程進行役はそのコミュニケーション過程を注意深く見守る。特に注意を払うのは，人のコミュニケーションにおいてよくある雑音源である曖昧，冗長，矛盾を軽減することである。曖昧さは，より明確に話すように求めることで減らすことができる。冗長さは，要点を簡潔に話すように求めることで減らすことができる。同様に，冗長さは，ある選択肢を持ち込むことでも軽減できる（SCT では選択肢のことを「分かれ道（fork in the road）」と表現する）。SCT が導入するこの分かれ道は，すでに知っていることを説明するのか，それともまだ明確になっていない側面を探索するのかという分かれ道である（Agazarian, 1997; Gantt & Agazarian, 2004）。この2つを区別することによって，自分たちが話し合っていることが，既知のことを不必要に蒸し返していることになっているのか，それとも議題を前進させるのに役立つような新たな領域を扱うことになっているのか，参加者たちが識別できるようになる。

　矛盾への介入は，対立の修正について記載した次項で議論される。誰かがある観点を提示したとき，何を言ったかよりも，どう言ったかの方が議論に強く影響するというのは，SCT では当然のこととして受け止められている。これと同じように，コミュニケーションするときにノイズが少ないほど，そのコミュニケーションが効果的となる可能性が高くなる。生産的なコミュニケーションになっているかどうかを分類する方法の1つに，赤信号，黄信号，青信号のコミュニケーションという考え方（Simon

& Agazarian, 1967）を参加者たちに導入することがある。この3種類の
コミュニケーションを区別する能力は，私たちに自然と備わっている。赤
信号のコミュニケーションでは，意図の伝達が起こらない。黄信号のコミ
ュニケーションでは，意図が伝わるかどうかは，全体的なコミュニケーシ
ョンの状況が赤信号か青信号かにかかっている。青信号のコミュニケーシ
ョンでは，意図が明確に送られて届けられる。サイモンとアガザリアンは，
問題解決に向かっているのか避けているのかに基づいてコミュニケーショ
ンを体系化させるモデルの一部として，こうした考え方を開発した。この
SAVIというモデルは，第6章で詳しく解説されている。

2）対立を解決し，違いと取り組む

　デジタル時計という発想を聞いたとき，スイスの時計メーカーらはその発
想を探索する研究グループに投資するのに乗り気ではなかった。そのプロジ
ェクトに投資していた時計会社らの連合体に協力体制が欠けていたため，こ
のスイス・チームは遅れをとることになった。デジタル時計という新しい時
の刻み方の可能性を受け入れることに彼らが失敗したことから，日本の時計
メーカーは非常に多くの利益を得たのだった（Stephens & Dennis, 2000）。

　リビングヒューマンシステムにとって，一般的に受け入れられている観
点から大きく異なる情報に関わるのがいかに難しいことか，これはその好
例であろう。こうした新しい情報は，見捨てられてしまうことが非常に多
い。「集団思考（groupthink）」を考察したジャニスは，似たような過程を
描いた（Janis, 1972）。矛盾している証拠があるにもかかわらず，グループ
が独自の論理を信じ込むようになっていく過程を彼は描いた。彼が記載し
た事例では，事実が歪められ，革新的な発想による利益を無視した意思決
定が行われている。また同じくらい厄介なことに，誰かが重要な情報を会
議にもたらしたとしても，チームがその情報に嫌悪感を抱いたなら，どの
ようにしてその情報が出てきたのかを査定することなしに，「あの人が言
うことだから」と却下されてしまうだろう。

　SCTは，統制された違いの扱い方である機能的サブグルーピングを開
発した。これにより，違いが無視されたり争いの種になったりするのでは
なく，作業を利するために使えるようになる。機能的サブグルーピングは，
論争になっている話題のいずれの側も発展できるように，コミュニケーシ

ョンする余地をそれぞれの側に用意する。相容れないように見える複数の観点がグループの中に存在しているが，何らかの意思決定を下さないといけないような状況のときも，機能的サブグルーピングの使いどころである。また機能的サブグルーピングは，反対意見をなるべく速やかに抑え込もうとする「片を付けてしまおう」精神（"fix it" mentality）を遮り，時期尚早な決断に飛びつく前に情報を十分に展開させることに重点を移させる。課題進行役は，機能的サブグルーピングを使ってそれぞれの議題を探索するのに十分な時間が持てるよう議題を調整することが重要である。

　機能的サブグルーピングは，「そうだね，でも」という矛盾を抱えたコミュニケーションに対する代替手段でもある。例えば，ドンが新しい議題の組み方を提案したところ，以下のようなやりとりが生じたとしよう。スー：「そうね，でも議題をどう編成するかはもう話し合ったし，もう一度検討したら時間がかかりすぎるわ」。ドン：「そうだね。でもこうしたらさらに効率良くなるかもしれないよ」。スー：「確かにそうかもしれないわね。でも時間をかけるなら他のことに使ったほうがいいと思うの」

　ここで分かるように，「そうだね，でも」は次の「そうだね，でも」を引き起こす。機能的サブグルーピングは，「そうだね，でも」への代替案となる。それに加えて，これに含まれている「そうだね」の観点と「でも」の観点の両方とも，もっともなこととして受け入れる。話し合いは，まずどちらか一方の観点を探索するように系統立てられている。例えば，「そうだね」の観点を先に探索して，それが終わったら次に「でも」の観点を探索する，というふうに。このようにして，一方が他方を押しのけるのではなく，両面とも詳細に検討され，理解される。

　機能的サブグルーピングの目的は，ある話題に関して似ている観点から見られるようにして，全員が耳を傾ける中，反対意見は混ぜずにお互いの意見を積み重ねていけるようにすることである。誰かがある事柄について自分の考えを述べた後，「他に誰か同じように考えている人はいませんか？」と尋ねたら，それがサブグルーピングが始まるサインとなる。SCT様式の会議では，この台詞が出たら，似た観点から意見を積み重ねたい人たちは参加するし，そうでない人やその観点に反対する人たちは黙って耳を傾けるという合図になっている。もしこの時点で異なる観点の人が発

言したなら，似た観点の人たちがひととおり話して異なる観点を聞く準備ができるまでは待っているように言われる。最初に出た観点の人たちの話が途切れたら，他の観点を抑えていた人たちが話に加わるように促される。彼らも，同じ観点の人たち同士で一緒に話し合うように促される。このような配列を成す話し合いの中で，まずは最初の観点，そして次の観点というふうに，似たところで繋がり合う雰囲気の中で順番に自分たちの見方を探索していく。こうした話し合いを続けていくと，分かれていた２つの観点の間に繋がりや統合が生まれ始めることがしばしばある。この統合は予想外のこととして驚きをもって体験されることが多く，たいてい，より豊かで深みのある意思決定に結びつく。例えば，上述した会話例では，以下のように機能的サブグルーピングが導入されるだろう。

　　ドン：そろそろ社外会議をしてもいい頃じゃないかと僕は思う。

　　スー：そうね。でも，もうやるべきことで手一杯じゃない。

　　過程進行役：そうすると，この懸案については２つの側面があることになりますね。スーはどちらを話し合いたいですか？　あなたが「そうね」と言った方，つまり社外会議は良い考えだという方か，それとも，あなたが「でも」と言った方，社外会議に対する躊躇の方か。

　　スー：そうねえ，私は躊躇の方がよりはっきりとしているから，そっちの方を話し合いたいです。

　　過程進行役：分かりました。では，ドンが最初に社外会議の話題を始めたので，まずはドンと彼に賛成する人たちの話から聞いていきましょう。社外会議を今やるのが良いと判断した基準も話に出てくることでしょう。

　　ドン：僕がそう思った基準の１つは，この１時間の会議では今までに一度もこの根底にある事柄まで話が及んでなかったと思うからなんです。もっと時間があったらなあって思っています。他に社外会議に関心のある人はいませんか？

　　テリー：僕も君と同じだよ，ドン。実施に向けて何が邪魔になっているのかを整理するには，もっとまとまった時間が必要だと思う。それと，社外会議をする前の準備にもっと時間をかけてしっかり考えた方が良い。そうしたらこの問題を解決するのにきっと役立つと思うよ。

トーマス：僕もそう思う。この短時間の会議じゃあ行き詰まってしま
　　　うし，一歩下がって全体像を見直そうっていう時間もない。
ジム：みんなが話すのを聞いていて，もう一方の側面がはっきりして
　　　きたよ。これは社外会議の時期じゃないね。もう話は終わった？
　　　もう一方の側の話を始めたいんだけど。
ドン：もうちょっと待って。社外会議の利点について最後にもう 1 つ
　　　言っておきたいんだ。

　この過程では，自分たちの観点をいつどのように発言するのか，会議の
参加者たちに訓練が求められる。また，他者を自分寄りに変えようとする
と論争が生じがちだが，そこにも割って入る。他者の意見を変えさせよう
と試みるのではなく，ある特定の観点をより十全に探索することに参加者
全員の意識を集中させる。

3）決定を下すときにはいつも，全員が共有できる基準を開発する

　意思決定のために会話するには，全員が合意できる一連の基準を最初に
決めておいて，意思決定の際に使えるようにしておくことが重要だと SCT
では強調している。基準について議論しておくと，合意のポイントはど
こにあるのか，そして，真の相違点はどこにあるのかを参加者たちが理解
できるようになる。こうした議論によって，意思決定の根拠が明確になる。
ある会社を例にあげてみよう。社外会議に関する議論において，社外会議
をすぐに行いたい人たちと，そうでない人たちがいたが，両者の決定的な
相違点は，社外会議の必要性に関する違いというよりはむしろ，社外会議
を行う時期に関する違いにあった。この問題の本質的な点は，社外会議の
時期を，その会社が新しい財務システムを実施する前にすべきか，それと
もその後にすべきかということであった。この新しいシステムの実施に関
わっていた者たちは，新しい財務システムの性能を把握しており，このシ
ステムから得られるデータを公表するのはもう少し待った方が良いと感じ
ていた。一方，社外会議を見合わせることはできないと思っていた者たち
は，現状で得られる情報だけで十分だと思っていた。このことが検証でき
る基準となり，双方の観点からなる小グループに分かれたうえで，それぞ
れの意見を検証して再度持ち寄ろうということになった。

4）憶測や否定的予想を減らし，現実に基づいた議論を維持する

　リビングヒューマンシステムが容易に現実から離れてしまうことはすでに述べた。SCT では，リビングヒューマンシステムの注意を非現実から現実へ向け直すのを手助けする技法をいくつか導入する。SCT では，レヴィン（Lewin, 1951）に基づいて，非現実には 3 種類のものがあると考えている。すなわち，過去，現在，未来のそれぞれについての非現実である。いずれの場合においても，過程進行役の仕事として，それらの非現実を見つけて，チームに注意を呼びかけるということがある。それによって，チームが自己修正して，現実との同調を取り戻し始められるようにする。

　過去についての現実から離れているのは，過去についての何度も繰り返された物語を話しているときである。物語を話すことは楽しいし，物語は筋が通っていることが多いが，現実を明確にするのに役立つことはめったにない。

　現在についての現実から離れているのは，他の人がどう考えていたり感じていたりするかについて憶測や推測をしているときである。例えば，誰かが「あなたの考えていることは知っている」と言ったとすると，その人が常に 100%の確率で他人の心を読める能力がないかぎり，その人は現実から離れていることになる。SCT では，こうした類いの憶測を「マインドリード（mind reads）」と呼ぶ。進行役は，単純にそのマインドリードが正確であったかどうかを憶測の対象となった当人に確認することで，マインドリードに対応できる。こうすることの目標は，誰かに恥ずかしい思いをさせることではなく，現実との同調からグループを遠くかけ離してしまうような過程の影響を弱めることである。

　最後に，未来についての現実から離れている例は，前述したように，未来についての予言や推測である。進行役は，そうした非現実を認識させることによって，隠されていた情報を現実のもとにもたらすことができる[訳注4]。ここでも同じように，こうすることの目標は，グループに情報が入らないようにする過程，その結果としてグループを現実から遠くかけ離してしまう過程の影響を弱めることである。

訳注4）SCT では，直面するのが心理的に容易ではない現実を見ないようにするために，未来の推測で頭を占めさせることがあると考えている。未来の推測が非現実であることを認識させた後，自分たちがどのような現実から離れていたのかを振り返るように励ます介入が SCT ではなされる。

　要約すると，会議のこの中盤の部分で会話が展開していく際，進行役は，作業の進展具合だけでなく，システムの成長具合も追跡しているのである。進行役たちが自らに問いかける質問を，以下の表8-3に要約した。

表8-3

会議の中盤部分で，進行役たちが自問すること
・違いが探索されたり，システムにとっての情報として支持されたりしているか？　それとも，違いが避けられたり，ごまかされたりしているか？ ・違いが入ってきやすいような構造になっているか？　それとは対照的に，議題が詰まっていて，違いや新しいアイデアの余地がほとんどなくなっているか？ ・グループが作業しやすいような会議の構造になっているか？ ・会議の目標は全員に明らかになっているか？ ・どのように情報が境界を越えて会議に入ってきているか？　情報が入ってきたら会議で取り上げられているか？ ・どのように情報は使われているか？　目標に向かって使われているか？　それとも目標から遠ざかるように使われているか？　そのことをシステムは明確にしようとしているか？　それとも曖昧なままにしようとしているか？

　進行役の役目は，こうした側面を観察して，システムの構造が情報の流れや異なる観点の出現を促進するように，また，システムが現実に留まり続けるように介入することである。

VI　終わり：作業から振り返りへの移行

　会議の終わりの目標は，作業を閉じることである。SCTでは，次に何をするかを明確にすることと，それから会議での体験を振り返ることを通して，参加者たちに会議で達成されたことを振り返ってもらう。次の段階を確認する過程には，会議でなされた作業の振り返りと，次にどんな設定で行うかの計画を立てることも含まれる。会議の過程を振り返ることで，参加者たちが会議のやり方に改良を加える機会がもたらされる。

1．次の段階

　課題進行役の仕事は，目的が達成されるように会議の終わり部分を構造化

することである。課題進行役は，会議の中盤部分から結びにかけての橋渡し
をすることになるが，会議中に達成できた作業を振り返ること，そして（し
ばしばグループの助けを借りながら）未解決の作業がまだ残っていることを
示唆することによってその橋渡しを行う。これは，次の会議に向けた議題の
設定に取り組み始めることでもある。作業することから次の段階を計画する
ことへとチームが移行したなら，課題進行役もしくは会議中に確認された次
の段階を記録しておくように任命された人は，その一覧を読み上げる。参加
者たちは，自分たちが何をいつまでにするのかを明確に述べることによって，
次の段階に取り組むことを確約する。あるいは，どのように次の段階を処理
していくのかを決める必要があることをチームで確認する。

2. 会議の振り返り

　次の段階がはっきりしたら，過程進行役は，参加者たちに会議を振り返っ
て批評してもらう。SCT では，会議で驚いたこと，学んだこと，満足したこと，
不満だったこと，発見したことが何かなかったかと参加者たちに質問するこ
とによってこれを行う。この振り返りをすると，どんな問題点（不満）があ
ったかが表面化するので，次の会議でそれに取り組むことができる。不満足
な面が確認されたときは常に，その不満を述べた参加者に対して過程進行役
が次のことを問いかける。次の会議では，あなたの行動をどんなふうに変え
たなら，より満足できると思いますか？　これによって，不満を単なる愚痴
にするのではなく，自分が次に何ができるかを学ぶことへと転換できる。他
者が何をすべきかについてではなく，自分がどんな違った行動をとれるかに
ついて学ぶのである。また，振り返りでは，成功したことにも光をあて，チ
ームがそれを意図的に再現できるようにもする。最終的に，この振り返りに
よって，今回の会議から，その後に生じるあらゆることへとギアを入れ替え
る準備を参加者たちがとれるように促す。

　システムの作業におけるこの最後の部分は省略したくなるものだが，こ
れを会議の議題の中に含めてしまうことを私たちは強く推奨する。システ
ムが成長するには，何が機能して何が機能しなかったのかを学んだり，伝
え合ったりできなければならない。このようにして，システムは振り返る
能力を培っていくのである。欲求不満は，それが会議の外に出てきて扱い

難くなるのではなく，チームが扱えるような形で会議中に出てくるように
できるのである。

Ⅶ　まとめ

　システムの観点からすると，会議は，組織にとって情報を流通させる要
である。両面からなる効果的なコミュニケーションによって情報が流通す
ることは，組織の仕事を前進させていくエネルギーとなる。会議が効果的
に機能し，参加者たちが自分たちの仕事に良い気持ちを抱けるほど，組織
全体も利益を得られる。この章では，SCT の原理と手法を使った会議の構
成を紹介してきた。この方法は，2つのことを同時に行う。仕事を成し遂
げることと，システムを構築することと。

　どのようにシステムが機能するかによって，どのように仕事がなされる
か，そして，どんな仕事がなされるかが決まってくる。さまざまな企業や
組織での私たちの経験からすると，SCT の手法を用いると，グッタリさせ
られるものだった会議が，ワクワクするものに変わることができる。そし
てさらに，メンバーたちがより生産的に働けること，自分たちの仕事によ
り大きな満足を得られること，すべてのリビングヒューマンシステムにと
っての活力となる情報の流れが増加すること，という結果も一貫してつい
てくるようになる。SCT の手法を用いると，仕事を進めるのに役立つだ
けでなく，管理者，リーダー，参加者たちにシステムという視点が育まれ，
それによって個人化（personalize）する傾向が弱められる。そして最後に
なるが，SCT は，すでに熟練したリーダーたちが，彼らがすでに持ってい
る技能をより効果的に使えるようにする。すべての会議に内在しているシ
ステムを観察すること，そしてそのシステムを構築することへと彼らの観
点を広げていくことによって，それを成し遂げるのである。

監訳者あとがき

　私がSCTに出会ったのは，2013年1月，極寒のストックホルムでした。
　当時，震災の支援に行き詰まりを感じていた私は，「Systems-Centered Training Workshops――An Innovative Approach to Integrating Differences in the Context of Change」という題名に惹かれ，4日間のワークショップに参加しました（そこで偶然，共訳者の嶋田さんともご一緒しました）。ワークショップでは語学の壁があるのに予習も不足。理解できないことがたくさんありました。それでもさまざまな背景の多くの国の人々と，好奇心を原動力として，違いを明確にしつつ聴くことを通して互いに理解し合う体験は，鮮烈な印象を私に残しました。

　そして，帰国後の2月。ストックホルムで出会った嶋田さんと私はこの手法を日本で使ってみたい，そのためには何をどうしたら良いのかグループで考えたいと思い，研究会を立ち上げることにしました。

　その際の目的は，①SCTを一緒に学べる人の輪を日本で広げる，②日本においてSCTがどのように展開しうるかを探索するというものでした。そして『必要なのは好奇心だけ』をキャッチフレーズに，参加者を募りました。「SCTに惚れ込んだ思いさえ同じなら，違いは資源」と，とてもわくわくしていたのを昨日のことのように憶えています。

　それから5年経ちました。少しずつ参加者は入れ替わりましたが，その間グループが揺れるたびに，欧米との文化差が問題なのか，私たちの理解が足りないのか，リーダーシップなど私たちのシステムのあり方に何か問題があるのかなど，あれこれと議論してきました。職種も経験も年齢も依って立つ価値観も，多分同じところの方が少ないような寄せ集めの私たちでしたが，違いを楽しみ，そこから何かを生み出したいという思い，そのための学びへの好奇心だけを共通項として，なんとか会を続けてきました。

それは，拙いながらも，自分たちの組織をシステムとして見ることを学び，生き残り，成長するプロセスそのものでした。

　今，研究会の仲間とこの本を翻訳し終えることができてとても嬉しく思います。

　この本を手に取られた皆さんはきっと何か組織での悩みがあるのではないでしょうか。はじめはとっつきにくいと思いますが，どうぞ我慢して読み通してみてください。読み終えた方は今どんなお気持ちでしょうか。組織での軋轢，いがみ合いは日常茶飯事だと思います。それでもしんどいです。そのしんどさに絡め取られ見えなくなっていた未来が，ほんの少しでも現われてきていたらいいなと思います。そして，この手法に好奇心が芽生えたら，私たちの仲間になって探索の船を出してみませんか。

　お待ちしています。

杉山恵理子
2018 年 2 月

文　　献

Agazarian, Y.M.（1967）. Using the force field in systems-centered leadership. Unpublished paper.

Agazarian, Y.M.（1968）. A theory of verbal behavior and information tranfer. Unpublished doctoral dissertation, Temple University, Philadelphia, PA.

Agazarian, Y.M.（1969）. A theory of verbal behavior and information transfer. Classroom Interaction Newsletter, 4（2）, 22-33.

Agazarian, Y.M.（1972）. A system for analyzing verbal behavior （SAVI） applied to staff training in Milieu treatment. Devereux Schools Forum, 1, 1-32.

Agazarian, Y.M.（1986）. Applications of Lewin's life space concept to the individual and group-as-a-whole systems in psychotherapy, In E. Stivers & S. Wheelan （Eds.）, The Lewin legacy. New York: Springer-Verlag.

Agazarian, Y.M.（1992）. Contemporary theories of gronp psychotherapy: A systems approach to the group-as-a-whole. International Journal of Group Psychotherapy, 42（2）, 177-203.

Agazarian, Y.M.（1993）. Reframing the group-as-a-whole. In T. Hugg, N. Carson, & R. Lipgar （Eds.）, Changing group relations. Jupiter, FL: A.K. Rice Institute.

Agazarian, Y.M.（1994）. The phases of development and the systems-centered group. In M. Pines & V. Schermer （Eds.）, Ring of fire: Primitive object relations and affect in group psychotherapy. London: Routledge, Chapman & Hall.

Agazarian, Y.M.（1996）. An up-to-date guide to the theory, constructs and hypotheses of a theory of living human systems and its systems-centered practice. The SCT Journal, 1（1）, 3-12.

Agazarian, Y.M.（1997）. Systems-centered therapy for groups. New York: Guilford.

Agazarian, Y.M.（1999）. Phases of development in the systems-centered group. Small Group Research, 30（1）, 82-107.

Agazarian, Y.M.（2001）. A systems-centered approach to inpatient group psychotherapy. London and Philadelphia: Jessica Kingsley.（鴨澤あかね訳（2015）システム・センタード・アプローチ—機能的サブグループで「今，ここで」を探求する SCT を学ぶ. 創元社.）

Agazarian, Y.M.（2003）. Roles. Unpublished paper.

Agazarian, Y.M. & Gantt, S.P.（2000）. Autobiography of a theory. London: Jessica Kingsley.

Agazarian, Y.M. & Gantt, S.P. (2003). Phases of group development: Systems-centered hypotheses and their implications for research and practice. Group Dynamics: Theory. Research and Practice, 7(3), 238-252.

Agazarian, Y.M. & Gantt, S.P. (2004). Leading edges in systems-centered theory and practice. Paper presented at the Systems-Centered Training Conference, Atlanta, GA.

Agazarian, Y.M. & Gantt, S.P. (2005). The systems perspective. In S. Wheelan (Ed.), Handbook of group research and practice. Newbury Park, CA: Sage Publications.

Agazarian, Y.M. & Janoff, S. (1993). Systems theory and small groups. In I. Kapplan & B. Sadock (Eds.), Comprehensive textbook of group psychotherapy, 3rd edition (pp.33-44). Maryland: Williams & Wilkins, Division of Waverly.

Agazarian, Y.M. & Peters, R. (1981). The visible and invisible group. London: Karnac.

Agazarian, Y.M. & Philibossian, B. (1998). A theory of living human systems as an approach to leadership of the future with examples of how it works. In E. Klein, F. Gabelnick & P. Herr (Eds.), The psychodynamics of leadership (pp.127-160). Madison, CT: Psychosocial Press.

Amidon, E. & Flanders, N.A. (1961). The effects of direct and indirect teacher influence on dependent-prone students learning geometry. Journal of Educational Psychology, 52(6), 286-291.

Amidon, E. & Simon, A. (1967). Teacher pupil interaction. Review of Educational Research, 35, 130-39.

Asquith, G. (n.d.). Guidelines for Lebenslauf. Moravian Seminary, Bethlehem, PA.

Association for Clinical Pastoral Education. (2003). ACPE Annual Report. Decatur, GA.

Association for Clinical Pastoral Education. (2005). ACPE Draft of 2005 Standards. Retrieved from www.acpe.edu.

Bennis, W. (1989). Why leaders can't lead: The unconscious conspiracy. San Francisco: Jossey-Bass.

Bennis, W.G. & Shepard, H.A. (1956). A theory of group development. Human Relations, 9(4), 415-437. (佐治守夫，都留春夫，小谷英文訳 (1996) 集団精神療法の理論―集団力学と精神分析学の統合．誠信書房，pp.185-213.)

Bertalanffy, L. von. (1968). General system theory: Foundations, development, applications. New York: George Braziller. (長野敬，太田邦昌訳 (1973) 一般システム理論―その基礎・発展・応用．みすず書房.)

Bion, W.R. (1959). Experiences in groups. London: Tavistock. (池田数好訳 (1973) 集団精神療法の基礎．岩崎学術出版社.)

Bridger, H. (1946). The Northfield experiment. Bulletin of the Menninger Clinic, 10(3), 71-76.

Bridger, H. (1990). Courses and working conferences as transitional learning institutions. In E. Trist, & H. Murray et al (Eds.), The social engagement of social science: A Tavistock anthology, Vol.1: The socio-psychological perspective. (pp.221-245). Baltimore: Universiry of Pennsylvania Press.

Browne, R.M. (1977). Patient and professional interaction and its relationship to patients' health status and frequent use of health services. Unpublished doctoral dissertation. University of Toronto.

Dewey, J. (1916). Democracy and education: An introduction to the philosophy of education. New York: Macmillan.（松野安男訳（1975）民主主義と教育（上・下）. 岩波書店.）

Edmondson, A.C. (1999). Psychological safety and behavior in work teams. Administrative Science Quarterly, 44, 350-383.

Edmondson, A.C. (2002). The local and variegated nature of learning in organizations: A group-level perspective. Organization Science, 13(2), 128-146.

Fellows, J. (1996). SAVI training for a small team in conflict. Systems-Centered Training News, 4(1), 15.

Festinger, L. (1957). A theory of cognitive dissonance. Evanston, IL: Row, Peterson.

Flanders, N.A. (1962). Using interaction analysis in the in-service training of teachers. Journal of Experimental Education, 30(4), 313-316.

Flanders, N.A. (1965). Teacher influence, pupil attitudes and achievement. U.S. Department of Health, Education and Welfare, Office of Education. Cooperative Research Monograph No.12.

Flanders, N.A. & Simon, A. (1969). Teacher effectiveness. In R.L. Ebel (Ed.), Encyclopedia of educational research (pp.507-582). New York: Macmillan.

Gallagher, J.J. (1966). A topic classification system in the analysis of BSCS concept presentations. Classroom Interaction Newsletter. 2(2), 12-16.

Gantt, S.P. & Agazarian, Y.M. (2004). Systems-centered emotional intelligence: Beyond individual systems to organizational systems. Organizational Analysis, 12(2), 147-169.

Gantt, S.P. & Agazarian, Y.M. (2006). Systems-centered therapy: Clinical practice with individuals, families and groups. Livermore: WingSpan Press.

Gardner, H. (1999). Who owns intelligence. The Atlantic Monthly.

Goleman, D. (1998). Working with emotional intelligence. New York: Bantam Books.

Grant, M. & Cavanaugh, M. (2004). Toward a profession of coaching: Sixty-five years of progress and challenges for the future. International Journal of Evidence Based Coaching and Mentoring, 2(1), 1-16.

Hall, C.E. (1992). Head and heart: The story of the clinical pastoral education movement. Decatur, GA: Journal of Pastoral Care Publications, Inc.

Harvey, J.B. (1974). The Abilene paradox: The management of agreement. Organizational Dynamics, 3(1), 63-80.

Hemenway, J.E. (1996). Inside the circle: A historical and practical inquiry into process groups in clinical pastoral education. Decatur: Journal of Pastoral Care Publications, Inc.

Howard, A. & Scott, R.A. (1974). A proposed framework for the analysis of stress in the human organism. Journal of Applied Behavioral Science, 10, 141-160.

Hughes, H. (1984). Listen to your meeting's message. Successful Meetings, 33(2), 62-68.

Hunt, W. (1987). Teaching and learning in the affective domain: A review of literature. Olympia, WA: Office of the State Superintendent of Public Instruction. PPIC Document Reproduction Series # ED 288871.

International Coaching Federation. (2004). Code of Ethics. Retrieved January 3, 2005 from http://www.coachfederation.org/ethics/code_ethics.asp

Janis, I.L. (1972). Victims of groupthink. Boston: Houghton Mifflin.

Kempner, M. (2004). Gerald Grinstein's hire wire act: Delta's future in the balance as CEO struggles to bring off rescue mission. The Atlanta Journal-Constitution.

Korzybski, A. (1948). Science and sanity: An introduction to non-Aristotelian systems and general semantics. Lakeville, CT: International Non-Aristotelian Library, Institute of General Semantics.

Lee, K.S. (2003). A prolegomena to multicultural competencies in clinical pastoral education. Unpublished paper.

Lewin, K. (1951). Field theory in social science. New York: Harper & Row. (猪俣佐登留訳 (2017) 社会科学における場の理論. ちとせプレス.)

MacKinnon, J.R. (1984). Health professionals' patterns of communication: Cross-purpose or problem solving? Journal of Allied Health, 4, 3-12.

McCluskey, U. (2002a). Training in goal-corrected empathic attunement: The process of affect regulation within the instinctive systems of care seeking and care giving. Paper presented at the Systems-Centered Training Conference, Philadelphia, PA.

McCluskey, U. (2002b). The dynamics of attachment and systems-centered group psychotherapy. Group Dynamics: Theory, Research and Practice, 6(2), 131-142.

McHenry, I. (2003). The use of subgrouping as a dialogue method in educational classroom contexts: An action research study. Paper presented at the Systems-Centered Training Conference, Philadelphia, PA.

Meetings Work: A guide to participative systems (CFAR Tool) (1999). Philadelphia, PA: CFAR, Inc.

Miller, J. (1978). Living systems. New York: McGraw-Hill.

Obholzer, A. & Roberts, V.Z. (1994). The unconscious at work: Individual and organizational stress in the human services. London: Routledge. (武井麻子監訳 (2014) 組織のストレスとコンサルテーション―対人援助サービスと職場の無意識. 金剛出版.)

Oppenheim, L. (1987). Making meetings matter: A report to the 3M company (CFAR Report). Philadelphia, PA. CFAR, Inc.

Parks, E. (2003). Subgrouping and conflict management: A research update. Paper presented at the Systems-Centered Training Conference, Philadelphia, PA.

Philadelphia Yearly Meeting of the Religious Society of Friends (1972). Faith and Practice.

Powell, E. (1972). Classroom climate, pupil intelligence and mechanical skills learning. Classroom Interaction Newsletter, 8(2), 18-20.

Reason, P. & Bradbury, H. (Eds.) (2000). Handbook of action research. Thousand Oaks, CA: Sage Publications.

Redfield, D. & Rousseau, E. (1981). A meta analysis of experimental research on teacher questioning behavior. Review of Educational Research, 51(2), 237-245.

Rowe, M. (1986). Wait time: Slowing down may be a way of speeding up. Journal of Teacher Education, 37(1), 43-50.

Sagor, R, (1991). What project LEARN reveals about collaborative action research. Educational Leadership, 48(6), 6.

Sandberg, J. (2004). Cubicle Culture. The Wall Street Journal, p.B1.

Senge, P. (1990). The fifth discipline. New York: Doubleday. (枝廣淳子, 小田理一郎,

中小路佳代子訳(2011)学習する組織—システム思考で未来を創造する．英治出版．）

Shannon, C.E. & Weaver, W. (1964). The mathematical theory of communication, Urbana, IL: University of Illinois Press. (植松友彦訳 (2009) 通信の数学的理論．筑摩書房．)

Simon, A. (1967). Patterns of verbal behavior in favored and non-favored classes. Unpublished doctoral dissertation. Temple University.

Simon, A. (1993). Using SAVI for couples' therapy. Journal of Family Psychotherapy, 4, 39-62.

Simon, A. (1996a). SAVI and individual SCT therapy. The SCT Journal: Systems-Centered Theory and Practice, 1, 65-71.

Simon, A. (1996b). Behavior hopping with SAVI. Systems-Centered Training News, 4(2), 22-24.

Simon, A. (1996c). SAVI mind-read alert. Systems-Centered Training News, (4)1, 11-12.

Simon, A. & Agazarian, Y.M. (1967). SAVI: Sequential analysis of verbal interaction. In A. Simon & E.G. Boyer (Eds.), Mirrors for behavior: An anthology of classroom observation instruments. Philadelphia: Research for Better Schools.

Simon, A. & Agazarian, Y.M. (2000). SAVI: The system for analyzing verbal interaction. In A.P. Beck & C.M. Lewis (Eds.), The process of group psychotherapy: Systems for analyzing change (pp.357-380). Washington, D.C.: American Psychological Association.

Stephens, C. & Dennis, M. (2000). Engineering time: Inventing the electronic wristwatch. British Journal for the History of Science, 33, 477-497.

Sturdevant, K.S. (1991). A pilot study of intrapersonal and interpersonal process as measured on the experiencing scale and the sequential analysis of verbal interaction (SAVI). Unpublished master's thesis. University of Iowa.

Taba, H. et al. (1964). Thinking in elementary school children. San Francisco State College: United States Department of Health, Education, and Welfare, Office of Education, Cooperative Research Project No. 1574.

Trey, B. (1996) Managing interdependence on the unit. Health Care Management Review, 21(3), 72-82.

Trey, B. (2002a). Participative decision making (CFAR Tool). Philadelphia, PA: CFAR, Inc.

Trey, B. (2002b). The changing leader role as teams develop or a team's journey from misery to mastery: The role of the leader. Paper presented at the Systems-Centered Training Conference, Philadelphia, PA.

Weir, R. (1978). Treatment and outcome as a function of staff-patient interaction. Unpublished doctoral dissertation. University of Toronto.

Wheelan, S. (1994/2004). Group processes: A developmental perspective. Needham Heights, MA: Allyn & Bacon.

Witt, J. (1998). Action research and ways of knowing. ELC 701 study guide. The Fielding Institute. Retrieved from http://www.fielding.edu/private/elc/cur/.

Zimmerman, K.W. (1970). Verbal classroom interaction and characteristics including self-actualization of home economics teachers. Unpublished doctoral dissertation. Iowa State University, Ames, IA.

索　　引

著者紹介

イヴォンヌ・アガザリアン（Yvonne Agazarian）（教育学博士，アメリカ集団精神療法学会評議員，認定集団精神療法家）は，リビングヒューマンシステム理論，およびシステムズセンタードの実践を開発した者であり，システムズセンタード訓練／研究機関の創立者である。彼女はフィラデルフィアに在住しているが，国際的に教育とコンサルテーションを行っている。1997年には，彼女の研究，出版，教育，訓練が称えられ，アメリカ心理学会から年間集団精神療法家賞を受賞した。「彼女は心理学の分野における最高の学者の手本である……彼女は，臨床心理学と社会心理学の間の境界に関する私たちの知識を拡大するのに貢献してきた……膨大な量におよぶ彼女の業績は，創造性と学びをブレンドした例の最上級のものを示している」

クローディア・バイラム（Claudia Byram）（学術博士）は，1975年以来SAVIについて，また発足以来システムズセンタードの理論と手法について関わってきた。彼女は，25年にわたってビジネス，教育，臨床分野の人々にSAVIの訓練をほどこすことに取り組んできた中で，SAVIの訓練とコード化のためのマニュアルの開発にも積極的に参加してきた。彼女は，ペンシルバニア州フィラデルフィアで開業する心理療法家であり，システムズセンタードの認定専門家であり，SAVIとSCTの両方の教育および訓練を行い続けている。また，システムズセンタード訓練／研究機関の運営グループの一員でもある。

フラン・カーター（Fran Carter）（認定社会福祉士）は，認定システムズセンタード専門家であり，指導者であり，組織コンサルタントでもある。臨床では，個人療法，夫婦療法，集団療法を行っている。コンサルテーションでは，あらゆる職員と関わっており，組織の成長，対立の解決，変革に取り組んでいる。彼女はSCTの上級指導者であり，米国と欧州における基礎，中級，上級の訓練を行っている。彼女はシステムズセンタード訓練／研究機関の創立メンバーの1人であり，現在では運営グループの一員であり，この組織のメンターとしての役割も果たしている。

スーザン・ギャン（Susan Gantt）（学術博士，認定集団精神療法家，アメリカ専門心理学委員）は，システムズセンタード訓練／研究機関の理事長である。彼女は心理士としてアトランタで個人開業するとともに，エモリー大学医学部にも非常勤で勤務している。彼女は，認定システムズセンタード専門家であり，集団心理学の分野における代表的人物であり，国際的にシステムズセンタードの訓練とコンサルテーションを行っている。アガザリアンとの共著に『ある理論の自叙伝（Autobiography of a Theory）』がある他，組織分析（*Organizational Analysis*），集団力動（*Group Dynamics*），カウンセリング心理学雑誌（*Journal of*

Counseling Psychology）など，多くの学術誌に論文を出している。

ドロシー・ギボンズ（Dorothy Gibbons）（認定臨床社会福祉士）は，心理療法家および組織コンサルタントであり，ペンシルバニア州フィラデルフィアで個人開業している。共著に『偏見と向かい合う（Encountering Bigotry: Befriending Projecting People in Everyday Life and Working with Victims: Being Empathic Helpers）』がある。彼女は，若年の性犯罪者に対するプログラムの管理者を6年間務め，10年以上にわたって性的虐待の被害者と加害者に関わってきている。彼女はブリンマー大学ソーシャルワーク・社会研究学部大学院の卒業生である。現在，彼女はシステムズセンタード訓練／研究機関の運営グループの一員である。

ジョーン・ヘメンウェイ（Joan Hemenway）（牧会学博士）は，臨床牧会教育協会に認定されたチャプレンの指導者である。過去30年間にわたって彼女の活動の中心は，病院，老人ホーム，各種精神保健施設で行われる臨床牧会教育（CPE）プログラムにおいて，聖職者や神学生を訓練することにあてられてきた。彼女の著書『輪の中で（Inside the Circle: A Historical and Practical Inquiry Concerning Process Groups in Clinical Pastoral Education）』は全国のCPE教育で使われている。彼女は現在，臨床牧会教育協会の次期会長に選出されている。

ジェイン・マロウニー（Jane Maloney）（文学修士）は，コロンビア大学において組織心理学で修士号を取得し，現在はニューヨークで組織効果コンサルタントおよびエグゼクティブ・コーチをしている。彼女は講演やワークショップでのリーダーを頻繁に行っており，組織が劇的に生産性と収益性を高められるようなリーダーシップ，マネジメント，チーム開発プログラムを提供してきている。彼女のクライアントには，アーンスト・アンド・ヤング，メリルリンチ，ルーセント・テクノロジーの他，数々の非営利団体（NPO）がある。

クロード・マーシャソールト（Claude Marchessault）（文学修士）は，ストラテジック・リーダーシップ・グループ社の設立者であり，現在は同社の上級コンサルタントとしてCEO（最高経営責任者）と取締役会が幹部チームを育成していくのを援助している。その目標は，この幹部チームが，指導者たちの指揮を執り，現実に直面し，戦略的に考える能力を培い，中核的となる価値を共有できるように文化を調整し，結果を生み出す組織的過程をデザインできるようになることである。この役割，および経営仲介者，エグゼクティブ・コーチ，CEOのための月例の戦略会議のファシリテーターとして，彼はシステムズセンタード理論をビジネスと組織活動に応用することに貢献している。

エドワード・マーシャル（Edward Marshall）（学術博士）は，グリーンストリートフレンズ校の校長であり，ペンシルバニア大学教育学部大学院の非常勤助

教授でもある。彼は，歴史学で学部教育を受け，物理学で大学院を卒業した。彼は，特に教育の分野にシステムズセンタードの訓練を応用することに興味を持っている。彼は，家族とともにアメリカ合衆国のフィラデルフィア近郊に住んでいる。

アイリーン・マクヘンリー（Irene McHenry）（学術博士）は，フレンズ教育評議会の常任理事である。彼女は，デラウェアヴァレーフレンズ校の創立者であり，グリーンウッドフレンズ校とフィールディング大学院教育リーダーシップ博士課程の共同創立者である。彼女は，米国私立校評議会，ハバフォード大学，フレンズ中央組合，フレンズ教育基金の委員会の一員である。Fremon，Hammond，Starmer との共著に『クエーカー教の教育（Readings on Quaker Pedagogy）』，Hoopers との共著に『フレンズ校の運営方法（Governance Hand for Friends Schools）』，Macpherson，Sweeney-Denham との共編に『多様性の中での教育（Schooled in Diversity）』がある。

クリス・マキロイ（Chris McIlroy）（理学修士）は，スウェーデン保健福祉庁に認定された組織心理学者である。彼は，スウェーデンにおける SCT の発展に積極的に関わってきた。彼はスウェーデンのサンダール・パートナーズ社の取締役の１人であり，共同所有者でもある。彼はスウェーデン，ヨーロッパ，米国の会社の経営指導に携わっており，小規模ワーキング・グループの発展にも関わっている。

ヴェレーナ・マーフィー（Verena Murphy）（認定社会福祉士）はスイスで生まれ育ち，同地で公立学校の教員資格を取得した。1977 年に米国に移った後，彼女は 20 年間にわたってサンフランシスコとフィラデルフィアの地域精神保健と老年期精神保健に携わった。1995 年から SCT のトレーニングを受けており，現在はケースウェスタンリザーブ大学の組織行動学部で学位論文を執筆中である。彼女の研究テーマは，高等教育と組織における SCT の応用である。

リチャード・M・オニール（Richard M. O'Neill）（学術博士，臨床心理学アカデミー評議員，認定集団精神療法家）は，ニューヨーク州立大学アップステート医科大学における SCT トレーニングの責任者である。彼はニューヨーク州心理学協会（NYSPA）の前会長である。同会長のとき，全国労働組合と提携してマネージドケアへの対応を成功裏に収めたことが，ニューヨークタイムズ紙の第一面に特集されたこともあった。彼は，心理学に関して 200 以上のテレビ出演歴があり，『ノートが語ること（What The Notes Say）』という作品で 1976 年の学生アカデミー賞のドキュメンタリー部門を受賞したことがある。

キャロライン・パッカード（Caroline Packard）（法務博士）は，フィラデルフィア・イヤーリー・ミーティング（PYM）という 105 つのクエーカー教の集会を運営しているコミュニティにおいて，「チェンジ・アンド・コンフリクト・

レスポンス・スペシャリスト」を務めている。それに加えて，パッカード・プロセス・コンサルティング社の社長として，さまざまな委員会，非営利団体，家族経営事業，共同経営事業などが，対立を解決したり，協力的に計画したり，発展に向けた政策を立てたりできるように援助している。また，個人を対象としたコーチングや調停サービスも提供している。かつては企業訴訟において何百という調停者たちを彼女は指導してきた。彼女は，全国的に知られた調停訓練コースであるフレンズ対立解決プログラムの共同立案者でもある。

アニタ・サイモン（Anita Simon）（教育学博士）は，フィラデルフィアで個人開業している心理学者であり，カップルと個人を対象としたサービスを専門としている。彼女は，言語的相互交流を分析するためのSAVIシステムを，イヴォンヌ・アガザリアンとともに開発した。彼女は，『行動を映す鏡（Mirrors for Behaviors)』と17巻からなる『観察システム百科事典』の編者である。彼女は，教室観察ニュースレター（*Classroom Observation Newsletter*)〈現在では教室内インタラクション誌（*Journal of Classroom Interaction*)〉を創設した。彼女は，1965年からSAVIについて執筆・出版してきており，また，1968年から専門的会議やセラピスト向け，一般向けにワークショップを催している。

ビューラ・トレイ（Beulah Trey）（学術博士）は，社会科学とビジネス経験とを統合させた経営コンサルティング会社であるCFAR社（The Center for Applied Research, Inc.）でシニア・マネージャーを務めている。彼女は，CFARの幹部交代・継承部門の共同責任者，および家族経営事業部門の責任者であり，経営者やチームたちと戦略的目標について取り組んでいる。彼女は認定心理士でもあり，信頼と対立と組織有効性との間の関係を研究テーマとしている。彼女はペンシルバニア大学で学術博士を取得し，スワースモア大学で文学士を取得した。

訳者紹介

嶋田博之（監訳）
1995 年慶應義塾大学医学部卒業。
山梨県立北病院，埼玉県立精神医療センターで地域精神科医療，児童思春期精神科，依存症の臨床等に携わった後，慶應義塾大学医学部精神神経科で集団精神療法の実践と教育に従事。2012 年よりシステムズセンタード訓練／研究機関会員。2017 年より関東医療少年院法務技官。
共訳書に「初回エピソード精神病」，「短期精神療法の理論と実際」（いずれも星和書店）。

杉山恵理子（監訳）
国際基督教大学大学院教育学研究科博士後期課程修了。学術博士（教育学）。
精神保健福祉士，臨床心理士。精神科病院・クリニック，保健所等において臨床活動に従事し，精神医療審査会，医療安全推進協議会等の委員として保健医療福祉行政に関わる。四国学院大学社会学部教授を経て，現在，明治学院大学心理学部教授。精神医療のみならず，母子保健・精神保健・地域保健・支援者支援などさまざまな分野において集団を用いた支援を試み続けている。
共著に「統合失調症の臨床心理学」（東大出版）。

LHS 研究会（翻訳）
Living Human Systems 研究会。システムズセンタードを日本で共に学び探索することを目的として、2013 年 4 月に開設。木曜 19 時から明治学院大学白金キャンパスにおいて行われている月例の研究会が活動の主体。年度毎にメンバーを募集している（詳細は fb.me/lhs.researchers に掲載）。

大塚安岐子（第 1 章担当）
2010 年より慶應義塾大学医学部精神・神経科学教室に入局後，精神科病院にて勤務。

上野まどか（第 2 章担当）
臨床心理士。精神科診療所，循環器呼吸器病の専門病院，スクールカウンセリング等にて心理臨床活動に従事。明治学院大学心理学部の非常勤講師。

戸塚　靖（第 2 章担当）
臨床心理士。地方自治体職員の精神保健活動を行うとともに，精神科訪問看護ステーション，精神科診療所にて心理臨床活動を行っている。

小杉哲平（第3章担当）

2010 年より慶應義塾大学医学部精神・神経科学教室に入局後，精神科病院，総合病院で精神科医として勤務。2016 年より慶應義塾大学大学院医学研究科博士課程に入学し，現在は精神療法の研究を行っている。

篠崎絵里（第4章担当）

臨床心理士。精神科病院，デイケア，クリニック等にて心理臨床活動に従事。

北窓康之（第5章担当）

社会医療法人社団同仁会木更津病院デイケア PSW（精神保健福祉士）勤務。

山本慎治（第6章担当）

精神科病院および精神科クリックに勤務。臨床心理士。

横澤直文（第7章担当）

臨床心理士。明治学院大学心理学部助手。専門はコミュニティ心理学，精神障害リハビリテーション。同大学心理臨床センターにて心理臨床活動に従事。

長尾　正（第8章担当）

ＷＥＢ関係，統計に従事。

組織と個人を同時に助けるコンサルテーション

企業や学校，対人援助サービスで使える
システムズセンタード・アプローチ

2018 年 5 月 20 日　印刷
2018 年 5 月 30 日　発行

著　者　スーザン・ギャン
　　　　イヴォンヌ・アガザリアン
監訳者　嶋田博之・杉山恵理子
訳　者　LHS 研究会
発行者　立石正信
装　丁　臼井新太郎
装　画　坂内 拓
印刷・製本　株式会社 総研

発行所　株式会社 金剛出版

〒 112-0005　東京都文京区水道 1-5-16
電話 03-3815-6661　振替 00120-6-34848

ISBN978-4-7724-1613-9　C3011　　　　　　　　　Printed in Japan ©2018

組織のストレスとコンサルテーション
対人援助サービスと職場の無意識

[編]=アントン・オブホルツァー ヴェガ・ザジェ・ロバーツ
[監訳]=武井麻子 [訳]=榊惠子ほか

●A5判 ●並製 ●326頁 ●定価 **4,200**円+税
● ISBN978-4-7724-1357-2 C3047

大きなストレスを抱えやすい対人援助職の問題を
個人の脆弱性に帰さず援助組織全体を変えていくことを
目指すコンサルテーション論。

グループと精神科看護

[著]=武井麻子

●A5判 ●上製 ●272頁 ●定価 **3,400**円+税
● ISBN978-4-7724-1245-2 C3011

患者との良好な対人コミュニケーションの
持続を要求される看護師・ケースワーカー。
その仕事の実際,
グループワークの方法を解説。

キャリアコンサルティングに活かせる
働きやすい職場づくりのヒント

[監修]=櫻澤博文

●B5判 ●並製 ●280頁 ●定価 **2,600**円+税
● ISBN978-4-7724-1606-1 C3011

産業医やキャリアコンサルタント等の実務家が
「働きやすい職場づくり」についての
ノウハウを詰め込んだ
労働現場で役立つヒント集。